DIDÁTICA

CB012037

Dados Internacionais de Catalogação na Publicação (CIP)
(Câmara Brasileira do Livro, SP, Brasil)

Libâneo, José Carlos
  Didática / José Carlos Libâneo. — 2. ed. — São Paulo :
Cortez, 2013.

  Bibliografia.
  ISBN 978-85-249-1603-8

  1. Ensino médio - Brasil 2. Pedagogia 3. Prática de ensino
I. Título.

10-04191   CDD-371.3

Índices para catálogo sistemático:
1. Didática : Educação   371.3
2. Prática pedagógica : Educação   371.3

José Carlos Libâneo

DIDÁTICA

2ª edição

12ª reimpressão

DIDÁTICA
José Carlos Libâneo

Capa e projeto gráfico: DAC
Preparação de originais: Vicente Cechelero
Revisão: Sandra Brazil
Composição: Linea Editora Ltda.
Coordenação editorial: Danilo A. Q. Morales

Direitos para esta edição
CORTEZ EDITORA
Rua Monte Alegre, 1074 – Perdizes
05014-001 – São Paulo - SP
Tel.: (11) 3864-0111 Fax: (11) 3864-4290
E-mail: cortez@cortezeditora.com.br
www.cortezeditora.com.br

Impresso no Brasil — novembro de 2024

Sumário

Apresentação

Os professores de Didática e os alunos de cursos de formação de professores têm em mãos um manual de estudo. Nele estão contidos os temas que presumivelmente formam o conjunto dos conhecimentos e práticas escolares necessários para que o futuro professor possa assumir uma sala de aula. Adota-se, neste trabalho, o ponto de vista de que a Didática é uma matéria-síntese, porque agrupa organicamente os conteúdos das demais matérias que estudam aspectos da prática educativa escolar — as chamadas ciências pedagógicas (Filosofia da Educação, Psicologia da Educação, Sociologia da Educação e outras correlatas) — e as metodologias específicas das matérias do ensino de 1° grau. Em outras palavras, considera-se a Didática como uma matéria de integração: ela se nutre dos conhecimentos e práticas desenvolvidos nas metodologias específicas e nas outras ciências pedagógicas para formular generalizações em torno de conhecimentos e tarefas docentes comuns e fundamentais ao processo de ensino.

O que se pretende, neste livro, é proporcionar conhecimentos teóricos e práticos que possibilitem aos professores:

a) percepção e compreensão reflexiva e crítica das situações didáticas, no seu contexto histórico e social;

b) compreensão crítica do processo de ensino na sua função de assegurar, com eficácia, o encontro ativo do aluno com as matérias escolares e, portanto, das condições e modos de articulação entre os processos de transmissão e assimilação de conhecimentos;

c) compreensão da unidade objetivos-conteúdos-métodos enquanto espinha dorsal das tarefas docentes de planejamento, direção do processo de ensino e aprendizagem, e avaliação;

d) domínio de métodos, procedimentos e formas de direção, organização e controle do ensino face a situações didáticas concretas.

O pressuposto, assim, é que o professor necessita de uma instrumentalização ao mesmo tempo teórica e técnica para que realize satisfatoriamente o trabalho docente, em condições de criar sua própria didática, ou seja, sua prática de ensino em situações didáticas específicas conforme o contexto social em que ele atue.

Este livro está organizado em onze capítulos, cada qual desdobrado em tópicos e seguido de sugestões de tarefas de estudo. Ao final de cada capítulo foi incluída uma bibliografia complementar.

Os capítulos obedecem a uma sequência lógica, com conteúdos que vão dos aspectos gerais aos específicos. Isto não impede que o professor organize outra sequência e acrescente temas não considerados. Também poderá ocorrer a superposição de assuntos tratados em outras disciplinas; nesse caso, cabe ao professor entrar em entendimento com os demais colegas para decidir a extensão e o grau de aprofundamento de tais assuntos. Por exemplo, os Capítulos 1 e 2 tratam de temas relacionados com Sociologia da Educação, assim como os 6, 10 e 11 apresentam tópicos ligados à Sociologia da Educação e Estrutura e Funcionamento do Ensino. E os Capítulos 4, 5 e 8 têm muito em comum com Psicologia da Educação. Entretanto, havendo ou não simultaneidade, a recorrência do mesmo assunto em contextos ou momentos diferentes é benéfica aos alunos. Primeiro, porque o estudo de qualquer matéria requer a compreensão da educação escolar na sua globalidade, isto é, nos seus vínculos com o conjunto dos processos sociais; segundo, porque a recordação e a repetição ajudam a fixar e consolidar os conhecimentos.

Os capítulos são desenvolvidos em graus variados de aprofundamento. O professor deve selecionar conceitos e ideias mais relevantes, empregar recursos didáticos (como esquemas e gráficos) e, principalmente, ajudar os alunos no manejo do livro, na leitura e compreensão dos textos, destaque de ideias principais, consulta bibliográfica, formulação de problemas e perguntas etc.

As dificuldades encontradas no estudo não podem levar os alunos ao desânimo. O professor deve colocar essas dificuldades como desafios a vencer. Muitos assuntos serão melhor assimilados ao longo do curso; outros ganharão significado com a prática profissional. Os alunos devem ser encorajados a buscar mais conhecimento, a ampliar sua visão das coisas, a se manterem informados dos acontecimentos políticos, econômicos, culturais e educacionais, a discutirem com fundamento os problemas da profissão, da cidade e do país. Para isso, precisam convencer-se da importância do estudo sistemático e ganhar confiança em relação às suas próprias possibilidades intelectuais.

Para o planejamento, sequência e organização da matéria e desenvolvimento das aulas recomenda-se que o professor leia todo o livro a fim de assimilar seu conteúdo e as propostas metodológicas quanto à direção do processo de ensino. De nada adiantará o curso de Didática se o professor fizer uma coisa e os alunos forem levados a fazer outra. Ou seja, convém que a cada aula ele desenvolva uma prática de ensino, uma metodologia, em consonância com as expectativas que ele tem em relação ao modo como os alunos, futuros professores, deverão atuar na profissão docente.

Quanto ao planejamento, o professor encontrará nos Capítulos de 6 a 10 uma orientação para a formulação de objetivos, a seleção e organização de conteúdos e desenvolvimento metodológico. Havendo mais de um professor, será preciso programar a sequência dos capítulos conjuntamente.

Para o desenvolvimento das aulas, além das indicações contidas no Capítulo 8, sugere-se prever uma variação das atividades de ensino, entremeando aulas expositivas de vários tipos, trabalho independente dos alunos, trabalhos com grupos menores. Convém que, em determinados momentos de execução da programação, os próprios alunos assumam essas atividades, sempre com a orientação prévia do professor. Recomenda-se especialmente que os alunos leiam livros e artigos, tendo em vista não apenas desenvolver o hábito da leitura, mas levá-los a confrontar pontos de vista diferentes, ampliar a compreensão dos temas, adquirir disciplina intelectual, conquistar a coragem da dúvida e a independência de pensamento.

Em relação às tarefas de estudo colocadas ao final de cada capítulo, o professor deve considerá-las como sugestões. Elas podem ser empregadas nas várias etapas ou passos didáticos da aula. Entretanto, é fundamental que simultaneamente às aulas em classe sejam dadas tarefas de pesquisa em escolas da cidade. Evidentemente, isto depende de como a escola e os professores organizem o estágio.

Finalmente, cabe uma consideração a respeito da relação entre Didática, metodologias específicas das matérias, prática de ensino e estágio. A rigor, a Didática é prática de ensino, assim como são prática de ensino todas as matérias profissionalizantes e as metodologias específicas. Ou seja, todas as matérias do currículo partem, incluem e levam à prática de ensino. Em particular, há uma fecundação mútua entre Didática e as metodologias específicas, não se concebendo uma sem as outras. Seria desejável que os professores dessas matérias, bem como das demais matérias profissionalizantes — uma vez que todos são formados no curso de Pedagogia — dominassem o conteúdo da Didática e das metodologias de ensino das matérias das quatro séries iniciais do 1° grau. Na prática, essa situação nem sempre se verifica; assim as escolas deveriam assegurar o trabalho *coordenado* entre esses professores para que o estágio seja uma tarefa conectada com os programas. Tal resultado depende da forma de organização curricular adotada em cada escola.

A preparação deste livro não seria possível sem a contribuição de colegas, professores, alunos com os quais foram discutidas estas questões, por meio de conversas, debates, cursos e conferências. Como em toda ciência, a Pedagogia e a Didática não podem dispensar o intercâmbio de opiniões e a referência contínua à prática real. Algumas pessoas dedicaram seu precioso tempo a ler os originais, sugerir modificações e mostrar outras perspectivas de enfoque dos temas. Essas pessoas foram: Selma Garrido Pimenta, Marli Elisa D. A. André, Maria Lúcia Leonardi Libâneo, Maria Augusta de Oliveira, Maria das Graças Ferreira, Elionora Delwing Koff, às quais desejo registrar meus sinceros agradecimentos.

O Autor

Capítulo 1

Prática educativa, Pedagogia e Didática

Iniciamos nosso estudo de Didática situando-a no conjunto dos conhecimentos pedagógicos e esclarecendo seu papel na formação profissional para o exercício do magistério. Do mesmo modo que o professor, na fase inicial de cada aula, deve propor e examinar com os alunos os objetivos, conteúdos e atividades que serão desenvolvidos, preparando-os para o estudo da disciplina, também neste livro cada capítulo se inicia com o delineamento dos temas, indicando objetivos a alcançar no processo de assimilação consciente de conhecimentos e habilidades.

Este capítulo tem como objetivos compreender a Didática como um dos ramos de estudo da Pedagogia, justificar a subordinação do processo didático a finalidades educacionais e indicar os conhecimentos teóricos e práticos necessários para orientar a ação pedagógico-didática na escola.

Consideraremos, em primeiro lugar, que o processo de ensino — objeto de estudo da Didática — não pode ser tratado como atividade restrita ao espaço da sala de aula. O trabalho docente é uma das modalidades específicas da prática educativa mais ampla que ocorre na sociedade. Para compreendermos a importância do ensino na formação humana, é preciso considerá-lo no conjunto das tarefas educativas exigidas pela vida em sociedade. A ciência que investiga a teoria e a prática da educação nos seus vínculos com a prática social global é a Pedagogia. Sendo a Didática uma disciplina que estuda os objetivos, os conteúdos, os meios e as condições do processo de ensino tendo em vista finalidades educacionais, que são sempre sociais, ela se fundamenta na Pedagogia; é, assim, uma disciplina pedagógica.

Ao estudar a educação nos seus aspectos sociais, políticos, econômicos, psicológicos, para descrever e explicar o fenômeno educativo, a Pedagogia recorre à contribuição de outras ciências como a Filosofia, a História, a Sociologia, a Psicologia, a Economia. Esses estudos acabam por convergir na Didática, uma vez que esta reúne em seu campo de conhecimentos objetivos e modos de ação pedagógica na escola. Além disso, sendo a educação uma prática social que acontece em uma grande variedade de instituições e atividades humanas (na família, na escola, no trabalho, nas igrejas, nas organizações políticas e sindicais, nos meios de comunicação de massa etc.), podemos falar de uma pedagogia familiar, de uma pedagogia política etc. e, também, de uma pedagogia escolar. Nesse caso, constituem-se disciplinas propriamente pedagógicas tais como a Teoria da Educação, Teoria da Escola, Organização Escolar, destacando-se a Didática como Teoria do Ensino.

Nesse conjunto de estudos indispensáveis à formação teórica e prática dos professores, a Didática ocupa um lugar especial. Com efeito, a atividade principal do profissional do magistério é o ensino, que consiste em dirigir, organizar, orientar e estimular a aprendizagem escolar dos alunos. É em função da condução do processo de ensinar, de suas finalidades, modos e condições, que se mobilizam os conhecimentos pedagógicos gerais e específicos.

Neste capítulo serão tratados os seguintes temas:

• prática educativa e sociedade;
• educação, instrução e ensino;
• Educação Escolar, Pedagogia e Didática;
• a Didática e a formação profissional dos professores.

Prática educativa e sociedade

O trabalho docente é parte integrante do processo educativo mais global pelo qual os membros da sociedade são preparados para a participação na vida social. A educação — ou seja, a prática educativa — é um fenômeno social e universal, sendo uma atividade humana necessária à existência e ao funcionamento de todas as sociedades. Cada sociedade precisa cuidar da formação dos indivíduos, auxiliar no desenvolvimento de suas capacidades físicas e espirituais, prepará-los para a participação ativa e transformadora nas várias instâncias da vida social. Não há sociedade sem prática educativa nem prática educativa sem sociedade. A prática educativa não é apenas uma exigência da vida em sociedade, mas também o processo de prover os indivíduos dos conhecimentos e experiências culturais que os tornam aptos a atuar no meio social e a transformá-lo em função de necessidades econômicas, sociais e políticas da coletividade.

Por meio da ação educativa o meio social exerce influências sobre os indivíduos e estes, ao assimilarem e recriarem essas influências, tornam-se capazes de estabelecer uma relação ativa e transformadora em relação ao meio social. Tais influências se manifestam através de conhecimentos, experiências, valores, crenças, modos de agir, técnicas e costumes acumulados por muitas gerações de indivíduos e grupos, transmitidos, assimilados e recriados pelas novas gerações. Em *sentido amplo*, a educação compreende os processos formativos que ocorrem no meio social, nos quais os indivíduos estão envolvidos de modo necessário e inevitável pelo simples fato de existirem *socialmente*; neste sentido, a prática educativa existe em uma grande variedade de instituições e atividades sociais decorrentes da organização econômica, política e legal de uma sociedade, da religião, dos costumes, das formas de convivência humana. Em *sentido estrito*, a educação ocorre em instituições específicas, escolares ou não, com finalidades explícitas de instrução e ensino mediante uma ação consciente, deliberada e planificada, embora sem separar-se daqueles processos formativos gerais.

Os estudos que tratam das diversas modalidades de educação costumam caracterizar as influências educativas como não intencionais e intencionais. A *educação não intencional* refere-se às influências do contexto social e do meio ambiente sobre os indivíduos. Tais influências, também denominadas de educação informal, correspondem a processos de aquisição de conhecimentos, experiências, ideias, valores, práticas, que não estão ligados especificamente a uma instituição e nem são intencionais e conscientes. São situações e experiências, por assim dizer, casuais, espontâneas, não organizadas, embora influam na formação humana. É o caso, por exemplo, das formas econômicas e políticas de organização da sociedade, das relações humanas na família, no trabalho, na comunidade, dos grupos de convivência humana, do clima sociocultural da sociedade.

A *educação intencional* refere-se a influências em que há intenções e objetivos definidos conscientemente, como é o caso da educação escolar e extraescolar. Há uma intencionalidade, uma consciência por parte do educador quanto aos objetivos e tarefas que deve cumprir, seja ele o pai, o professor, ou os adultos em geral — estes, muitas vezes, invisíveis atrás de um canal de televisão, do rádio, do cartaz de propaganda, do computador etc. Há métodos, técnicas, lugares e condições específicas prévias criadas deliberadamente para suscitar ideias, conhecimentos, valores, atitudes, comportamentos. São muitas as formas de educação intencional e, conforme o objetivo pretendido, variam os meios. Podemos falar da educação não formal quando se trata de atividade educativa estruturada fora do sistema escolar convencional (como é o caso de movimentos sociais organizados, dos meios de comunicação de massa etc.) e da educação formal que se realiza nas escolas ou outras agências de instrução e educação (igrejas, sindicatos, partidos, empresas) implicando ações de ensino com objetivos pedagógicos explícitos, sistematização, procedimentos didáticos. Cumpre acentuar, no entanto, que a educação propriamente escolar se destaca entre as demais formas de educação intencional por ser suporte e requisito delas. Com efeito, é a escolarização básica que possibilita aos indivíduos aproveitar e interpretar, consciente e criticamente, outras influências educativas. É impossível, na sociedade atual, com o progresso dos conhecimentos científicos e técnicos, e com o peso cada vez maior de outras influências educativas (mormente os meios de comunicação de massa), a participação efetiva dos indivíduos e grupos nas decisões que permeiam a sociedade sem a educação intencional e sistematizada provida pela educação escolar.

As formas que assume a prática educativa, sejam não intencionais ou intencionais, formais ou não formais, escolares ou extraescolares, se interpenetram. O processo educativo, onde quer que se dê, é sempre contextualizado social e politicamente; há uma subordinação à sociedade que lhe faz exigências, determina objetivos e lhe provê condições e meios de ação. Vejamos mais de perto como se estabelecem os vínculos entre sociedade e educação.

Conforme dissemos, a educação é um fenômeno social. Isso significa que ela é parte integrante das relações sociais, econômicas, políticas e culturais de uma determinada sociedade. Na sociedade brasileira atual, a estrutura social se apresenta dividida em classes e grupos sociais com interesses distintos e antagônicos; esse fato repercute tanto na organização econômica e política quanto na prática educativa. Assim, as finalidades e os meios da educação subordinam-se à estrutura e dinâmica das relações entre as classes sociais, ou seja, são socialmente determinados.

Que significa a expressão "a educação é socialmente determinada"? Significa que a prática educativa, e especialmente os objetivos e conteúdos do ensino e o trabalho docente, estão determinados por fins e exigências sociais, políticas e ideológicas. Com efeito, a prática educativa que ocorre em várias instâncias da sociedade — assim como os acontecimentos da vida cotidiana, os fatos políticos e econômicos etc. — é determinada por valores, normas e particularidades da estrutura social a que está subordinada. A estrutura social e as formas sociais pelas quais a sociedade se organiza são uma decorrência do fato de que, desde o início da sua existência, os homens vivem em grupos; sua vida está na dependência da vida de outros membros do grupo social, ou seja, a história humana, a história da sua vida e a história da sociedade se constituem e se desenvolvem na dinâmica das relações sociais. Este fato é fundamental para se compreender que a organização da sociedade, a existência das classes sociais, o papel da educação estão implicados nas formas que as relações sociais vão assumindo pela ação prática concreta dos homens.

Desde o início da história da humanidade, os indivíduos e grupos travam relações recíprocas diante da necessidade de trabalharem conjuntamente para garantir sua sobrevivência. Essas relações vão passando por transformações, criando novas necessidades, novas formas de organização do trabalho e, especificamente, uma divisão do trabalho conforme sexo, idade, ocupações, de modo a existir uma distribuição das atividades entre os envolvidos no processo de trabalho. Na história da sociedade, nem sempre houve uma distribuição por igual dos produtos do trabalho, tanto materiais quanto espirituais. Com isso, vai surgindo nas relações sociais a desigualdade econômica e de classes. Nas formas primitivas de relações sociais, os indivíduos têm igual usufruto do trabalho comum. Entretanto, nas etapas seguintes da história da sociedade, cada vez mais se acentua a distribuição desigual dos indivíduos em distintas atividades, bem como do produto dessas atividades. A divisão do trabalho vai fazendo com que os indivíduos passem a ocupar diferentes lugares na atividade produtiva. Na sociedade escravista, os meios de trabalho e o próprio trabalhador (escravo) são propriedade dos donos de terras; na sociedade feudal, os trabalhadores (servos) são obrigados a trabalhar gratuitamente as terras do senhor feudal ou a pagar-lhe tributos. Séculos mais tarde, na sociedade capitalista, ocorreu uma divisão entre os proprietários privados dos meios de produção (empresas, máquinas, bancos, instrumentos de trabalho etc.) e os que vendem a sua força de trabalho para obter os meios da sua subsistência, os trabalhadores que vivem do salário.

As relações sociais no capitalismo são, assim, fortemente marcadas pela divisão da sociedade em classes, na qual capitalistas e trabalhadores ocupam lugares opostos e antagônicos no processo de produção. A classe social proprietária dos meios de produção retira seus lucros da exploração do trabalho da classe trabalhadora. Esta, à qual pertencem cerca de 70% da população brasileira, é obrigada a trocar sua capacidade de trabalho por um salário que não cobre as suas necessidades vitais e fica privada, também, da satisfação de suas necessidades espirituais e culturais. A alienação econômica dos meios e produtos do trabalho dos trabalhadores, que é ao mesmo tempo uma alienação espiritual, determina desigualdade social e consequências decisivas nas condições de vida da grande maioria da população trabalhadora. Este é o traço fundamental do sistema de organização das relações sociais em nossa sociedade.

A desigualdade entre os homens, que na origem é uma desigualdade econômica no seio das relações entre as classes sociais, determina não apenas as condições materiais de vida e de trabalho dos indivíduos mas também a diferenciação no acesso à cultura espiritual, à educação. Com efeito a classe social dominante retém os meios de produção material como também os meios de produção cultural e da sua difusão, tendendo a colocá-la a serviço dos seus interesses. Assim, a educação que os trabalhadores recebem visa principalmente prepará-los para trabalho físico, para atitudes conformistas, devendo contentar-se com uma escolarização deficiente. Além disso, a minoria dominante dispõe de meios de difundir a sua própria concepção de mundo (ideias, valores, práticas sobre a vida, o trabalho, as relações humanas etc.) para justificar, ao seu modo, o sistema de relações sociais que caracteriza a sociedade capitalista. Tais ideias, valores e práticas, apresentados pela minoria dominante como representativos dos interesses de todas as classes sociais, são o que se costuma denominar de ideologia. O sistema educativo, incluindo as escolas, as igrejas, as agências de formação profissional, os meios de comunicação de massa, é um meio privilegiado para o repasse da ideologia dominante.

Consideremos algumas afirmações que são passadas nas conversas, nas aulas, nos livros didáticos:

- "O governo sempre faz o que é possível; as pessoas é que não colaboram";
- "Os professores não têm que se preocupar com política; o que devem fazer é cumprir sua obrigação na escola";
- "A educação é a mola do sucesso para subir na vida";
- "Nossa sociedade é democrática porque dá oportunidades iguais a todos. Se a pessoa não tem bom emprego ou não consegue estudar é porque tem limitações individuais";
- "As crianças são indisciplinadas e relapsas porque seus pais não lhes dão educação conveniente em casa";
- "As crianças repetem de ano porque não se esforçam; tudo na vida depende de esforço pessoal";
- "Bom aluno é aquele que sabe obedecer".

Essas e outras opiniões mostram ideias e valores que não condizem com a realidade social. Fica parecendo que o governo se põe acima dos conflitos entre as classes sociais e das desigualdades, fazendo recair os problemas na incompetência das pessoas, e que a escolarização pode reduzir as diferenças sociais, porque dá oportunidade a todos. Problemas que são decorrentes da estrutura social são tomados como problemas individuais. Entretanto, são meias verdades, são concepções parciais da realidade que escondem os conflitos sociais e tentam passar uma ideia positiva das coisas. Pessoas desavisadas acabam assumindo essas crenças, valores e práticas, como se fizessem parte da normalidade da vida; acabam acreditando que a sociedade é boa, os indivíduos é que destoam.

A prática educativa, portanto, é parte integrante da dinâmica das relações sociais, das formas da organização social. Suas finalidades e processos são determinados por interesses antagônicos das classes sociais. No trabalho docente, sendo manifestação da prática educativa, estão presentes interesses de toda ordem — sociais, políticos, econômicos, culturais — que precisam ser compreendidos pelos professores. Por outro lado, é preciso compreender, também, que as relações sociais existentes na nossa sociedade não são estáticas, imutáveis, estabelecidas para sempre. Elas são dinâmicas, uma vez que se constituem pela ação humana na vida social. Isso significa que as relações sociais podem ser transformadas pelos próprios indivíduos que a integram. Portanto, na sociedade de classes, não é apenas a minoria dominante que põe em prática os seus interesses. Também as classes trabalhadoras podem elaborar e organizar concretamente os seus interesses e formular objetivos e meios do processo educativo alinhados com as lutas pela transformação do sistema de relações sociais vigente. O que devemos ter em mente é que uma educação voltada para os interesses majoritários da sociedade efetivamente se defronta com limites impostos pelas relações de poder no seio da sociedade. Por isso mesmo, o reconhecimento do papel político do trabalho docente implica a luta pela modificação dessas relações de poder.

Fizemos essas considerações para mostrar que a prática educativa, a vida cotidiana, as relações professor-alunos, os objetivos da educação, o trabalho docente, nossa percepção do aluno estão carregados de significados sociais que se constituem na dinâmica das relações entre classes, entre raças, entre grupos religiosos, entre homens e mulheres, jovens e adultos. São os seres humanos que, na diversidade das relações recíprocas que travam em vários contextos, dão significado às coisas, às pessoas, às ideias; é socialmente que se formam ideias, opiniões, ideologias. Este fato é fundamental para compreender como cada sociedade se produz e se desenvolve, como se organiza e como encaminha a prática educativa por meio dos seus conflitos e suas contradições. Para quem lida com a educação tendo em vista a formação humana dos indivíduos vivendo em contextos sociais determinados, é imprescindível que desenvolva a capacidade de descobrir as relações sociais reais implicadas em cada acontecimento, em cada situação real da sua vida e da sua profissão, em cada matéria que ensina como também nos discursos, nos meios de comunicação de massa, nas relações cotidianas na família e no trabalho.

O campo específico de atuação profissional e política do professor é a escola, à qual cabem tarefas de assegurar aos alunos um sólido domínio de conhecimentos e habilidades, o desenvolvimento de suas capacidades intelectuais, de pensamento independente, crítico e criativo. Tais tarefas representam uma significativa contribuição para a formação de cidadãos ativos, criativos e críticos, capazes de participar nas lutas pela transformação social. Podemos dizer que, quanto mais se diversificam as formas de educação extraescolar e quanto mais a minoria dominante refina os meios de difusão da ideologia burguesa, tanto mais a educação escolar adquire importância, principalmente para as classes trabalhadoras.

Vê-se que a responsabilidade social da escola e dos professores é muito grande, pois cabe-lhes escolher qual concepção de vida e de sociedade deve ser trazida à consideração dos alunos e quais conteúdos e métodos lhes propiciam o domínio dos conhecimentos e a capacidade de raciocínio necessários à compreensão da realidade social e à atividade prática na profissão, na política, nos movimentos sociais. Tal como a educação, também o ensino é determinado socialmente. Ao mesmo tempo que cumpre objetivos e exigências da sociedade conforme interesses de grupos e classes sociais que a constituem, o ensino cria condições metodológicas e organizativas para o processo de transmissão e assimilação de conhecimentos e desenvolvimento das capacidades intelectuais e processos mentais dos alunos tendo em vista o entendimento crítico dos problemas sociais.

Educação, instrução e ensino

Antes de prosseguirmos nossas considerações, convém esclarecer o significado dos termos educação, instrução e ensino. *Educação* é um conceito amplo que se refere ao processo de desenvolvimento unilateral da personalidade, envolvendo a formação de qualidades humanas — físicas, morais, intelectuais, estéticas — tendo em vista a orientação da atividade humana na sua relação com o meio social, em determinado contexto de relações sociais. A educação corresponde, pois, a toda modalidade de influências e inter-relações que convergem para a formação de traços de personalidade social e do caráter, implicando uma concepção de mundo, ideais, valores, modos de agir, que se traduzem em convicções ideológicas, morais, políticas, princípios de ação frente a situações reais e desafios da vida prática. Nesse sentido, educação é *instituição social* que se ordena no sistema educacional de um país, em um determinado momento histórico; é um *produto*, significando os resultados obtidos da ação educativa conforme propósitos sociais e políticos pretendidos; é *processo*, por consistir de transformações sucessivas tanto no sentido histórico quanto no de desenvolvimento da personalidade.

A *instrução* se refere à formação intelectual, formação e desenvolvimento das capacidades cognoscitivas mediante o domínio de certo nível de conhecimentos sistematizados. O *ensino* corresponde a ações, meios e condições para realização da instrução; contém, pois, a instrução.

Há uma relação de subordinação da instrução à educação, uma vez que o processo e o resultado da instrução são orientados para o desenvolvimento das qualidades específicas da personalidade. Portanto, a instrução, mediante o ensino, tem resultados formativos quando converge para o objetivo educativo, isto é, quando os conhecimentos, habilidades e capacidades propiciados pelo ensino se tornam princípios reguladores da ação humana, em convicções e atitudes reais frente à realidade. Há, pois, uma unidade entre educação e instrução, embora sejam processos diferentes; pode-se instruir sem educar, e educar sem instruir; conhecer os conteúdos de uma matéria, conhecer os princípios morais e normas de conduta não leva necessariamente a praticá-los, isto é, a transformá-los em convicções e atitudes efetivas frente aos problemas e desafios da realidade. Ou seja, o objetivo educativo não é um resultado natural e colateral do ensino, devendo-se supor por parte do educador um propósito intencional e explícito de orientar a instrução e o ensino para objetivos educativos. Cumpre acentuar, entretanto, que o ensino é o principal meio e fator da educação — ainda que não o único — e, por isso, destaca-se como campo principal da instrução e educação. Neste sentido, quando mencionamos o termo *educação escolar*, referimos-nos a ensino.

Conforme estudaremos adiante, a educação é o objeto de estudo da Pedagogia, colocando a ação educativa como objeto de reflexão, visando descrever e explicar sua natureza, seus determinantes, seus processos e modos de atuar. O processo pedagógico orienta a educação para as suas finalidades específicas, determinadas socialmente, mediante a teoria e a metodologia da educação e instrução. O trabalho docente — isto é, a efetivação da tarefa de ensinar — é uma modalidade de trabalho pedagógico e dele se ocupa a Didática.

Educação escolar, Pedagogia e Didática

Como vimos, a atividade educativa acontece nas mais variadas esferas da vida social (nas famílias, nos grupos sociais, nas instituições educacionais ou assistenciais, nas associações profissionais, sindicais e comunitárias, nas igrejas, nas empresas, nos meios de comunicação de massa etc.) e assume diferentes formas de organização. A educação escolar constitui-se num sistema de instrução e ensino com propósitos intencionais, práticas sistematizadas e alto grau de organização, ligado intimamente às demais práticas sociais. Pela educação escolar democratizam-se os conhecimentos, sendo na escola que os trabalhadores continuam tendo a oportunidade de prover escolarização formal aos seus filhos, adquirindo conhecimentos científicos e formando a capacidade de pensar criticamente os problemas e desafios postos pela realidade social.

O processo educativo que se desenvolve na escola pela instrução e ensino consiste na assimilação de conhecimentos e experiências acumulados pelas gerações anteriores no decurso do desenvolvimento histórico-social. Entretanto, o processo educativo está condicionado pelas relações sociais em cujo interior se desenvolve; e as condições sociais, políticas e econômicas aí existentes influenciam decisivamente o processo de ensino e aprendizagem. As finalidades educativas subordinam-se, pois, a escolhas feitas frente a interesses de classe determinados pela forma de organização das relações sociais. Por isso, a prática educativa requer uma direção de sentido para a formação humana dos indivíduos e processos que assegurem a atividade prática que lhes corresponde. Em outras palavras, para tornar efetivo o processo educativo, é preciso dar-lhe uma orientação sobre as finalidades e meios da sua realização, conforme opções que se façam quanto ao tipo de homem que se deseja formar e ao tipo de sociedade a que se aspira. Esta tarefa pertence à Pedagogia como teoria e prática do processo educativo.

A Pedagogia é um campo de conhecimentos que investiga a natureza das finalidades da educação em uma determinada sociedade, bem como os meios apropriados para a formação dos indivíduos, tendo em vista prepará-los para as tarefas da vida social. Uma vez que a prática educativa é o processo pelo qual são assimilados conhecimentos e experiências acumulados pela prática social da humanidade, cabe à Pedagogia assegurá-lo, orientando-o para finalidades sociais e políticas, e criando um conjunto de condições metodológicas e organizativas para viabilizá-lo.

O caráter pedagógico da prática educativa se verifica como ação consciente, intencional e planejada no processo de formação humana, através de objetivos e meios estabelecidos por critérios socialmente determinados e que indicam o tipo de homem a formar, para qual sociedade, com que propósitos. Vincula-se, pois, a opções sociais e políticas referentes ao papel da educação em um determinado sistema de relações sociais. A partir daí a Pedagogia pode dirigir e orientar a formulação de objetivos e meios do processo educativo.

Podemos, agora, explicitar as relações entre educação escolar, Pedagogia e ensino: a educação escolar, manifestação peculiar do processo educativo global; a Pedagogia como determinação do rumo desse processo em suas finalidades e meios de ação; o ensino como campo específico da instrução e educação escolar. Podemos dizer que o processo de ensino-aprendizagem é, fundamentalmente, um trabalho pedagógico no qual se conjugam fatores externos e internos. De um lado, atuam na formação humana como direção consciente e planejada, através de objetivos/conteúdos/métodos e formas de organização propostos pela escola e pelos professores; de outro, essa influência externa depende de fatores internos, tais como as condições físicas, psíquicas e socioculturais dos alunos.

A Pedagogia, sendo ciência da e para a educação, estuda a educação, a instrução e o ensino. Para tanto compõe-se de ramos de estudo próprios como a Teoria da Educação, a Didática, a Organização Escolar e a História da Educação e da Pedagogia. Ao mesmo tempo, busca em outras ciências os conhecimentos teóricos e práticos que concorrem para o esclarecimento do seu objeto, o fenômeno educativo. São elas a Filosofia da Educação, Sociologia da Educação, Psicologia da Educação, Biologia da Educação, Economia da Educação e outras.

O conjunto desses estudos permite aos futuros professores uma compreensão global do fenômeno educativo, especialmente de suas manifestações no âmbito escolar. Essa compreensão diz respeito a aspectos sociopolíticos da escola na dinâmica das relações sociais; dimensões filosóficas da educação (natureza, significado e finalidades, em conexão com a totalidade da vida humana); relações entre a prática escolar e a sociedade no sentido de explicitar objetivos político-pedagógicos em condições históricas e sociais determinadas e as condições concretas do ensino; o processo do desenvolvimento humano e o processo da cognição; bases científicas para seleção e organização dos conteúdos, dos métodos e formas de organização do ensino; articulação entre a mediação escolar de objetivos/conteúdos/métodos e os processos internos atinentes ao ensino e à aprendizagem.

A Didática é o principal ramo de estudos da Pedagogia. Ela investiga os fundamentos, condições e modos de realização da instrução e do ensino. A ela cabe converter objetivos sociopolíticos e pedagógicos em objetivos de ensino, selecionar conteúdos e métodos em função desses objetivos, estabelecer os vínculos entre ensino e aprendizagem, tendo em vista o desenvolvimento das capacidades mentais dos alunos. A Didática está intimamente ligada à Teoria da Educação e à Teoria da Organização Escolar e, de modo muito especial, vincula-se à Teoria do Conhecimento e à Psicologia da Educação.

A Didática e as metodologias específicas das matérias de ensino formam uma unidade, mantendo entre si relações recíprocas. A Didática trata da teoria geral do ensino. As metodologias específicas, integrando o campo da Didática, ocupam-se dos conteúdos e métodos próprios de cada matéria na sua relação com fins educacionais. A Didática, com base em seus vínculos com a Pedagogia, generaliza processos e procedimentos obtidos na investigação das matérias específicas, das ciências que dão embasamento ao ensino e à aprendizagem e das situações concretas da prática docente. Com isso, pode generalizar para todas as matérias, "sem prejuízo das peculiaridades metodológicas de cada uma, o que é comum e fundamental no processo educativo escolar.

Há também estreita ligação da Didática com os demais campos do conhecimento pedagógico. A Filosofia e a História da Educação ajudam a reflexão em torno das teorias educacionais, indagando em que consiste o ato educativo, seus condicionantes externos e internos, seus fins e objetivos; busca os fundamentos da prática educativa.

A Sociologia da Educação estuda a educação como processo social e ajuda os professores a reconhecerem as relações entre o trabalho docente e a sociedade. Ensina a ver a realidade social no seu movimento, a partir da dependência mútua entre seus elementos constitutivos, para determinar os nexos constitutivos da realidade educacional. A par disso, estuda a escola como "fenômeno sociológico", isto é, uma organização social que tem a sua estrutura interna de funcionamento interligada ao mesmo tempo com outras organizações sociais (conselhos de pais, associações de bairros, sindicatos, partidos políticos etc.). A própria sala de aula é um ambiente social que forma, junto com a escola como um todo, o ambiente global da atividade docente organizado para cumprir os objetivos de ensino.

A Psicologia da Educação estuda importantes aspectos do processo de ensino e de aprendizagem, como as implicações das fases de desenvolvimento dos alunos conforme idades e os mecanismos psicológicos presentes na assimilação ativa de conhecimentos e habilidades. A Psicologia aborda questões como: o funcionamento da atividade mental, a influência do ensino no desenvolvimento intelectual, a ativação das potencialidades mentais para a aprendizagem, a organização das relações professor-alunos e dos alunos entre si, a estimulação e o despertamento do gosto pelo estudo etc. A Psicologia, de sua parte, fornece importante contribuição, também, para a orientação educativa dos alunos.

A Estrutura e Funcionamento do Ensino inclui questões da organização do sistema escolar nos seus aspectos políticos e legais, administrativos, e aspectos do funcionamento interno da escola como a estrutura organizacional e administrativa, planos e programas, organização do trabalho pedagógico e das atividades discentes etc.

A Didática e a formação profissional do professor

A formação profissional do professor é realizada nos cursos de Habilitação ao Magistério em nível de 2° grau e superior. Compõe-se de um conjunto de disciplinas coordenadas e articuladas entre si, cujos objetivos e conteúdos devem confluir para uma unidade teórico-metodológica do curso. A formação profissional é um processo pedagógico, intencional e organizado, de preparação teórico-científica e técnica do professor para dirigir competentemente o processo de ensino.

A formação do professor abrange, pois, duas dimensões: a formação *teórico-científica*, incluindo a formação acadêmica específica nas disciplinas em que o docente vai especializar-se e a formação pedagógica, que envolve os conhecimentos da Filosofia, Sociologia, História da Educação e da própria Pedagogia que contribuem para o esclarecimento do fenômeno educativo no contexto histórico-social; a *formação técnico-prática* visando à preparação profissional específica para a docência, incluindo a Didática, as metodologias específicas das matérias, a Psicologia da Educação, a pesquisa educacional e outras.

A organização dos conteúdos da formação do professor em aspectos teóricos e práticos de modo algum significa considerá-los isoladamente. São aspectos que devem ser articulados. As disciplinas teórico-científicas são necessariamente referidas à prática escolar, de modo que os estudos específicos realizados no âmbito da formação acadêmica sejam relacionados com os de formação pedagógica que tratam das finalidades da educação e dos condicionantes históricos, sociais e políticos da escola. Do mesmo modo, os conteúdos das disciplinas específicas precisam ligar-se às suas exigências metodológicas. As disciplinas de formação técnico-prática não se reduzem ao mero domínio de técnicas e regras, mas implicam também os aspectos teóricos, ao mesmo tempo que fornecem à teoria os problemas e desafios da prática. A formação profissional do professor implica, pois, uma contínua interpenetração entre teoria e prática, a teoria vinculada aos problemas reais postos pela experiência prática e a ação prática orientada teoricamente.

Nesse entendimento, a Didática se caracteriza como mediação entre as bases teórico-científicas da educação escolar e a prática docente. Ela opera como que uma ponte entre o "o quê" e o "como" do processo pedagógico escolar. A teoria pedagógica orienta a ação educativa escolar mediante objetivos, conteúdos e tarefas da formação cultural e científica, tendo em vista exigências sociais concretas; por sua vez, a ação educativa somente pode realizar-se pela atividade prática do professor, de modo que as situações didáticas concretas requerem o "como" da intervenção pedagógica. Este papel de síntese entre a teoria pedagógica e a prática educativa real assegura a interpenetração e interdependência entre fins e meios da educação escolar e, nessas condições, a Didática pode constituir-se em teoria do ensino. O processo didático efetiva a mediação escolar de objetivos, conteúdos e métodos das matérias de ensino. Em função disso, a Didática descreve e explica os nexos, relações e ligações entre o ensino e a aprendizagem; investiga os fatores codeterminantes desses processos; indica princípios, condições e meios de direção do ensino, tendo em vista a aprendizagem, que são comuns ao ensino das diferentes disciplinas de conteúdos específicos. Para isso recorre às contribuições das ciências auxiliares da Educação e das próprias metodologias específicas. É, pois, uma matéria de estudo que integra e articula conhecimentos teóricos e práticos obtidos nas disciplinas de formação acadêmica, formação pedagógica e formação técnico-prática, provendo o que é comum, básico e indispensável para o ensino de todas as demais disciplinas de conteúdo.

A formação profissional para o magistério requer, assim, uma sólida formação teórico-prática. Muitas pessoas acreditam que o desempenho satisfatório do professor na sala de aula depende de vocação natural ou somente da experiência prática, descartando-se a teoria. É verdade que muitos professores manifestam especial tendência e gosto pela profissão, assim como se sabe que mais tempo de experiência ajuda no desempenho profissional. Entretanto, o domínio das bases teórico-científicas e técnicas, e sua articulação com as exigências concretas do ensino, permitem maior segurança profissional, de modo que o docente ganhe base para pensar sua prática e aprimore sempre mais a qualidade do seu trabalho.

Entre os conteúdos básicos da Didática figuram os objetivos e tarefas do ensino na nossa sociedade. A Didática se baseia numa concepção de homem e sociedade e, portanto, subordina-se a propósitos sociais, políticos e pedagógicos para a educação escolar a serem estabelecidos em função da realidade social brasileira. A esses assuntos são dedicados os Capítulos 1 e 2.

O processo de ensino é uma atividade conjunta de professores e alunos, organizado sob a direção do professor, com a finalidade de prover as condições e meios pelos quais os alunos assimilam ativamente conhecimentos, habilidades, atitudes e convicções. Este é o objeto de estudo dá Didática. Os elementos constitutivos da Didática, o seu desenvolvimento histórico, as características do processo de ensino e aprendizagem e a atividade de estudo como condição do desenvolvimento intelectual são assuntos tratados nos Capítulos 3, 4 e 5.

Os objetivos-conteúdos-métodos e formas organizativas do ensino, especialmente a aula, constituem o objeto da mediação escolar, sendo tratados nos Capítulos 6, 7 e 8.

Os últimos capítulos tratam de três importantes aspectos do processo de ensino, ou seja, a avaliação escolar, o planejamento didático e as relações professor-alunos na sala de aula.

Sugestões para tarefas de estudo

Perguntas para o trabalho independente dos alunos

- Por que a educação é um fenômeno e um processo social?
- Explicar as relações entre a definição de educação em sentido mais amplo e em sentido estrito.
- Podemos falar que nas associações civis, nas associações de bairro, nos movimentos sociais etc., ocorre uma ação pedagógica?
- Que significa afirmar que o ensino tem um caráter pedagógico?
- Dar uma definição de educação com suas próprias palavras.
- Explicar a afirmação: "Não há fato da vida social que possa ser explicado por si mesmo".
- Qual é a finalidade social do ensino? Qual o papel do professor?
- Quais as relações entre Pedagogia e Didática?
- Por que se afirma que a Didática é o eixo da formação profissional?
- Explicar os vínculos entre a Didática e outras ciências.
- Explicar por que existe unidade entre Didática e metodologias específicas das matérias de ensino.

Temas para aprofundamento do estudo

- Consultar dois ou três livros indicados pelo professor para obter um conceito de ideologia.
- Após estudo individual, organizar uma discussão em grupo sobre formas assistemáticas e sistemáticas de educação. Discutir as conclusões com a classe.

- Pesquisar livros de Português ou Estudos Sociais e fazer um levantamento de afirmações que expressem pontos de vista que não condizem com a realidade de vida das crianças. Associar esta tarefa com a 1ª.
- Ler como tarefa de casa o livro *Mistificação pedagógica*, de Bernard Charlot (conforme bibliografia), p. 11-21, e elaborar cinco perguntas a serem feitas a professores de escolas da cidade. Analisar as respostas e tirar conclusões.

Temas para redação

- Socialização do pedagógico e pedagogização da sociedade.
- Relações sociais e educação escolar.
- Educação e desigualdade social.
- Educação como ato político.
- O processo de ensino e a "realidade" do aluno.
- A responsabilidade social e profissional do professor.

Bibliografia complementar

CHARLOT, Bernard. *A mistificação pedagógica*. Rio de Janeiro: Zahar, 1979 (Cap. 1).

CYRINO, Hélio et al. *Ideologia hoje*. Campinas: Papirus, 1986.

GHIRALDELLI JR., Paulo. *O que é Pedagogia*. São Paulo: Brasiliense, 1988.

IANNI, Octavio. *Dialética e capitalismo*. Petrópolis: Vozes, 1988.

LUCKESI, Cipriano C. *Filosofia da educação*. São Paulo: Cortez, 1990.

MEKSENAS, Paulo. *Sociologia da educação*. São Paulo: Loyola, 1988.

MELLO, Guiomar N. de. Educação escolar e classes populares. *Revista da Ande*, São Paulo, n. 6, 1983, p. 5-9.

_____. Magistério. *Revista da Ande*, São Paulo, São Paulo, n. 7, 1984 , p. 41-45.

PICANÇO, Iracy. O professor frente à realidade da escola pública. *Revista da Ande*, São Paulo, n. 5, 1982 , p. 31-35.

RODRIGUES, Neidson. Função da Escola de 1° Grau numa Sociedade Democrática. *Revista da Ande*, São Paulo, n. 8, 1984 , p. 17-22.

SAVIANI, Dermeval. Sentido da Pedagogia e o papel do pedagogo. *Revista da Ande*, São Paulo, n. 9, 1985 , p. 27-28.

_____. Sobre a natureza e especificidade da educação. Revista *Em Aberto*, Brasília (Inep), n. 22, jul./ago. 1984, p. 1-6.

SEVERINO, Antonio J. *Educação, ideologia e contra-ideologia*. São Paulo, EPU, 1986.

Capítulo 2

Didática e democratização do ensino

A preparação das crianças e jovens para a participação ativa na vida social é o objetivo mais imediato da escola pública. Esse objetivo é atingido pela instrução e ensino, tarefas que caracterizam o trabalho do professor. A instrução proporciona o domínio dos conhecimentos sistematizados e promove o desenvolvimento das capacidades intelectuais dos alunos. O ensino corresponde às ações indispensáveis para a realização da instrução; é a atividade conjunta do professor e dos alunos na qual transcorre o processo de transmissão e assimilação ativa de conhecimentos, habilidades e hábitos, tendo em vista a instrução e a educação. A Didática e as metodologias específicas das disciplinas, apoiando-se em conhecimentos pedagógicos e científico-técnicos, são disciplinas que orientam a ação docente partindo das situações concretas em que se realiza o ensino.

Ao realizar sua tarefas básicas, a escola e os professores estão cumprindo responsabilidades sociais e políticas. Com efeito, ao possibilitar aos alunos o domínio dos conhecimentos culturais e científicos, a educação escolar socializa o saber sistematizado e desenvolve capacidades cognitivas e operativas para a atuação no trabalho e nas lutas sociais pela conquista dos direitos de cidadania. Dessa forma, efetiva a sua contribuição para a democratização social e política da sociedade.

Entretanto, a escola pública brasileira tem sido capaz de atender o direito social de todas as crianças e jovens receberem escolarização básica? Os governos têm cumprido a sua obrigação social de assegurar as condições necessárias para prover um ensino de qualidade ao povo? O próprio funcionamento da escola, os programas, as práticas de ensino, o preparo profissional do professor, não teriam também uma parcela da responsabilidade pelo fracasso escolar? Sabemos que milhares de alunos são excluídos da escola já na passagem da 1ª para a 2ª série e apenas cerca de 20% dos que iniciam a 1ª série chegam à 4ª. As escolas funcionam em condições precárias, a formação profissional dos professores é deficiente, os salários são aviltantes, o ensino é de baixa qualidade. É necessária uma reflexão de conjunto para uma compreensão mais correta dos problemas da escola pública. Há um conjunto de causas externas e internas à escola que, bem compreendidas, permitirão avaliar mais claramente as possibilidades do trabalho docente na efetiva escolarização das crianças e jovens.

Neste capítulo serão tratados os seguintes temas:

- a escolarização e as lutas pela democratização da sociedade;
- o fracasso escolar precisa ser derrotado;
- as tarefas da escola pública democrática;
- o compromisso ético e social dos professores.

A escolarização e as lutas democráticas

Proporcionar a todas as crianças e jovens o acesso e a permanência na escola básica, de 8 anos, no mínimo, provendo-lhes uma sólida e duradoura formação cultural e científica, é dever da sociedade e, particularmente, do poder público. A escolarização é um dos requisitos fundamentais para o processo de democratização da sociedade, entendendo por *democratização* a conquista, pelo conjunto da população, das condições materiais, sociais, políticas e culturais que lhe possibilitem participar na condução das decisões políticas e governamentais. A escolarização necessária é aquela capaz de proporcionar a todos os alunos, em igualdade de condições, o domínio dos conhecimentos sistematizados e o desenvolvimento de suas capacidades intelectuais requeridos para a continuidade dos estudos, série a série, e para as tarefas sociais e profissionais, entre as quais se destacam as lutas pela democratização da sociedade.

Ao se apropriarem dos conhecimentos sistematizados correspondentes às disciplinas do currículo do ensino de 1° grau e ao irem formando habilidades cognoscitivas e práticas (como o raciocínio lógico, a análise e interpretação dos fenômenos sociais e científicos, do pensamento independente e criativo, a observação, a expressão oral e escrita etc.), os alunos vão ampliando a sua compreensão da natureza e da sociedade, adquirindo modos de ação e formando atitudes e convicções que os levam a posicionar-se frente aos problemas e desafios da vida prática. Em um de seus livros, Guiomar Namo de Mello (1987, p. 22) escreve:

> A escolarização básica constitui instrumento indispensável à construção da sociedade democrática, porque tem como função a socialização daquela parcela do saber sistematizado que constitui o indispensável à formação e ao exercício da cidadania. Ao entender dessa forma a função social da escola, pressupõe-se que não é nem redentora dos injustiçados e nem reprodutora das desigualdades sociais e, sim, uma das mediações pelas quais mudanças sociais em direção da democracia podem ocorrer. (...) Uma tal concepção sobre o papel da educação (...) estabelece como objetivo maior da política educacional a efetiva universalização de uma escola básica unitária, de caráter nacional. Só essa escola será democrática no sentido mais generoso da expressão, porque garantirá a todos, independentemente da região em que vivam, da classe a que pertençam, do credo político ou religioso que professem, uma base comum de conhecimentos e habilidades.

A escolarização tem, portanto, uma finalidade muito prática. Ao adquirirem um entendimento crítico da realidade por meio do estudo das matérias escolares e do domínio de métodos pelos quais desenvolvem suas capacidades cognoscitivas e formam habilidades para elaborar independentemente os conhecimentos, os alunos podem expressar de forma elaborada os conhecimentos que correspondem aos interesses majoritários da sociedade e inserir-se ativamente nas lutas sociais.

Sabemos, entretanto, que a escola pública está longe de atender essas finalidades. O poder público não tem cumprido suas responsabilidades na manutenção do ensino obrigatório e gratuito. Falta uma política nacional de administração e gestão do ensino, os recursos financeiros são insuficientes e mal empregados, as escolas funcionam precariamente por falta de recursos materiais e didáticos, os professores são mal remunerados, os alunos não possuem livros e material escolar. O sistema escolar é usado para fins eleitoreiros e político-partidários. Apesar de ter havido, nas últimas décadas, um aumento de matrículas de alunos provenientes das camadas populares, ainda há milhões de crianças fora da escola e uma grande parte dos que se matriculam não consegue continuar seus estudos. Dados recentes do Ministério da Educação mostram que, ainda hoje, na maioria das regiões do país, cerca de 50% das crianças matriculadas na 1ª série repetem ou deixam a escola antes de iniciar a 2ª. Analisando a evolução das matrículas ao longo dos oito anos de escolarização, verifica-se que, no Brasil, de 100 crianças que entram na 1ª série, 51 se matriculam na 2ª, 35 na 4ª e apenas 17 na 8ª série. Dados do IBGE, colhidos em 1988, indicam uma taxa de 40% de analfabetos entre a população de 5 a 14 anos. É evidente, assim, o descaso e a omissão do Estado em relação à escola pública.

Além disso, dentro da própria escola há grandes diferenças no modo de conduzir o processo de ensino conforme a origem social dos alunos, ocorrendo a discriminação dos mais pobres. Estes, quando conseguem permanecer na escola, acabam recebendo uma educação e um preparo intelectual insuficientes. Há uma ideia difundida em boa parte dos educadores de que o papel da escola é apenas o de adaptar as crianças ao meio social, isto é, de ajustá-las às regras familiares, sociais e ao exercício de uma profissão. Nesse caso, não se pensa em uma educação interessada na transformação da sociedade; ao contrário, trata-se de desenvolver aptidões individuais para a integração na sociedade. Quando um aluno não consegue aprender, abandona os estudos ou se interessa pouco pela escola, considera-se que são problemas individuais dele, descartando-se outras explicações como as condições socioeconômicas, a desigualdade social e a responsabilidade da própria escola. Esta é uma visão conservadora da escola. Na verdade, entendê-la como meio de adaptação à sociedade vigente é acreditar que esta é boa, justa, que dá oportunidades iguais a todos; que o sucesso na vida depende somente das aptidões e capacidades individuais; que o aproveitamento escolar depende exclusivamente do esforço individual do aluno. Esta ideia não corresponde à realidade. Primeiro, porque em uma sociedade marcada pela desigualdade social e econômica as oportunidades não são iguais e muito menos são iguais as condições sociais, econômicas e culturais de ter acesso e tirar proveito das oportunidades educacionais. Segundo, a educação não depende apenas do interesse e esforço individual porque, por trás da individualidade, estão condições sociais de vida e de trabalho que interferem nas possibilidades de rendimento escolar. Terceiro, a escola não pode ignorar que as desigualdades sociais são um real obstáculo ao desenvolvimento humano e, por isso mesmo, precisa aliar sua tarefa de transmissão dos conhecimentos às lutas sociais pela transformação do quadro social vigente.

Podemos verificar, assim, que a proposta de um ensino de qualidade, voltado para a formação cultural e científica que possibilite a ampliação da participação efetiva do povo nas várias instâncias de decisão da sociedade, defronta-se com problemas de fora e de dentro da escola. As forças sociais que detêm o poder econômico e político na sociedade, representadas pelos que governam e legislam, ao mesmo tempo que se mostram omissas e negligentes em relação à escola pública, difundem uma concepção de escola como ajustamento à ordem social estabelecida. Por outro lado, se é verdade que os fatores externos afetam o funcionamento da escola, há uma tarefa, a ser feita dentro dela, de assegurar uma organização pedagógica, didática e administrativa para um ensino de qualidade associado às lutas concretas das camadas populares.

Para a efetivação dos vínculos entre a escolarização e as lutas pela democratização da sociedade, é necessária a atuação em duas frentes, a política e a pedagógica, entendendo-se que a atuação política tem caráter pedagógico e que a atuação pedagógica tem caráter político. A atuação política implica o envolvimento dos educadores nos movimentos sociais e organizações sindicais e, particularmente, nas lutas organizadas em defesa da escola unitária, democrática e gratuita.

A escola pública deve ser *unitária*. O ensino básico é um direito fundamental de todos os brasileiros e um dever do Estado para com a sociedade, cabendo-lhe a responsabilidade de assegurar a escolarização da população. É unitária porque deve garantir uma base comum de conhecimentos expressos em um plano de estudos básicos de âmbito nacional, garantindo um padrão de qualidade do ensino para toda a população. Com base em um plano nacional de educação escolar, cabe aos estados a coordenação das atividades de ensino, com a cooperação dos municípios.

A necessidade social e o direito de todos os segmentos da população de dominarem conhecimentos básicos comuns e universais de forma alguma implicam a exclusão ou o desconhecimento da cultura popular e regional. Ao contrário, é precisamente pelo domínio do saber sistematizado que se pode assegurar aos alunos uma compreensão mais ampla, em uma perspectiva de nacionalidade e universalidade, da cultura, saberes e problemas locais, a fim de elaborá-los criticamente em função dos interesses da população majoritária. Importa, pois, que o processo de transmissão e assimilação dos conhecimentos sistematizados tenha como ponto de partida as realidades locais, a experiência de vida dos alunos e suas características socioculturais.

A escola pública deve ser *democrática*, garantindo a todos o acesso e a permanência, no mínimo, nos oito anos de escolarização, proporcionando um ensino de qualidade que leve em conta as características específicas dos alunos que atualmente a frequentam. Deve ser democrática, também, no sentido de que devem vigorar, nela, mecanismos democráticos de gestão interna envolvendo a participação conjunta da direção, dos professores e dos pais.

A escola pública deve ser *gratuita* porque é um direito essencial dos indivíduos para se constituírem como cidadãos. Isso implica reivindicações por maior compromisso do Estado com o funcionamento e manutenção da escola pública, ampliação de recursos financeiros, definição explícita das responsabilidades dos governos federal, estadual e municipal etc.

As propostas e reivindicações em favor da escola pública democrática fazem parte do processo mais amplo das lutas sociais nas quais a classe trabalhadora está envolvida. A transformação da escola depende da transformação da sociedade, pois a forma de organização do sistema socioeconômico interfere no trabalho escolar e no rendimento dos alunos. Em nosso país, a distribuição desigual da riqueza faz com que 70% ou mais da população vivam na pobreza. Nos grandes centros urbanos e na zona rural o povo é obrigado a viver em precárias condições de moradia, alimentação, saúde e educação. As famílias vivem atormentadas pelo desemprego e o salário é um dos menores do mundo, apesar de o Brasil ser a oitava potência econômica mundial. Muitas crianças precisam trabalhar em vez de irem à escola. A pobreza e as condições adversas de vida das crianças e jovens e de suas famílias, sem dúvida, geram dificuldades para a organização do ensino e aprendizagem dos alunos. Isso tudo significa que devemos compreender os problemas da escola pública dentro da problemática maior da estrutura social, o que coloca a necessidade da participação dos educadores nas lutas políticas e sindicais.

Entretanto, a consciência política dos professores deve convergir para o trabalho que se faz dentro da escola. Numeroso contingente de alunos provenientes das camadas populares se matricula na escola e os próprios pais fazem sacrifícios para mantê-los estudando. O ensino é uma tarefa real, concreta, que expressa o compromisso social e político do professor, pois o domínio das habilidades de ler e escrever, dos conhecimentos científicos da História, da Geografia, da Matemática e das Ciências, é requisito para a participação dos alunos na vida profissional, na vida política e sindical, e para enfrentar situações, problemas e desafios da vida prática. Um ensino de baixa qualidade empurra as crianças, cada vez mais, para a marginalização social.

Há, pois, um trabalho pedagógico-didático a se efetivar dentro da escola que se expressa no planejamento do ensino, na formulação dos objetivos, na seleção dos conteúdos, no aprimoramento de métodos de ensino, na organização escolar, na avaliação. Ligar a escolarização às lutas pela democratização da sociedade implica, pois, que a escola cumpra a tarefa que lhe é própria: prover o ensino. Democratização do ensino significa, basicamente, possibilitar aos alunos o melhor domínio possível das matérias, dos métodos de estudo, e, através disso, o desenvolvimento de suas capacidades e habilidades intelectuais, com especial destaque à aprendizagem da leitura e da escrita. A participação efetiva do povo nas lutas sociais e nas instâncias de decisão econômica e política requer que se agregue nelas um número cada vez maior de pessoas e isto depende do grau de difusão do conhecimento. É verdade que acreditar no processo democrático supõe confiar no saber do povo e na sua capacidade de tomar decisões. Mas é também verdade que os conhecimentos científicos e técnicos progridem em um ritmo acelerado, pondo exigências à escola no sentido de reduzir a distância entre o conhecimento comum, popular, e a cultura científica. Daí a importância de elevar o ensino ao mais alto nível, contribuindo para colocar de maneira científica os problemas humanos.

Ao mesmo tempo, o trabalho pedagógico na escola requer a sua adequação às condições sociais de origem, às características individuais e socioculturais e ao nível de rendimento escolar dos alunos. A democratização do ensino supõe o princípio da igualdade, mas junto com o seu complemento indispensável, o princípio da diversidade. Para que a igualdade seja real e não apenas formal, o ensino básico deve atender a diversificação da clientela, tanto social quanto individual. Isto implica ter como ponto de partida conhecimentos e experiências de vida, de modo que estes sejam a referência para os objetivos, conteúdos e métodos; implica que a escola deve interagir continuamente com as condições de vida da população para adaptar-se às suas estratégias de sobrevivência, visando impedir a exclusão e o fracasso escolar. Na prática, trata-se de o professor estabelecer objetivos e expectativas de desempenho a partir do limite superior de possibilidades reais de desenvolvimento e aproveitamento escolar dos alunos; a partir de um diagnóstico do nível de preparo prévio dos alunos para acompanhar a matéria, conforme idade e desenvolvimento mental, estabelecem-se padrões de desempenho para a maioria da classe, podendo-se daí para a frente exigir tudo o que se pode esperar deles.

Em síntese, a escola é um meio insubstituível de contribuição para as lutas democráticas, na medida em que possibilita às classes populares, ao terem o acesso ao saber sistematizado e às condições de aperfeiçoamento das potencialidades intelectuais, participarem ativamente do processo político, sindical e cultural. Uma pedagogia voltada para os interesses populares de transformação da sociedade compreende o trabalho pedagógico e docente como o processo de transmissão/assimilação ativa dos conteúdos escolares, inserido na totalidade mais ampla do processo social. É uma pedagogia que articula os conhecimentos sistematizados com as condições concretas de vida e de trabalho dos alunos, suas necessidades, interesses e lutas.

O fracasso escolar precisa ser derrotado

Um dos mais graves problemas do sistema escolar brasileiro é o fracasso escolar, principalmente das crianças mais pobres. O fracasso escolar se evidencia pelo grande número de reprovações nas séries iniciais do ensino de 1° grau, insuficiente alfabetização, exclusão da escola ao longo dos anos, dificuldades escolares não superadas que comprometem o prosseguimento dos estudos.

Vejamos a evolução da matrícula inicial no ensino de 1° grau no Brasil no período de 1977-1984, conforme dados percentuais do Ministério da Educação:

1ª série em 1977 — 100 alunos

2ª série em 1978 — 51 alunos

3ª série em 1979 — 42 alunos

4ª série em 1980 — 35 alunos

5ª série em 1981 — 35 alunos

6ª série em 1982 — 27 alunos

7ª série em 1983 — 22 alunos

8ª série em 1984 — 17 alunos

Os dados mostram que a escola pública brasileira não consegue reter as crianças na escola. Ao longo dos oito anos de escolarização observam-se sucessivas perdas de alunos. Sabemos que esse fato deve ser explicado por fatores externos à escola, mas é evidente que a exclusão das crianças tem a ver, em grau significativo, com aquilo que a escola e os professores fazem ou deixam de fazer.

Uma pesquisa da Fundação Carlos Chagas, de São Paulo, em 1981, investigou as causas mais amplas da repetência escolar. Sua finalidade foi a de explicar a repetência não só pelas deficiências dos alunos, mas por outros fatores como: características individuais dos alunos, as condições familiares, o corpo docente, a interação professor-aluno e aspectos internos e estruturais da organização escolar. Após o estudo dos dados coletados chegou-se à conclusão de que a reprovação não pode ser atribuída a causas isoladas, sejam as deficiências pessoais dos alunos, sejam os fatores de natureza socioeconômica ou da organização escolar. Mas, entre as causas determinantes da reprovação (entre as quais as condições de vida e as condições físicas e psicológicas), a mais decisiva foi o fato de a escola, na sua organização curricular e metodológica, não estar preparada para utilizar procedimentos didáticos adequados para trabalhar com as crianças pobres.

São muitos os procedimentos didáticos que acabam discriminando socialmente as crianças. Por exemplo, já no início do ano letivo o professor costuma "prever" quais os alunos que serão reprovados. Geralmente, essa previsão acaba se concretizando, pois os reprovados no final do ano são geralmente aqueles já "marcados" pelo professor. Além disso, alunos com diferente aproveitamento recebem tratamento desigual, pois o professor prefere os que melhor correspondem às suas expectativas de "bom aluno".

Os objetivos são planejados tendo-se vista uma criança idealizada e não uma criança concreta, cujas características de aprendizagem são determinadas pela sua origem social; ignoram-se, portanto, os conhecimentos e experiências, suas capacidades e seu nível de preparo para usufruir da experiência escolar.

Muitas vezes, inadvertidamente, os professores estabelecem padrões, níveis de desempenho escolar, tendo como referência o aluno considerado "normal" — estudantes com melhores condições socioeconômicas e intelectuais vistos como modelos de aluno estudioso. Crianças que não se enquadram nesse modelo são consideradas carentes, atrasadas, preguiçosas, candidatando-se à lista que o professor faz dos prováveis reprovados. Essa atitude discrimina as crianças pobres, pois a assimilação de conhecimentos e o desenvolvimentos das capacidades mentais dos alunos estão diretamente relacionados com as condições (econômicas, socioculturais, intelectuais, escolares etc.) de ingresso na escola, que é o verdadeiro ponto de partida do processo de ensino e aprendizagem.

É, também, muito comum os professores justificarem as dificuldades das crianças na alfabetização e nas demais matérias pela pouca inteligência, imaturidade, problemas emocionais, falta de acompanhamento dos pais. É verdade que esses problemas existem, mas nem por isso é correto colocar toda a culpa do fracasso nas crianças ou nos pais. Há fatores hereditários que determinam diferentes tipos de inteligência, mas a maioria das crianças são intelectualmente capazes. Além disso, a influência do meio, especialmente do ensino, pode facilitar ou dificultar o desenvolvimento da inteligência. Se o meio social em que vive a criança não pode prover boas condições para o desenvolvimento intelectual, o ensino pode proporcionar um ambiente necessário de estimulação e é para isso que o professor se prepara profissionalmente. Também não se pode jogar a culpa do fracasso na imaturidade do aluno.

Essa ideia supõe que a maturidade seja algo que vem unicamente de dentro do indivíduo, algo que depende só do tempo e que o professor não tem muito o que fazer senão esperar. É uma ideia equivocada. O desenvolvimento das capacidades mentais pode ser estimulado justamente pelos conhecimentos e experiências sociais, pelas condições ambientais e pelo processo educativo organizado. As crianças têm, de fato, problemas emocionais, mas fazem parte das características humanas e, com conhecimentos adequados da Psicologia, da Biologia, da Sociologia, o professor pode aprender a lidar com eles.

Há, também, deficiências na organização do ensino que decorrem dos objetivos e programas (muito extensos ou muito simplificados); da inadequação à idade e ao nível de preparo dos alunos para a sua assimilação; da sua não vinculação com os fatos e acontecimentos do meio natural e social; das formas de organização da rotina escolar (por exemplo, em boa parte das escolas públicas há uma redução do período de permanência das crianças na escola, suspensão de aulas por qualquer motivo, substituição de professores etc.).

Esse fatos, bastante comuns, comprovam que a escola, o currículo, os procedimentos didáticos dos professores não têm sido capazes de interferir positivamente para atingir o ideal da escolarização *para todos*. A inadequada organização pedagógica, didática e administrativa face às características sociais da maioria dos que frequentam a escola pública tem levado à marginalização e, assim, ao fracasso escolar das crianças mais pobres. Por não conseguirem avaliar com clareza os efeitos da estrutura social sobre o trabalho pedagógico, as escolas e professores podem tornar-se, mesmo sem o saber, cúmplices da discriminação e segregação das crianças social e economicamente desfavorecidas.

É preciso enfrentar e derrotar o fracasso escolar se se quer, de fato, uma escola pública democrática. Para isso, é necessário rever a concepção de qualidade de ensino. A qualidade de ensino é inseparável das características econômicas, socioculturais e psicológicas da clientela atendida. Só podemos falar em *qualidade* em relação a algo: coisas, processos, fenômenos, pessoas, que são reais. Isso significa que programas, conteúdos, métodos, formas de organização somente adquirem qualidade — elevam a qualidade de ensino — quando são compatibilizados com as condições reais dos alunos, não apenas individuais, mas principalmente as determinadas pela sua origem social. Deficiências e dificuldades dos alunos não são *naturais*, isso é, não são devidas exclusivamente à natureza humana individual, mas provocadas pelo modo de organização econômica e social da sociedade, determinante das condições materiais e concretas de vida das crianças.

Tais condições influem na percepção e assimilação dos conteúdos das matérias, na linguagem, nas motivações para o estudo, nas aspirações em relação ao futuro, nas relações com o professor. Um psicólogo da educação, David Ausubel, escreveu: "O fator isolado mais importante que influencia a aprendizagem é aquilo que o aluno já conhece; descubra-se o que ele sabe e baseie nisso seus ensinamentos". Ora, o que o aluno *conhece* depende da sua vida real. Esta é uma preciosa lição, pois frequentemente a matéria do livro didático, as aulas, os modos de ensinar, os valores sociais transmitidos pelo professor soam estranhos ao mundo social e cultural das crianças, quando não se vinculam às suas percepções, motivações, práticas de vida, linguagem. O ensino contribui para a superação do fracasso escolar se os objetivos e conteúdos são acessíveis, socialmente significativos e assumidos pelos alunos, isto é, capazes de suscitar sua atividade e suas capacidades mentais, seu raciocínio, para que assimilem consciente e ativamente os conhecimentos. Em outras palavras: o trabalho docente consiste em compatibilizar conteúdos e métodos com o nível de conhecimentos, experiências, desenvolvimento mental dos alunos.

A escola e os professores têm sua parte a cumprir na luta contra o fracasso escolar. E, sem dúvida, o ponto vulnerável a ser atacado nesse combate é a alfabetização. O domínio da leitura e da escrita, tarefa que percorre todas as séries escolares, é a base necessária para que os alunos progridam nos estudos, aprendam a expressar suas ideias e sentimentos, aperfeiçoem continuamente suas possibilidades cognoscitivas, ganhem maior compreensão da realidade social. A alfabetização bem conduzida instrumentaliza os alunos a agirem socialmente, a lidarem com as situações e desafios concretos da vida prática: é meio indispensável para a expressão do pensamento, da assimilação consciente e ativa de conhecimentos e habilidades, meio de conquista da liberdade intelectual e política.

As tarefas da escola pública democrática

A finalidade geral do ensino de 1° grau é estimular a assimilação ativa dos conhecimentos sistematizados, das capacidades, habilidades e atitudes necessárias à aprendizagem, tendo em vista a preparação para o prosseguimento dos estudos série a série, para o mundo do trabalho, para a família e para as demais exigências da vida social.

É responsabilidade, também, do ensino de 1° grau, colocar os alunos em condições de continuarem estudando e aprendendo durante toda a vida e inculcar valores e convicções democráticas, tais como: respeito pelos companheiros, solidariedade, capacidade de participação em atividades coletivas, crença nas possibilidades de transformação da sociedade, coerência entre palavras e ações e o sentimento de coletividade onde todos se preocupam com o bem de cada um e cada um se preocupa com o bem de todos.

Como já sabemos, os objetivos, conteúdos e métodos da escola pública devem corresponder às exigências econômicas, sociais e políticas de cada época histórica, no que diz respeito à conquista de uma democracia efetiva para os grupos sociais majoritários da sociedade. Ao delimitar as tarefas da escola pública democrática é necessário levarmos em conta as características da sua clientela hoje, analisando criticamente a escola de ontem e a escola de hoje, a quem serviu no passado e a quem deve servir hoje.

A escola de décadas atrás serviu aos interesses das camadas dominantes da sociedade e para isso estabeleceu os seus objetivos, conteúdos, métodos e sistema de organização do ensino. Aos filhos dos ricos fornecia educação geral e formação intelectual, aos pobres, o ensino profissional visando o trabalho manual. A escola pela qual devemos lutar hoje visa o desenvolvimento científico e cultural do povo, preparando as crianças e jovens para a vida, para o trabalho e para a cidadania, por intermédio da educação geral, intelectual e profissional.

As tarefas da escola pública democrática são as seguintes:

1) Proporcionar a todas as crianças e jovens e escolarização básica e gratuita de pelo menos oito anos, assegurando a todos as condições de assimilação dos conhecimentos sistematizados e a cada um o desenvolvimento de suas capacidades físicas e intelectuais.

A democratização do ensino se sustenta nos princípios da igualdade e da diversidade. Todos devem ter o direito do acesso e permanência na escola e, ao mesmo tempo, o ensino deve adequar-se às condições sociais de origem, às características socioculturais e individuais dos alunos, é à prática de vida de enfrentamento da realidade que as classes populares criam.

2) Assegurar a transmissão e assimilação dos conhecimentos e habilidades que constituem as matérias de ensino.

A democratização do ensino supõe um sólido domínio das matérias escolares, com especial destaque à leitura e à escrita, como pré-condição para a formação do cidadão ativo e participante. O ensino das matérias e o desenvolvimento das habilidades intelectuais contribuem para estabelecer os vínculos entre o indivíduo e a sociedade, e entre a sociedade e o indivíduo. Amplia no indivíduo a compreensão de suas tarefas no mundo material e social e alarga os seus horizontes para perceber-se como membro de uma coletividade mais ampla que é a humanidade, para além da sua vivência individual e regional nas comunidades rurais ou urbanas.

3) Assegurar o desenvolvimento das capacidades e habilidades intelectuais, sobre a base dos conhecimentos científicos, que formem o pensamento crítico e independente, permitam o domínio de métodos e técnicas de trabalho intelectual, bem como a aplicação prática dos conhecimentos na vida escolar e na prática social.

O desenvolvimento de capacidades e habilidades cognitivas é imprescindível para o domínio dos conhecimentos e estes imprescindíveis para aquele. Por outro lado, a assimilação ativa de conhecimentos e habilidades através do estudo independente proporciona os meios para a aprendizagem permanente, mesmo após concluída a formação escolar sistemática.

Isso quer dizer que o ensino não se reduz à transmissão de conhecimentos na forma de transferência da cabeça do professor para a do aluno e nem somente ao desenvolvimento e exercitação das capacidades e habilidades. Em vez de separar essas duas coisas, trata-se de entender o ensino como um processo no qual a transmissão pelo professor se combina com a assimilação ativa pelos alunos, pois os conhecimentos são a base material em torno dos quais se desenvolvem as capacidades e habilidades cognitivas.

4) Assegurar uma organização interna da escola em que os processos de gestão e administração e os de participação democrática de todos os elementos envolvidos na vida escolar estejam voltados para o atendimento da função básica da escola, o ensino.

Os processos de gestão e administração da escola implicam uma ação coordenada da direção, coordenação pedagógica e professores, cada um cumprindo suas responsabilidades no conjunto da ação escolar. Os processos de participação democrática incluem não apenas o envolvimento coletivo na tomada de decisões, como também os meios de articulação da escola com órgãos da administração do sistema escolar e com as famílias.

Para a realização dessas tarefas a escola organiza, com base nos objetivos e conteúdos das matérias de ensino, seu plano pedagógico-didático. O núcleo de conhecimentos básicos da 1ª fase do ensino de 1° grau compõe-se das seguintes matérias:

• *Português* — O ensino da Língua Portuguesa tem como principais objetivos: a aquisição de conhecimentos e habilidades da leitura e escrita; o desenvolvimento de habilidades e capacidades de produção e recepção de mensagens verbais, em diferentes situações da vida cotidiana; a compreensão e a valorização das variedades dialetais da língua.

O ensino de Português é uma das mais importantes responsabilidades profissionais do professor, pois é condição para a aprendizagem das demais disciplinas, além de ser instrumento indispensável para a participação social dos indivíduos em todas as esferas da vida: profissional, política, cultural. Partindo da experiência linguística adquirida pelas crianças no meio familiar e social, elas gradativamente são estimuladas a dominar a norma-padrão culta da língua.

• *Matemática* — Cumpre dois objetivos básicos: o desenvolvimento de habilidades de contagem, cálculo e medidas, tendo em vista a resolução de problemas ligados à vida prática cotidiana e tarefas escolares; o desenvolvimento de estruturas lógicas de pensamento, pelo domínio e aplicação dos conteúdos, levando à formação do raciocínio e do pensamento independente e criativo e, assim, instrumentalizando os alunos a adquirirem novos conhecimentos teóricos e práticos.

• *História e Geografia* — Estas disciplinas visam estudar o homem como ser social, agindo conjuntamente na transformação do meio físico e social para satisfação de suas necessidades, construindo para si um mundo humano. Através do estudo da vida humana presente, das instituições sociais e do funcionamento da sociedade, os alunos devem ser incentivados a compreender como as relações entre os homens e entre as classes sociais vão levando a formas de organização socioespacial e econômica, umas criadoras de desigualdades e injustiças e outras mais igualitárias e mais propícias ao desenvolvimento das características humanas.

A História estuda o homem nos diferentes tempos da sua existência e nos lugares onde ele vive; como ele vai estabelecendo relações com os seus semelhantes por meio do trabalho, como vão sendo criadas as instituições sociais, como o homem vai resolvendo os conflitos entre os interesses das classes sociais. A Geografia estuda as relações do homem com o espaço natural e como pode transformá-lo em seu benefício e em benefício da comunidade humana.

O objetivo máximo dessas disciplinas é auxiliar os alunos no conhecimento da realidade física e social, a partir da realidade mais imediata, de modo a suscitar a compreensão do papel dos indivíduos e grupos na transformação da sociedade, tendo em vista um mundo de convivência humana que assegure a plena satisfação das necessidades materiais e espirituais de todos.

• *Ciências* (Físicas e Biológicas) — O ensino de Ciências compreende o estudo da natureza e do ambiente; as relações do homem com o meio físico e ambiental; a compreensão das propriedades e das relações entre fatos e fenômenos; a apropriação de métodos e hábitos científicos. Visa também: o conhecimento e a reflexão sobre o uso social das tecnologias tendo em vista o aproveitamento racional dos recursos ambientais; formação dos alunos para a preservação da vida e do ambiente; aquisição de conhecimentos, habilidades e hábitos relacionados com a saúde e com a qualidade de vida; a superação de crendices, superstições e preconceitos.

• *Educação Artística* — É um importante meio de formação cultural e estética dos alunos, de desenvolvimento de criatividade e da imaginação. Inclui atividades de expressão de emoções e sentimentos, de desenvolvimento da imaginação e desenvolvimento da capacidade de apreciação das diversas formas de expressão artística (pintura, escultura, dança, música, poesia) populares e eruditas.

• *Educação Física e Lazer* — A Educação Física contribui para fortificar o corpo e o espírito, para o desenvolvimento de formas de expressão através do corpo, para formar o caráter, a autodisciplina e o espírito de cooperação, lealdade e solidariedade. Além disso, organiza a recreação e o lazer das crianças. Por meio dela as crianças aprendem jogos e brincadeiras, usam suas energias físicas, desenvolvem a capacidade de liderança e iniciativa etc.

O compromisso social e ético dos professores

O trabalho docente constitui o exercício profissional do professor e este é o seu primeiro compromisso com a sociedade. Sua responsabilidade é preparar os alunos para se tornarem cidadãos ativos e participantes na família, no trabalho, nas associações de classe, na vida cultural e política. É uma atividade fundamentalmente social, porque contribui para a formação cultural e científica do povo, tarefa indispensável para outras conquistas democráticas.

A característica mais importante da atividade profissional do professor é a mediação entre o aluno e a sociedade, entre as condições de origem do aluno e sua destinação social na sociedade, papel que cumpre provendo as condições e os meios (conhecimentos, métodos, organização do ensino) que assegurem o encontro do aluno com as matérias de estudo. Para isso, planeja, desenvolve suas aulas e avalia o processo de ensino.

O sinal mais indicativo da responsabilidade profissional do professor é seu permanente empenho na instrução e educação dos seus alunos, dirigindo o ensino e as atividade de estudo de modo que estes dominem os conhecimentos básicos e as habilidades, e desenvolvam suas forças, capacidades físicas e intelectuais, tendo em vista equipá-los para enfrentar os desafios da vida prática no trabalho e nas lutas sociais pela democratização da sociedade.

O compromisso social, expresso primordialmente na competência profissional, é exercido no âmbito da vida social e política. Como toda profissão, o magistério é um ato político porque se realiza no contexto das relações sociais onde se manisfestam os interesses das classes sociais. O compromisso ético-político é uma tomada de posição frente aos interesses sociais em jogo na sociedade. Quando o professor se posiciona, consciente e explicitamente, do lado dos interesses da população majoritária da sociedade, ele insere sua atividade profissional — ou seja, sua competência técnica — na luta ativa por esses interesses: a luta por melhores condições de vida e de trabalho e a ação conjunta pela transformação das condições gerais (econômicas, políticas, culturais) da sociedade.

Estas considerações justificam a necessidade de uma sólida preparação profissional face às exigências colocadas pelo trabalho docente. Esta é a tarefa básica do curso de habilitação ao Magistério e, particularmente, da Didática.

Sugestões para tarefas de estudo

Perguntas para o trabalho independente dos alunos

- Qual a relação entre democratização do ensino e democratização da sociedade?
- Qual é o sentido social e político da escola básica unitária?
- Que quer dizer a afirmação: "A educação escolar é uma atividade mediadora no seio da prática social global"?
- Distinguir as expressões "educação ajustadora" e "educação transformadora".
- Analisar os efeitos dos fatores externos e dos fatores intraescolares no fracasso escolar das crianças.
- Comentar a seguinte afirmação: "A ignorância é o fator mais determinante da miséria".
- Quais são as ações necessárias para conter o fracasso escolar?
- Quais são as tarefas da escola pública democrática?
- Como se concretiza na prática escolar o compromisso social e ético do professor?

Temas para aprofundamento do estudo

- Percorrer escolas da cidade para fazer levantamento de dados sobre repetência e evasão, através de diários de classe do ano anterior ou do arquivo da escola (se houver). Colher informações dos professores sobre as razões das repetências e evasões.

- Ler, como tarefa de casa, individualmente ou em grupo, o "Manifesto aos Participantes da III Conferência Brasileira de Educação" e o "Manifesto aos Educadores" da IV Conferência Brasileira de Educação, encontrados nos Anais dessas conferências. Trazer um resumo para discutir em classe. Utilizar uma das técnicas de trabalho em grupo.

- Elaborar um questionário para ser aplicado a professores de escolas públicas com perguntas como: "Quais as características de um bom aluno? Como mantém a disciplina na classe? Como resolve os problemas de alunos com dificuldades? Há diferenças entre os alunos pobres e alunos de classe média em termos de aprendizagem? Quais são essas diferenças? O ensino piorou de qualidade nos últimos anos? Por quê?"

Temas para redação

- Democratização do ensino e fracasso escolar.
- Fracasso escolar, pobreza e ação do professor.
- Os conteúdos escolares e a democratização do ensino.
- Preparação profissional do professor e democratização do ensino.

Bibliografia complementar

ANAIS DA III CONFERÊNCIA BRASILEIRA DE EDUCAÇÃO (Niterói-RJ). São Paulo: Loyola, 1984.

ANAIS DA IV CONFERÊNCIA BRASILEIRA DE EDUCAÇÃO (Goiânia-GO). São Paulo: Cortez, 1988.

AUSUBEL, David P. et al. *Psicologia educacional*. Rio de Janeiro: Interamericana, 1980.

BEISIEGEL, Celso de R. Relações entre quantidade e qualidade no ensino comum. *Revista da Ande*, São Paulo, n. 1, p. 49-56, 1981.

BRANDÃO, Zaia et al. *Evasão e repetência no Brasil*: a escola em questão. Rio de Janeiro: Achiamé, 1983.

CARVALHO, Célia P. de. *Ensino noturno*. São Paulo: Cortez/Autores Associados, 1987.

CECCON, Claudius et al. *A vida na escola e a escola na vida*. Petrópolis: Vozes/IDAC, 1982.

CUNHA, Luís A. A educação na nova Constituição. *Revista da Ande*, São Paulo, n. 12, p. 5-9, 1987.

FARR, Régis. *O fracasso do ensino*. Rio de Janeiro: Codecri, 1982.

GARCIA, Regina L. A qualidade comprometida e o compromisso da qualidade. *Revista da Ande*, São Paulo, n. 3, p. 51-55, 1982.

GATTI, Bemadete A. A reprovação na 1ª série do 1º grau. *Cadernos de Pesquisa*, São Paulo: Fundação Carlos Chagas, n. 38, p. 3-13, ago. 1981.

LIBÂNEO, José C. Pedagogia crítico-social: currículo e didática. *Anais do XVI Seminário Bras. de Tec. Educ.* Rio de Janeiro, v. I, p. 45-65 , 1985.

_____. Escola unitária e política educacional. *Anais da IV Conferência Brasileira de Educação*. São Paulo: Cortez, 1988, p. 99-116.

LUCKESI, Cipriano C.; LIBÂNEO, José C. Evasão e repetência: implicações pedagógico-didáticas. *Anais do XVI Seminário Brasileiro de Tecnologia Educacional* (ABT), Rio de Janeiro, v. II, 1985, p. 81-113.

MELLO, Guiomar N. de (org.). *Educação e transição democrática.* São Paulo: Cortez/Autores Associados, 1987.

POPOVIC, Ana Maria. Enfrentando o fracasso escolar. *Revista da Ande*, São Paulo, n. 2, p. 17-21, 1981.

ROSENBERG, Lia. *Educação e desigualdade social*. São Paulo: Loyola, 1984.

Capítulo 3

Didática: teoria da instrução e do ensino

Nos capítulos anteriores procuramos formar uma visão geral da problemática da educação escolar, da Pedagogia e da Didática, introduzindo já o necessário entrosamento entre conhecimentos teóricos e as exigências práticas. Retomaremos, agora, algumas questões, com a finalidade de aprofundar mais os vínculos da Didática com os fundamentos educacionais proporcionados pela teoria pedagógica, explicitar o seu objeto de estudo e seus elementos constitutivos para, em seguida, delinear alguns traços do desenvolvimento histórico dessa disciplina. No tópico final, incluímos os principais temas da Didática indispensáveis ao exercício profissional dos professores.

Neste capítulo serão tratados os seguintes temas:

- a Didática como atividade pedagógica escolar;
- objeto de estudo: os processos da instrução e do ensino;
- os componentes do processo didático;
- desenvolvimento histórico da Didática e as tendências pedagógicas;
- a Didática e as tarefas do professor.

A didática como atividade pedagógica escolar

Conforme estudamos, a Pedagogia investiga a natureza das finalidades da educação como processo social, no seio de uma determinada sociedade, bem como as metodologias apropriadas para a formação dos indivíduos, tendo em vista o seu desenvolvimento humano para tarefas na vida em sociedade. Quando falamos das finalidades da educação *no seio de uma determinada sociedade*, queremos dizer que o entendimento dos objetivos, conteúdos e métodos da educação se modifica conforme as concepções de homem e da sociedade que, em cada contexto econômico e social de um momento da história humana, caracterizam o modo de pensar, o modo de agir e os interesses das classes e grupos sociais. A Pedagogia, portanto, é sempre uma concepção da direção do processo educativo subordinada a uma concepção político-social.

Sendo a educação escolar uma atividade social que, por intermédio de instituições próprias, visa a assimilação dos conhecimentos e experiências humanas acumuladas no decorrer da história, tendo em vista a formação dos indivíduos enquanto seres sociais, cabe à Pedagogia intervir nesse processo de assimilação, orientando-o para finalidades sociais e políticas e criando um conjunto de condições metodológicas e organizativas para viabilizá-lo no âmbito da escola. Nesse sentido, a Didática assegura o fazer pedagógico na escola, na sua dimensão político-social e técnica; é, por isso, uma disciplina eminentemente *pedagógica.*

A Didática é, pois, uma das disciplinas da Pedagogia que estuda o processo de ensino por meio dos seus componentes — os conteúdos escolares, o ensino e a aprendizagem — para, com o embasamento na teoria da educação, formular diretrizes orientadoras da atividade profissional dos professores. É, ao mesmo tempo, uma matéria de estudo fundamental na formação profissional dos professores e um meio de trabalho do qual os professores se servem para dirigir a atividade de ensino, cujo resultado é a aprendizagem dos conteúdos escolares pelos alunos.

Definindo-se como mediação escolar dos objetivos e conteúdos do ensino, a Didática investiga as condições e formas que vigoram no ensino e, ao mesmo tempo, os fatores reais (sociais, políticos, culturais, psicossociais) condicionantes das relações entre a docência e a aprendizagem. Ou seja, destacando a instrução e o ensino como elementos primordiais do processo pedagógico escolar, traduz objetivos sociais e políticos em objetivos de ensino, seleciona e organiza os conteúdos e métodos e, ao estabelecer as conexões entre ensino e aprendizagem, indica princípios e diretrizes que irão regular a ação didática.

Por outro lado, esse conjunto de tarefas não visa outra coisa senão o desenvolvimento físico e intelectual dos alunos, com vistas à sua preparação para a vida social. Em outras palavras, o processo didático de transmissão/assimilação de conhecimentos e habilidades tem como culminância o desenvolvimento das capacidades cognoscitivas dos alunos, de modo que assimilem ativa e independentemente os conhecimentos sistematizados.

Que significa teoria da instrução e do ensino? Qual a relação da Didática com o currículo, metodologias específicas das matérias, procedimentos de ensino, técnicas de ensino?

A *instrução* se refere ao processo e ao resultado da assimilação sólida de conhecimentos sistematizados e ao desenvolvimento de capacidades cognitivas. O núcleo da instrução são os conteúdos das matérias. O *ensino* consiste no planejamento, organização, direção e avaliação da atividade didática, concretizando as tarefas da instrução; o ensino inclui tanto o trabalho do professor (magistério) como a direção da atividade de estudo dos alunos. Tanto a instrução como o ensino se modificam em decorrência da sua necessária ligação com o desenvolvimento da sociedade e com as condições reais em que ocorre o trabalho docente. Nessa ligação é que a Didática se fundamenta para formular diretrizes orientadoras do processo de ensino.

O *currículo* expressa os conteúdos da instrução, nas matérias de cada grau do processo de ensino. Em torno das matérias se desenvolve o processo de assimilação dos conhecimentos e habilidades.

A *metodologia* compreende o estudo dos métodos, e o conjunto dos procedimentos de investigação das diferentes ciências quanto aos seus fundamentos e validade, distinguindo-se das técnicas que são a aplicação específica dos métodos. No campo da Didática, há uma relação entre os métodos próprios da ciência que dá suporte à matéria de ensino e os métodos de ensino. A metodologia pode ser *geral* (por ex., métodos tradicionais, métodos ativos, método da descoberta, método de solução de problemas etc.) ou *específica*, seja a que se refere aos procedimentos de ensino e estudo das disciplinas do currículo (alfabetização, Matemática, História etc.), seja a que se refere a setores da educação escolar ou extraescolar (educação de adultos, educação especial, educação sindical etc.).

Técnicas, recursos ou meios de ensino são complementos da metodologia, colocados à disposição do professor para o enriquecimento do processo de ensino. Atualmente, a expressão "tecnologia educacional" adquiriu um sentido bem mais amplo, englobando técnicas de ensino diversificadas, desde os recursos da informática, dos meios de comunicação e os audiovisuais até os de instrução programada e de estudo individual e em grupos.

A Didática tem muitos pontos em comum com as metodologias específicas de ensino. Elas são as fontes da investigação Didática, ao lado da Psicologia da Educação e da Sociologia da Educação. Mas, ao se constituir como teoria da instrução e do ensino, abstrai das particularidades de cada matéria para generalizar princípios e diretrizes para qualquer uma delas.

Em síntese, são temas fundamentais da Didática: os objetivos sociopolíticos e pedagógicos da educação escolar, os conteúdos escolares, os princípios didáticos, os métodos de ensino e de aprendizagem, as formas organizativas do ensino, o uso e aplicação de técnicas e recursos, o controle e a avaliação da aprendizagem.

Objeto de estudo: o processo de ensino

O objeto de estudo da Didática é o processo de ensino, campo principal da educação escolar.

Na medida em que o ensino viabiliza as tarefas da instrução, ele contém a instrução. Podemos, assim, delimitar como objeto da Didática o processo de ensino que, considerado no seu conjunto, inclui: os conteúdos dos programas e dos livros didáticos, os métodos e formas organizativas do ensino, as atividades do professor e dos alunos e as diretrizes que regulam e orientam esse processo.

Por que estudar o processo de ensino? Vimos, anteriormente, que a educação escolar é uma tarefa eminentemente social, pois a sociedade necessita prover as gerações mais novas daqueles conhecimentos e habilidades que vão sendo acumulados pela experiência social da humanidade. Ora, não é suficiente dizer que os alunos precisam dominar os conhecimentos; é necessário dizer como fazê-lo, isto é, investigar objetivos e métodos seguros e eficazes para a assimilação dos conhecimentos. Esta é a função da Didática, ao estudar o processo do ensino.

Podemos definir *processo de ensino* como uma sequência de atividades do professor e dos alunos, tendo em vista a assimilação de conhecimentos e desenvolvimento de habilidades, por meio dos quais os alunos aprimoram capacidades cognitivas (pensamento independente, observação, análise-síntese e outras).

Quando mencionamos que a finalidade do processo de ensino é *proporcionar aos alunos os meios para que assimilem ativamente os conhecimentos* é porque a natureza do trabalho docente é a mediação da relação cognoscitiva entre o aluno e as matérias de ensino. Isto quer dizer que o ensino não é só transmissão de informações mas também o meio de organizar a atividade de estudo dos alunos. O ensino somente é bem-sucedido quando os objetivos do professor coincidem com os objetivos de estudo do aluno e é praticado tendo em vista o desenvolvimento das suas forças intelectuais.

Ensinar e aprender, pois, são duas facetas do mesmo processo, e que se realizam em torno das matérias de ensino, sob a direção do professor.

Os componentes do processo didático

Quem circula pelos corredores de uma escola, o quadro que observa é o professor frente a uma turma de alunos, sentados ordenadamente ou realizando uma tarefa em grupo, para aprender uma matéria. De fato, tradicionalmente se consideram como componentes da ação didática a matéria, o professor, os alunos. Pode-se combinar estes componentes, acentuando-se mais um ou outro, mas a ideia corrente é a de que o professor transmite a matéria ao aluno. Entretanto, o ensino, por mais simples que possa parecer à primeira vista, é uma atividade complexa: envolve tanto condições externas como condições internas das situações didáticas. Conhecer essas condições e lidar acertadamente com elas é uma das tarefas básicas do professor para a condução do trabalho docente.

Internamente, a ação didática se refere à relação entre o aluno e a matéria, com o objetivo de apropriar-se dela com a mediação do professor.

Entre a matéria, o professor e o aluno ocorrem relações recíprocas. O professor tem propósitos definidos no sentido de assegurar o encontro direto do aluno com a matéria, mas essa atuação depende das condições internas dos alunos alterando o modo de lidar com a matéria. Cada situação didática, porém, vincula-se a determinantes econômico-sociais, socioculturais, a objetivos e normas estabelecidos conforme interesses da sociedade e seus grupos, e que afetam as decisões didáticas. Consideremos, pois, que a inter-relação entre professor e alunos não se reduz à sala de aula, implicando relações bem mais abrangentes:

- Escola, professor, aluno, pais estão inseridos na dinâmica das relações sociais. A sociedade não é um todo homogêneo, onde reina a paz e a harmonia. Ao contrário, há antagonismos e interesses distintos entre grupos e classes sociais que se refletem nas finalidades e no papel atribuídos à escola, ao trabalho do professor e dos alunos.

- As teorias da educação e as práticas pedagógicas, os objetivos educativos da escola e dos professores, os conteúdos escolares, a relação professor-alunos, as modalidades de comunicação docente, nada disso existe isoladamente do contexto econômico, social e cultural mais amplo e que afetam as condições reais em que se realizam o ensino e a aprendizagem.

- O professor não é apenas professor, ele participa de outros contextos de relações sociais onde é, também, aluno, pai, filho, membro de sindicato, de partido político ou de um grupo religioso. Esses contextos se referem uns aos outros e afetam a atividade prática do professor. O aluno, por sua vez, não existe apenas como aluno. Faz parte de um grupo social, pertence a uma família que vive em determinadas condições de vida e de trabalho, é branco, negro, tem uma determinada idade, possui uma linguagem para expressar-se conforme o meio em que vive, tem valores e aspirações condicionados pela sua prática de vida etc.

- A eficácia do trabalho docente depende da filosofia de vida do professor, de suas convicções políticas, do seu preparo profissional, do salário que recebe, da sua personalidade, das características da sua vida familiar, da sua satisfação profissional em trabalhar com crianças etc. Tudo isto, entretanto, não é uma questão de traços individuais do professor, pois o que acontece com ele tem a ver com as relações sociais que acontecem na sociedade.

Consideremos, assim, que o processo didático está centrado na relação fundamental entre o ensino e a aprendizagem, orientado para a confrontação ativa do aluno com matéria sob a mediação do professor. Com isso, podemos identificar entre os seus elementos constitutivos: os *conteúdos das matérias* que devem ser assimilados pelos alunos de um determinado grau; a *ação de ensinar* em que o professor atua como mediador entre o aluno e as matérias; a *ação de aprender* em que o aluno assimila consciente e ativamente as matérias e desenvolve suas capacidade e habilidades. Contudo, estes componentes não são suficientes para ver o ensino em sua globalidade. Como vimos, não é uma atividade que se desenvolve automaticamente, restrita ao que se passa no interior da escola, uma vez que expressa finalidades e exigências da prática social, ao mesmo tempo que se subordina a condições concretas postas pela mesma prática social que favorecem ou dificultam atingir objetivos. Entender, pois, o processo didático como totalidade abrangente implica vincular conteúdos, ensino e aprendizagem a *objetivos sociopolíticos e pedagógicos* e analisar criteriosamente o conjunto de *condições concretas* que rodeiam cada situação didática. Em outras palavras, o ensino é um processo social, integrante de múltiplos processos sociais, nos quais estão implicadas dimensões políticas, ideológicas, éticas, pedagógicas, frente às quais se formulam objetivos, conteúdos e métodos conforme opções assumidas pelo educador, cuja realização está na dependência de condições, seja aquelas que o educador já encontra sejam as que ele precisa transformar ou criar.

Desse modo, os objetivos gerais e específicos são não só um dos componentes do processo didático como também determinantes das relações entre os demais componentes. Além disso, a articulação entre estes depende da avaliação das condições concretas implicadas no ensino, tais como objetivos e exigências postos pela sociedade e seus grupos e classes, o sistema escolar, os programas oficiais, a formação dos professores, as forças sociais presentes na escola (docentes, pais etc.), os meios de ensino disponíveis, bem como as características socioculturais e individuais dos alunos, as condições prévias dos alunos para enfrentar o estudo de determinada matéria, as relações professor-alunos, a disciplina, o preparo específico do professor para compreender cada situação didática e transformar positivamente o conjunto de condições para a organização do ensino.

O processo didático, assim, desenvolve-se mediante a ação recíproca dos componentes fundamentais do ensino: os objetivos da educação e da instrução, os conteúdos, o ensino, a aprendizagem, os métodos, as formas e meios de organização das condições da situação didática, a avaliação. Tais são, também, os conceitos fundamentais que formam a base de estudos da Didática.

Desenvolvimento histórico da Didática e tendências pedagógicas

A história da Didática está ligada ao aparecimento do ensino — no decorrer do desenvolvimento da sociedade, da produção e das ciências — como atividade planejada e intencional dedicada à instrução.

Desde os primeiros tempos existem indícios de formas elementares de instrução e aprendizagem. Sabemos, por exemplo, que nas comunidades primitivas os jovens passam por um ritual de iniciação para ingressarem nas atividades do mundo adulto. Pode-se considerar esta uma forma de ação pedagógica, embora aí não esteja presente o "didático" como forma estruturada de ensino.

Na chamada Antiguidade Clássica (gregos e romanos) e no período medieval também se desenvolvem formas de ação pedagógica, em escolas, mosteiros, igrejas, universidades. Entretanto, até meados do século XVII não podemos falar de Didática como teoria do ensino, que sistematize o pensamento didático e o estudo científico das formas de ensinar.

O termo "Didática" aparece quando os adultos começam a intervir na atividade de aprendizagem das crianças e jovens através da direção deliberada e planejada do ensino, ao contrário das formas de intervenção mais ou menos espontâneas de antes. Estabelecendo-se uma intenção propriamente pedagógica na atividade de ensino, a escola se torna uma instituição, o processo de ensino passa a ser sistematizado conforme níveis, tendo em vista a adequação às possibilidades das crianças, às idades e ritmo de assimilação dos estudos.

A formação da teoria didática para investigar as ligações entre ensino e aprendizagem e suas leis ocorre no século XVII, quando João Amós Comênio (1592-1670), um pastor protestante, escreve a primeira obra clássica sobre Didática, a *Didacta Magna*.

Ele foi o primeiro educador a formular a ideia da difusão dos conhecimentos a todos e criar princípios e regras do ensino.

Comênio desenvolveu ideias avançadas para a prática educativa nas escolas, em uma época em que surgiam novidades no campo da Filosofia e das Ciências e grandes transformações nas técnicas de produção, em contraposição às ideias conservadoras da nobreza e do clero. O sistema de produção capitalista, ainda incipiente, já influenciava a organização da vida social, política e cultural.

A Didática de Comênio se assentava nos seguintes princípios:

1) A finalidade da educação é conduzir à felicidade eterna com Deus, pois é uma força poderosa de regeneração da vida humana. Todos os homens merecem a sabedoria, a moralidade e a religião, porque todos, ao realizarem sua própria natureza, realizam os desígnios de Deus. Portanto, a educação é um direito natural de todos.

2) Por ser parte da natureza, o homem deve ser educado de acordo com o seu desenvolvimento natural, isto é, de acordo com as características de idade e capacidade para o conhecimento. Consequentemente, a tarefa principal da Didática é estudar essas características e os métodos de ensino correspondentes, de acordo com a ordem natural das coisas.

3) A assimilação dos conhecimentos não se dá instantaneamente, como se o aluno registrasse de forma mecânica na sua mente a informação do professor, como o reflexo num espelho. No ensino, em vez disso, tem um papel decisivo a percepção sensorial das coisas. Os conhecimentos devem ser adquiridos a partir da observação das coisas e dos fenômenos, utilizando e desenvolvendo sistematicamente os órgãos dos sentidos.

4) O método intuitivo consiste, assim, da observação direta, pelos órgãos dos sentidos, das coisas, para o registro das impressões na

mente do aluno. Primeiramente as coisas, depois as palavras. O planejamento de ensino deve obedecer o curso da natureza infantil; por isso as coisas devem ser ensinadas uma de cada vez. Não se deve ensinar nada que a criança não possa compreender. Portanto, deve-se partir do conhecido para o desconhecido.

Apesar da grande novidade destas ideias, principalmente dando um impulso ao surgimento de uma teoria do ensino, Comênio não escapou de algumas crenças usuais na época sobre ensino. Embora partindo da observação e da experiência sensorial, mantinha-se o caráter transmissor do ensino; embora procurando adaptar o ensino às fases do desenvolvimento infantil, mantinha-se o método único e o ensino simultâneo a todos. Além disso, sua ideia de que a única via de acesso dos conhecimentos é a experiência sensorial com as coisas não é suficiente, primeiro porque nossas percepções frequentemente nos enganam, segundo, porque já há uma experiência social acumulada de conhecimentos sistematizados que não necessitam ser descobertos novamente.

Entretanto, Comênio desempenhou uma influência considerável, não somente porque empenhou-se em desenvolver métodos de instrução mais rápidos e eficientes, mas também porque desejava que todas as pessoas pudessem usufruir dos benefícios do conhecimento.

Sabemos que, na história, as ideias, principalmente quando são muito inovadoras para a época, costumam demorar para terem efeito prático. No século XVII, em que viveu Comênio, e nos séculos seguintes, ainda predominavam práticas escolares da Idade Média: ensino intelectualista, verbalista e dogmático, memorização e repetição mecânica dos ensinamentos do professor. Nessas escolas não havia espaço para ideias próprias dos alunos, o ensino era separado da vida, mesmo porque ainda era grande o poder da religião na vida social.

Enquanto isso, porém, foram ocorrendo intensas mudanças nas formas de produção, havendo um grande desenvolvimento da ciência e da cultura. Foi diminuindo o poder da nobreza e do clero e aumentando o da burguesia. Na medida em que esta se fortalecia como classe social, disputando o poder econômico e político com a nobreza, ia crescendo também a necessidade de um ensino ligado às exigências do mundo da produção e dos negócios e, ao mesmo tempo, um ensino que contemplasse o livre desenvolvimento das capacidades e interesses individuais.

Jean-Jacques Rousseau (1712-1778) foi um pensador que procurou interpretar essas aspirações, propondo uma concepção nova de ensino, baseada nas necessidades e interesses imediatos da criança.

As ideias mais importantes de Rousseau são as seguintes:

1) A preparação da criança para a vida futura deve basear-se no estudo das coisas que correspondem às suas necessidades e interesses atuais. Antes de ensinar as ciências, elas precisam ser levadas a despertar o gosto pelo seu estudo. Os verdadeiros professores são a natureza, a experiência e o sentimento. O contato da criança com o mundo que a rodeia é que desperta o interesse e suas potencialidades naturais. Em resumo: são os interesses e necessidades imediatas do aluno que determinam a organização do estudo e seu desenvolvimento.

2) A educação é um processo natural, ela se fundamenta no desenvolvimento interno do aluno. As crianças são boas por natureza, elas têm uma tendência natural para se desenvolverem.

Rousseau não colocou em prática suas ideias e nem elaborou uma teoria de ensino. Essa tarefa coube a um outro pedagogo suíço, Henrique Pestalozzi (1746-1827), que viveu e trabalhou até o fim da vida na educação de crianças pobres, em instituições dirigidas por ele próprio. Deu uma grande importância ao ensino como meio de educação e desenvolvimento das capacidades humanas, como cultivo do sentimento, da mente e do caráter.

Pestalozzi atribuía grande importância ao método intuitivo, levando os alunos a desenvolverem o senso de observação, análise dos objetos e fenômenos da natureza e a capacidade da linguagem, por meio da qual se expressa em palavras o resultado das observações. Nisto consistia a educação intelectual. Também atribuía importância fundamental à psicologia da criança como fonte do desenvolvimento do ensino.

As ideias de Comênio, Rousseau e Pestalozzi influenciaram muitos outros pedagogos. O mais importante deles, porém, foi Johann Friedrich Herbart (1766-1841), pedagogo alemão que teve muitos discípulos e que exerceu influência relevante na Didática e na prática docente. Foi e continua sendo inspirador da pedagogia conservadora — conforme veremos —, mas suas ideias precisam ser estudadas por causa da sua presença constante nas salas de aula brasileiras. Junto com uma formulação teórica dos fins da educação e da Pedagogia como ciência, desenvolveu uma análise do processo psicológico-didático de aquisição de conhecimentos, sob a direção do professor.

Segundo Herbart, o fim da educação é a moralidade, atingida através da instrução educativa. Educar o homem significa instruí-lo para querer o bem, de modo que aprenda a comandar a si próprio. A principal tarefa da instrução é introduzir ideias corretas na mente dos alunos. O professor é um arquiteto da mente. Ele deve trazer à atenção dos alunos aquelas ideias que deseja que dominem suas mentes. Controlando os interesses dos alunos, o professor vai construindo uma massa de ideias na mente, que, por sua vez, vão favorecer a assimilação de ideias novas. O método de ensino consiste em provocar a acumulação de ideias na mente da criança.

Herbart estava atrás também da formulação de um método único de ensino, em conformidade com as leis psicológicas do conhecimento. Estabeleceu, assim, quatro passos didáticos que deveriam ser rigorosamente seguidos: o primeiro seria a preparação e apresentação da matéria nova de forma clara e completa, que denominou *clareza*; o segundo seria a associação entre as ideias antigas e as novas; o terceiro, a *sistematização* dos conhecimentos, tendo em vista a generalização; finalmente, o quarto seria a aplicação, o uso dos conhecimentos adquiridos através de exercícios, que denominou *método*. Posteriormente, os discípulos de Herbart desenvolveram mais a proposta dos passos formais, ordenando-os em cinco: preparação, apresentação, assimilação, generalização e aplicação, fórmula esta que ainda é utilizada pela maioria dos nossos professores.

O sistema pedagógico de Herbart e seus seguidores — chamados de herbartianos — trouxe esclarecimentos válidos para a organização da prática docente, como por exemplo: a necessidade de estruturação e ordenação do processo de ensino, a exigência de compreensão dos assuntos estudados e não simplesmente memorização, o significado educativo da disciplina na formação do caráter. Entretanto, o ensino é entendido como repasse de ideias do professor para a cabeça do aluno; os alunos devem compreender o que o professor transmite, mas apenas com a finalidade de reproduzir a matéria transmitida. Com isso, a aprendizagem se torna mecânica, automática, associativa, não mobilizando a atividade mental, a reflexão e o pensamento independente e criativo dos alunos.

As ideias pedagógicas de Comênio, Rousseau, Pestalozzi e Herbart — além de muitos outros que não pudemos mencionar — formaram as bases do pensamento pedagógico europeu, difundindo-se depois por todo o mundo, demarcando as concepções pedagógicas que hoje são conhecidas como Pedagogia Tradicional e Pedagogia Renovada.

A *Pedagogia Tradicional*, em suas várias correntes, caracteriza as concepções de educação onde prepondera a ação de agentes externos na formação do aluno, o primado do objeto de conhecimento, a transmissão do saber constituído na tradição e nas grandes verdades acumuladas pela humanidade e uma concepção de ensino como impressão de imagens propiciadas ora pela palavra do professor, ora pela observação sensorial. A *Pedagogia Renovada* agrupa correntes que advogam a renovação escolar, opondo-se à Pedagogia Tradicional. Entre as características desse movimento destacam-se: a valorização da criança, dotada de liberdade, iniciativa e de interesses próprios e, por isso mesmo, sujeito da sua aprendizagem e agente do seu próprio desenvolvimento; tratamento científico do processo educacional, considerando as etapas sucessivas do desenvolvimento biológico e psicológico; respeito às capacidades e aptidões individuais, individualização do ensino conforme os ritmos próprios de aprendizagem; rejeição de modelos adultos em favor da atividade e da liberdade de expressão da criança.

O movimento de renovação da educação, inspirado nas ideias de Rousseau, recebeu diversas denominações, como educação nova, escola nova, pedagogia ativa, escola do trabalho. Desenvolveu-se como tendência pedagógica no início do século XX, embora nos séculos anteriores tenham existido diversos filósofos e pedagogos que propugnavam a renovação da educação vigente, tais como Erasmo, Rabelais, Montaigne à época do Renascimento e os já citados Comênio (século XVII), Rousseau e Pestalozzi (no século XVIII). A denominação *Pedagogia Renovada* se aplica tanto ao movimento da educação nova propriamente dito, que inclui a criação de "escolas novas", a disseminação da pedagogia ativa e dos métodos ativos, como também a outras correntes que adotam certos princípios de renovação educacional, mas sem vínculo direto com a Escola Nova; citamos, por exemplo, a pedagogia científico-espiritual desenvolvida por W. Dilthey e seus seguidores, e a pedagogia ativista-espiritualista católica.

Dentro do movimento escolanovista, desenvolveu-se nos Estados Unidos uma de suas mais destacadas correntes, a Pedagogia Pragmática ou Progressivista, cujo principal representante é John Dewey (1859-1952). As ideias desse brilhante educador exerceram uma significativa influência no movimento da Escola Nova na América Latina e, particularmente, no Brasil. Com a liderança de Anísio Teixeira e outros educadores, formou-se no início da década de 1930 o Movimento dos Pioneiros da Escola Nova, cuja atuação foi decisiva na formulação da política educacional, na legislação, na investigação acadêmica e na prática escolar.

Dewey e seus seguidores reagem à concepção herbartiana da educação pela instrução, advogando a educação pela ação. A escola não é uma preparação para a vida, é a própria vida; a educação é o resultado da interação entre o organismo e o meio através da experiência e da reconstrução da experiência. A função mais genuína da educação é a de prover condições para promover e estimular a atividade própria do organismo para que alcance seu objetivo de crescimento e desenvolvimento. Por isso, a atividade escolar deve centrar-se em situações de experiência onde são ativadas as potencialidades, capacidades, necessidades e interesses naturais da criança. O currículo não se baseia nas matérias de estudo convencionais que expressam a lógica do adulto, mas nas atividades e ocupações da vida presente, de modo que a escola se transforme em um lugar de vivência daquelas tarefas requeridas para a vida em sociedade. O aluno e o grupo passam a ser o centro de convergência do trabalho escolar.

O movimento escolanovista no Brasil se desdobrou em várias correntes, embora a mais predominante tenha sido a progressivista. Cumpre destacar a corrente vitalista, representada por Montessori, as teorias cognitivistas, as teorias fenomenológicas e especialmente a teoria interacionista baseada na psicologia genética de Jean Piaget. Em certo sentido, pode-se dizer também que o tecnicismo educacional representa a continuidade da corrente progressivista, embora retemperado com as contribuições da teoria behaviorista e da abordagem sistêmica do ensino.

Uma das correntes da Pedagogia Renovada que não tem vínculo direto com o movimento da Escola Nova, mas que teve repercussões na

Pedagogia brasileira, é a chamada Pedagogia Cultural. Trata-se de uma tendência ainda pouco estudada entre nós. Sua característica principal é focalizar a educação como fato da cultura, atribuindo ao trabalho docente a tarefa de dirigir e encaminhar a formação do educando pela apropriação de valores culturais. A Pedagogia Cultural a que nos referimos tem sua afiliação na Pedagogia científico-espiritual desenvolvida por Guilherme Dilthey (1833-1911) e seguidores como Theodor Litt, Eduard Spranger e Hermann Nohl. Tendo-se firmado na Alemanha como uma sólida corrente pedagógica, difundiu-se em outros países da Europa, especialmente na Espanha, e daí para a América Latina, influenciando autores como Lorenzo Luzuriaga, Francisco Larroyo, J. Roura-Parella, Ricardo Nassif e, no Brasil, Luís Alves de Mattos e Onofre de Arruda Penteado Júnior. Em uma linha distinta das concepções escolanovistas, esses autores se preocupam em superar as oposições entre a cultura subjetiva e a cultura objetiva, entre o individual e o social, entre o psicológico e o cultural. De um lado, concebem a educação como atividade do próprio sujeito, a partir de uma tendência interna de desenvolvimento espiritual; de outro, consideram que os indivíduos vivem em um mundo sociocultural, produto do próprio desenvolvimento histórico da sociedade. A educação seria, assim, um processo de subjetivação da cultura, tendo em vista a formação da vida interior, a edificação da personalidade. A Pedagogia da cultura quer unir as condições externas da vida real, isto é, o mundo objetivo da cultura, à liberdade individual, cuja fonte é a espiritualidade, a vida interior.

O estudo teórico da Pedagogia no Brasil passa por um reavivamento, principalmente a partir das investigações sobre questões educativas baseadas nas contribuições do materialismo histórico e dialético. Tais estudos convergem para a formulação de uma teoria crítico-social da educação, a partir da crítica política e pedagógica das tendências e correntes da educação brasileira.

Tendências pedagógicas no Brasil e a Didática

Nos últimos anos, diversos estudos têm sido dedicados à história da Didática no Brasil, suas relações com as tendências pedagógicas e à investigação do seu campo de conhecimentos. Os autores, em geral, concordam em classificar as tendências pedagógicas em dois grupos: as de cunho liberal — Pedagogia Tradicional, Pedagogia Renovada e tecnicismo educacional —; as de cunho progressista — Pedagogia Libertadora e Pedagogia Crítico-Social dos Conteúdos. Certamente existem outras correntes vinculadas a uma ou outra dessas tendências, mas essas são as mais conhecidas.

Na Pedagogia Tradicional, a Didática é uma disciplina normativa, um conjunto de princípios e regras que regulam o ensino. A atividade de ensinar é centrada no professor, que expõe e interpreta a matéria. Às vezes são utilizados meios como a apresentação de objetos, ilustrações, exemplos, mas o meio principal é a palavra, a exposição oral. Supõe-se que ouvindo e fazendo exercícios repetitivos, os alunos "gravem" a matéria para depois reproduzi-la, seja através das interrogações do professor, seja por meio das provas. Para isso, é importante que o aluno "preste atenção", porque ouvindo facilita-se o registro do que se transmite, na memória. O aluno é, assim, um recebedor da matéria e sua tarefa é decorá-la. Os objetivos, explícitos ou implícitos, referem-se à formação de um aluno ideal, desvinculado da sua realidade concreta. O professor tende a encaixar os alunos em um modelo idealizado de homem que nada tem a ver com a vida presente e futura. A matéria de ensino é tratada isoladamente, isto é, desvinculada dos interesses dos alunos e dos problemas reais da sociedade e da vida. O método é dado pela lógica e sequência da matéria, é o meio utilizado pelo professor para comunicar a matéria e não dos alunos para aprendê-la. É ainda forte a presença dos métodos intuitivos, que foram incorporados ao ensino tradicional. Baseiam-se na apresentação de dados sensíveis, de modo que os alunos possam observá-los e formar imagens deles em sua mente. Muitos professores ainda acham que "partir do concreto" é a chave do ensino atualizado. Mas esta ideia já fazia parte da Pedagogia Tradicional porque o "concreto" (mostrar objetos, ilustrações, gravuras etc.) serve apenas para gravar na mente o que é captado, pelos sentidos. O material concreto é mostrado, demonstrado, manipulado, mas o aluno não lida mentalmente com ele, não o repensa, não o reelabora com o seu próprio pensamento. A aprendizagem, assim, continua receptiva, automática, não mobilizando a atividade mental do aluno e o desenvolvimento de suas capacidades intelectuais.

A Didática tradicional tem resistido ao tempo, continua prevalecendo na prática escolar. É comum nas nossas escolas atribuir-se ao ensino a tarefa de mera transmissão de conhecimentos, sobrecarregar o aluno de conhecimentos que são decorados sem questionamento, dar somente exercícios repetitivos, impor externamente a disciplina e usar castigos. Trata-se de uma prática escolar que empobrece até as boas intenções da Pedagogia Tradicional que pretendia, com seus métodos, a transmissão da cultura geral, isto é, das grandes descobertas da humanidade, e a formação do raciocínio, o treino da mente e da vontade. Os conhecimentos ficaram estereotipados, insossos, sem valor educativo vital, desprovidos de significados sociais, inúteis para a formação das capacidades intelectuais e para a compreensão crítica da realidade. O intento de formação mental, de desenvolvimento do raciocínio, ficou reduzido a práticas de memorização.

A Pedagogia Renovada inclui várias correntes: a progressivista (que se baseia na teoria educacional de John Dewey), a não diretiva (principalmente inspirada em Carl Rogers), a ativista-espiritualista (de orientação católica), a culturalista, a piagetiana, a montessoriana e outras. Todas, de alguma forma, estão ligadas ao movimento da pedagogia ativa que surge no final do século XIX como contraposição à Pedagogia Tradicional. Entretanto, segundo estudo feito por Castro (1984), os conhecimentos e a experiência da Didática brasileira pautam-se, em boa parte, no movimento da Escola Nova, inspirado principalmente na corrente progressivista. Destacaremos, aqui, apenas a Didática ativa inspirada nessa corrente e a Didática Moderna de Luís Alves de Mattos, que incluímos na corrente culturalista.

A Didática da Escola Nova ou Didática ativa é entendida como "direção da aprendizagem", considerando o aluno como sujeito da aprendizagem. O que o professor tem a fazer é colocar o aluno em condições propícias para que, partindo das suas necessidades e estimulando os seus interesses, possa buscar por si mesmo conhecimentos e experiências. A ideia é a de que o aluno aprende melhor o que faz por si próprio. Não se trata apenas de aprender fazendo, no sentido de trabalho manual, ações de manipulação de objetos. Trata-se de colocar o aluno em situações em que seja mobilizada a sua atividade global e que se manifesta em atividade intelectual, atividade de criação, de expressão verbal, escrita, plástica ou outro tipo. O centro da atividade escolar não é o professor nem a matéria, é o aluno ativo e investigador. O professor incentiva, orienta, organiza as situações de aprendizagem, adequando-as às capacidades de características individuais dos alunos. Por isso, a Didática ativa dá grande importância aos métodos e técnicas como o trabalho de grupo, atividades cooperativas, estudo individual, pesquisas, projetos, experimentações etc., bem como aos métodos de reflexão e método científico de descobrir conhecimentos. Tanto na organização das experiências de aprendizagem como na seleção de métodos, importa o processo de aprendizagem e não diretamente o ensino. O melhor método é aquele que atende as exigências psicológicas do aprender. Em síntese, a Didática ativa dá menos atenção aos conhecimentos sistematizados, valorizando mais o processo da aprendizagem e os meios que possibilitam o desenvolvimento das capacidades e habilidades intelectuais dos alunos. Por isso, os adeptos da Escola Nova costumam dizer que o professor não ensina; antes, ajuda o aluno a aprender. Ou seja, a Didática não é a direção do ensino, é a orientação da aprendizagem, uma vez que esta é uma experiência própria do aluno por meio da pesquisa, da investigação.

Esse entendimento da Didática tem muitos aspectos positivos, principalmente quando baseia a atividade escolar na atividade mental dos alunos, no estudo e na pesquisa, visando a formação de um pensamento autônomo. Entretanto, é raro encontrar professores que apliquem inteiramente o que propõe a Didática ativa. Por falta de conhecimento aprofundado das bases teóricas da pedagogia ativa, falta de condições materiais, pelas exigências de cumprimento do programa oficial e outras razões, o que fica são alguns métodos e técnicas. Assim, é muito comum os professores utilizarem procedimentos e técnicas como trabalho de grupo, estudo dirigido, discussões, estudo do meio etc., sem levar em conta seu objetivo principal que é levar o aluno a pensar, a raciocinar cientificamente, a desenvolver sua capacidade de reflexão e a independência de pensamento. Com isso, na hora de comprovar os resultados do ensino e da aprendizagem, pedem matéria decorada, da mesma forma que se faz no ensino tradicional.

Em paralelo à Didática da Escola Nova, surge a partir dos anos 1950 a Didática Moderna proposta por Luís Alves de Mattos. Seu livro *Sumário de Didática Geral* foi largamente utilizado durante muitos anos nos cursos de formação de professores e exerceu considerável influência em muitos manuais de Didática publicados posteriormente. Conforme sugerimos anteriormente, a Didática Moderna é inspirada na Pedagogia da cultura, corrente pedagógica de origem alemã. Mattos identifica sua Didática com as seguintes características: o aluno é o fator pessoal decisivo na situação escolar; em função dele giram as atividades escolares, para orientá-lo e incentivá-lo na sua educação e na sua aprendizagem, tendo em vista desenvolver-lhe a inteligência e formar-lhe o caráter e a personalidade. O professor é o incentivador, orientador e controlador da aprendizagem, organizando o ensino em função das reais capacidades dos alunos e do desenvolvimento dos seus hábitos de estudo e reflexão. A matéria é o conteúdo cultural da aprendizagem, o objeto ao qual se aplica o ato de aprender, onde se encontram os valores lógicos e sociais a serem assimilados pelos alunos; está a serviço do aluno para formar as suas estruturas mentais e, por isso, sua seleção, dosagem e apresentação vinculam-se às necessidades e capacidades reais dos alunos. O método representa o conjunto dos procedimentos para assegurar a aprendizagem, isto é, existe em função da aprendizagem, razão pela qual, a par de estar condicionado pela natureza da matéria, relaciona-se com a psicologia do aluno.

Esse autor destaca como conceitos básicos da Didática o ensino e a aprendizagem, em estreita relação entre si. O ensino é a atividade direcional sobre o processo de aprendizagem e a aprendizagem é a atividade mental intensiva e propositada do aluno em relação aos dados fornecidos pelos conteúdos culturais. Ele escreve: "A autêntica aprendizagem consiste exatamente nas experiências concretas do trabalho reflexivo sobre os fatos e valores da cultura e da vida, ampliando as possibilidades de compreensão e de interação do educando com seu ambiente e com a sociedade. (...) O autêntico ensino consistirá no planejamento, na orientação e no controle dessas experiências concretas de trabalho reflexivo dos alunos, sobre os dados da matéria ou da vida cultural da humanidade" (1967, p. 72-73).

Definindo a Didática como disciplina normativa, técnica de dirigir e orientar eficazmente a aprendizagem das matérias tendo em vista os seus objetivos educativos, Mattos propõe a teoria do *Ciclo docente*, que é o método didático em ação. O ciclo docente, abrangendo as fases de planejamento, orientação e controle da aprendizagem e suas subfases, é definido como "o conjunto de atividades exercidas, em sucessão ou ciclicamente, pelo professor, para dirigir e orientar o processo de aprendizagem dos seus alunos, levando-o a bom termo. É o método em ação".

Quanto ao tecnicismo educacional, embora seja considerada como uma tendência pedagógica, inclui-se, em certo sentido, na Pedagogia Renovada. Desenvolveu-se no Brasil na década de 1950, à sombra do progressivismo, ganhando nos anos 1960 autonomia quando constituiu-se especificamente como tendência, inspirada na teoria behaviorista da aprendizagem e na abordagem sistêmica do ensino. Esta orientação acabou sendo imposta às escolas pelos organismos oficiais ao longo de boa parte das duas últimas décadas, por ser compatível com a orientação econômica, política e ideológica do regime militar então vigente. Com isso, ainda hoje predomina nos cursos de formação de professores o uso de manuais didáticos de cunho tecnicista, de caráter meramente instrumental. A Didática instrumental está interessada na racionalização do ensino, no uso de meios e técnicas mais eficazes. O sistema de instrução se compõe das seguintes etapas: a) especificação de objetivos instrucionais operacionalizados; b) avaliação prévia dos alunos para estabelecer pré-requisitos para alcançar os objetivos; c) ensino ou organização das experiências de aprendizagem; d) avaliação dos alunos relativa ao que se propôs nos objetivos iniciais. O arranjo mais simplificado dessa sequência resultou na fórmula: objetivos, conteúdos, estratégias, avaliação. O professor é um administrador e executor do planejamento, o meio de previsão das ações a serem executadas e dos meios necessários para se atingir os objetivos. Boa parte dos livros didáticos em uso nas escolas são elaborados com base na tecnologia da instrução.

As tendências de cunho progressista interessadas em propostas pedagógicas voltadas para os interesses da maioria da população foram adquirindo maior solidez e sistematização por volta dos anos 1980. São também denominadas *teorias críticas da educação*. Não é que não tenham existido antes esforços no sentido de formular propostas de educação popular. Já no iníco do século passado formaram-se movimentos de renovação educacional por iniciativa de militantes socialistas. Muitos dos integrantes do movimento dos pioneiros da Escola Nova tinham real interesse em superar a educação elitista e discriminadora da época. No início dos anos 1960 surgiram os movimentos de educação de adultos que geraram ideias pedagógicas e práticas educacionais de educação popular, configurando a tendência que veio a ser denominada de Pedagogia Libertadora.

Na segunda metade da década de 1970, com a incipiente modificação do quadro político repressivo em decorrência de lutas sociais por maior democratização da sociedade, tornou-se possível a discussão de questões educacionais e escolares em uma perspectiva de crítica política das instituições sociais do capitalismo. Muitos estudiosos e militantes políticos se interessaram apenas pela crítica e pela denúncia do papel ideológico e discriminador da escola na sociedade capitalista. Outros, no entanto, levando em conta essa crítica, preocuparam-se em formular propostas e desenvolver estudos no sentido de tornar possível uma escola articulada com os interesses concretos do povo. Entre essas tentativas destacam-se a Pedagogia Libertadora e a Pedagogia Crítico-Social dos Conteúdos. A primeira retomou as propostas de educação popular dos anos 1960, refundindo seus princípios e práticas em função das possibilidades do seu emprego na educação formal em escolas públicas, já que inicialmente tinham caráter extraescolar, não oficial e voltadas para o atendimento de clientela adulta. A segunda, inspirando-se no materialismo histórico dialético, constituiu-se como movimento pedagógico interessado na educação popular, na valorização da escola pública e do trabalho do professor, no ensino de qualidade para o povo e, especificamente, na acentuação da importância do domínio sólido por parte de professores e alunos dos conteúdos científicos do ensino como condição para a participação efetiva do povo nas lutas sociais (na política, na profissão, no sindicato, nos movimentos sociais e culturais). Trata-se de duas tendências pedagógicas progressistas, propondo uma educação escolar crítica a serviço das transformações sociais e econômicas, ou seja, de superação das desigualdades sociais decorrentes das formas sociais capitalistas de organização da sociedade. No entanto, diferem quanto a objetivos imediatos, meios e estratégias de atingir essas metas gerais comuns.

A Pedagogia Libertadora não tem uma proposta explícita de Didática e muitos dos seus seguidores, entendendo que toda didática resumir-se-ia ao seu caráter tecnicista, instrumental, meramente prescritivo, até recusam admitir o papel dessa disciplina na formação dos professores. No entanto, há uma didática implícita na orientação do trabalho escolar, pois, de alguma forma, o professor se põe diante de uma classe com a tarefa de orientar a aprendizagem dos alunos. A atividade escolar é centrada na discussão de temas sociais e políticos; poder-se-ia falar de um ensino centrado na realidade social, em que professor e alunos analisam problemas e realidades do meio socioeconômico e cultural, da comunidade local, com seus recursos e necessidades, tendo em vista a ação coletiva frente a esses problemas e realidades. O trabalho escolar não se assenta, prioritariamente, nos conteúdos de ensino já sistematizados, mas no processo de participação ativa nas discussões e nas ações práticas sobre questões da realidade social imediata. Nesse processo em que se realiza a discussão, os relatos da experiência vivida, a assembleia, a pesquisa participante, o trabalho de grupo etc., vão surgindo temas geradores que podem vir a ser sistematizados para efeito de consolidação de conhecimentos. É uma didática que busca desenvolver o processo educativo como tarefa que se dá no interior dos grupos sociais e por isso o professor é coordenador ou animador das atividades que se organizam sempre pela ação conjunta dele e dos alunos.

A Pedagogia Libertadora tem sido empregada com muito êxito em vários setores dos movimentos sociais, como sindicatos, associações de bairro, comunidades religiosas. Parte desse êxito se deve ao fato de ser utilizada entre adultos que vivenciam uma prática política e onde o debate sobre a problemática econômica, social e política pode ser aprofundado com a orientação de intelectuais comprometidos com os interesses populares. Em relação à sua aplicação nas escolas públicas, especialmente no ensino de 1º grau, os representantes dessa tendência não chegaram a formular uma orientação pedagógico-didática especificamente escolar, compatível com a idade, o desenvolvimento mental e as características de aprendizagem das crianças e jovens.

Para a Pedagogia Crítico-Social dos Conteúdos a escola pública cumpre a sua função social e política, assegurando a difusão dos conhecimentos sistematizados a todos, como condição para a efetiva participação do povo nas lutas sociais. Não considera suficiente colocar como conteúdo escolar a problemática social cotidiana, pois somente com o domínio dos conhecimentos, habilidades e capacidades mentais podem os alunos organizar, interpretar e reelaborar as suas experiências de vida em função dos interesses de classe. O que importa é que os conhecimentos sistematizados sejam confrontados com as experiências socioculturais e a vida concreta dos alunos, como meio de aprendizagem e melhor solidez na assimilação dos conteúdos. Do ponto de vista didático, o ensino consiste na mediação de objetivos-conteúdos-métodos que assegure o encontro formativo entre os alunos e as matérias escolares, que é o fator decisivo da aprendizagem.

A Pedagogia Crítico-Social dos conteúdos atribui grande importância à Didática, cujo objeto de estudo é o processo de ensino nas suas relações e ligações com a aprendizagem. As ações de ensinar e aprender formam uma unidade, mas cada uma tem a sua especificidade. A Didática tem como objetivo a direção do processo de ensinar, tendo em vista finalidades sociopolíticas e pedagógicas e as condições e meios formativos; tal direção, entretanto, converge para promover a autoatividade dos alunos, a aprendizagem. Com isso, a Pedagogia Crítico-Social busca uma síntese superadora de traços significativos da Pedagogia Tradicional e da Escola Nova. Postula para o ensino a tarefa de propiciar aos alunos o desenvolvimento de suas capacidades e habilidades intelectuais, mediante a transmissão e assimilação ativa dos conteúdos escolares articulando, no mesmo processo, a aquisição de noções sistematizadas e as qualidades individuais dos alunos que lhes possibilitam a autoatividade e a busca independente e criativa das noções. Mas trata-se de uma síntese superadora. Com efeito, se a Pedagogia define fins e meios da prática educativa a partir dos seus vínculos com a dinâmica da prática social, importa um posicionamento dela face a interesses sociais em jogo no quadro das relações sociais vigentes na sociedade. Os conhecimentos teóricos e práticos da Didática medeiam os vínculos entre o pedagógico e a docência; fazem a ligação entre o "para quê" (opções político-pedagógicas) e o "como" da ação educativa escolar (a prática docente). A Pedagogia Crítico-Social toma o partido dos interesses majoritários da sociedade, atribuindo à instrução e ao ensino o papel de proporcionar aos alunos o domínio de conteúdos científicos, os métodos de estudo e habilidades e hábitos de raciocínio científico, de modo a irem formando a consciência crítica face às realidades sociais e capacitando-se a assumir no conjunto das lutas sociais a sua condição de agentes ativos de transformação da sociedade e de si próprios.

Esta corrente pedagógica forma a base teórico-metodológica dos estudos organizados neste livro.

A Didática e as tarefas do professor

Vimos, nos tópicos anteriores, que a Didática é a disciplina que estuda o processo de ensino tomado em seu conjunto, isto é, os objetivos educativos e os objetivos de ensino, os conteúdos científicos, os métodos e as formas de organização do ensino, as condições e meios que mobilizam o aluno para o estudo ativo e seu desenvolvimento intelectual. Para isso, investiga as leis e princípios gerais do ensino e da aprendizagem, conforme as condições concretas em que se desenvolvem. Os conhecimentos teóricos e metodológicos, assim como o domínio dos modos do fazer docente, propiciam uma orientação mais segura para o trabalho profissional do professor.

O trabalho docente, entendido como atividade *pedagógica* do professor, busca os seguintes objetivos primordiais:

- assegurar aos alunos o domínio mais seguro e duradouro possível dos conhecimentos científicos;
- criar as condições e os meios para que os alunos desenvolvam capacidades e habilidades intelectuais de modo que dominem métodos de estudo e de trabalho intelectual visando a sua autonomia no processo de aprendizagem e independência de pensamento;
- orientar as tarefas de ensino para objetivos educativos de formação da personalidade, isto é, ajudar os alunos a escolherem um caminho na vida, a terem atitudes e convicções que norteiem suas opções diante dos problemas e situações da vida real.

Esses objetivos se ligam uns aos outros, pois o processo de ensino é ao mesmo tempo um processo de educação. A assimilação dos conhecimentos e o domínio de capacidades e habilidades somente ganham sentido se levam os alunos a determinadas atitudes e convicções que orientem a sua atividade na escola e na vida, que é o caráter educativo do ensino. A aquisição de conhecimentos e habilidades implica a educação de traços da personalidade (como caráter, vontade, sentimentos); estes, por sua vez, influenciam na disposição dos alunos para o estudo e para a aquisição dos conhecimentos e desenvolvimento de capacidades.

Para que o professor possa atingir efetivamente os objetivos, é necessário que realize um conjunto de operações didáticas coordenadas entre si. São o planejamento, a direção do ensino e da aprendizagem e a avaliação, cada uma delas desdobrada em tarefas ou funções didáticas, mas que convergem para a realização do ensino propriamente dito, ou seja, a direção do ensino e da aprendizagem.

Para o planejamento, requer-se do professor:

- compreensão segura das relações entre a educação escolar e os objetivos sociopolíticos e pedagógicos, ligando-os aos objetivos de ensino das matérias;

- domínio seguro do conteúdo das matérias que leciona e sua relação com a vida e a prática, bem como dos métodos de investigação próprios da matéria, a fim de poder fazer uma boa seleção e organização do seu conteúdo, partindo das situações concretas da escola e da classe;

- capacidade de desmembrar a matéria em tópicos ou unidades didáticas, a partir da sua estrutura conceitual básica; de selecionar os conteúdos de forma a destacar conceitos e habilidades que formam a espinha dorsal da matéria;

- conhecimento das características sociais, culturais e individuais dos alunos, bem como o nível de preparo escolar em que se encontram;

- conhecimento e domínio dos vários métodos de ensino e procedimentos didáticos, a fim de poder escolhê-los conforme temas a serem tratados, características dos alunos;

- conhecimento dos programas oficiais para adequá-los às necessidades reais da escola e da turma de alunos;

- consulta a outros livros didáticos da disciplina e manter-se bem informados sobre a evolução dos conhecimentos específicos da matéria e sobre os acontecimentos políticos, culturais etc.

Para a direção do ensino e da aprendizagem requer-se:

- conhecimento das funções didáticas ou etapas do processo de ensino;

- conhecimento dos princípios gerais da aprendizagem e saber compatibilizá-los com conteúdos e métodos próprios da disciplina;
- domínio de métodos do ensino, procedimentos, técnicas e recursos auxiliares;
- habilidade de expressar ideias com clareza, falar de modo acessível à compreensão dos alunos partindo de sua linguagem corrente;
- habilidade de tornar os conteúdos de ensino significativos, reais, referindo-os aos conhecimentos e experiências que trazem para a aula;
- saber formular perguntas e problemas que exijam dos alunos pensarem por si mesmos, tirarem conclusões próprias;
- conhecimento das possibilidades intelectuais dos alunos, seu nível de desenvolvimento, suas condições prévias para o estudo de matéria nova, experiências da vida que trazem;
- provimento de métodos de estudo e hábitos de trabalho intelectual independente: ensinar o manejo de livro didático, o uso adequado de cadernos, lápis, régua etc.; ensinar procedimentos para aplicar conhecimentos em tarefas práticas;
- adoção de uma linha de conduta no relacionamento com os alunos que expresse confiabilidade, coerência, segurança, traços que devem aliar-se à firmeza de atitudes dentro dos limites da prudência e respeito; manifestar interesse sincero pelos alunos nos seus progressos e na superação das suas dificuldades;
- estimular o interesse pelo estudo, mostrar a importância da escola para a melhoria das condições de vida, para a participação democrática na vida profissional, política e cultural.

Para a avaliação requer-se:
- verificação contínua do atingimento dos objetivos e do rendimento das atividades, seja em relação aos alunos, seja em relação ao trabalho do próprio professor;
- domínio de meios e instrumentos de avaliação diagnóstica, isto é, colher dados relevantes sobre o rendimento dos alunos, verificar dificuldades, para tomar decisões sobre o andamento do tra-

balho docente, reformulando-o quando os resultados não são satisfatórios;

* conhecimento das várias modalidades de elaboração de provas e de outros procedimentos de avaliação de tipo qualitativo.

Estes são alguns dos requisitos de que necessita o professor para o desempenho de suas tarefas docentes e que formam o campo de estudo da Didática. Evidentemente, as mesmas expectativas que o professor tem em relação ao desenvolvimento intelectual dos alunos aplicam-se a ele próprio. Não pode exigir que os alunos adquiram um domínio sólido de conhecimentos se ele próprio não domina com segurança a disciplina que ensina; não pode exigir dos alunos o domínio de métodos de estudo, das formas científicas de raciocinar e de hábitos de pensamento independente e criativo, se ele próprio não os detém. Do mesmo modo, se o professor encaminha o processo de ensino para objetivos educativos de formação de traços de personalidade, de aquisição de princípios norteadores da conduta, de tomada de posição frente aos problemas da realidade, também ele precisa desenvolver suas próprias qualidades de personalidade, suas convicções.

A dimensão educativa do ensino que, como dissemos, implica que os resultados da assimilação de conhecimentos e habilidades se transformem em princípios e modos de agir frente à realidade, isto é, em convicções, requerem do professor uma compreensão clara do significado social e político do seu trabalho, do papel da escolarização no processo de democratização da sociedade, do caráter político-ideológico de toda educação, bem como das qualidades morais da personalidade para a tarefa de educar. Para além, pois, dos requisitos profissionais específicos, é preciso uma formação teórica e política que resulte em convicções profundas sobre a sociedade e as tarefas da educação. Tal é o objetivo de disciplinas como Filosofia da Educação, Sociologia da Educação, História da Educação e outras. No seu trabalho cotidiano como profissional e como cidadão, o professor precisa permanentemente desenvolver a capacidade de avaliar os fatos, os acontecimentos, os conteúdos da matéria de um modo mais abrangente, mais globalizante. Trata-se de um exercício de pensamento constante para descobrir as relações sociais reais que estão por trás dos fatos, dos textos do livro didático, dos discursos, das formas de exercício do poder. É preciso desenvolver o hábito de desconfiar das aparências, desconfiar da normalidade das coisas, porque os fatos, os acontecimentos, a vida do dia a dia estão carregados de significados sociais que não são "normais"; neles estão implicados interesses sociais diversos e muitas vezes antagônicos dos grupos e classes sociais.

A Didática, assim, oferece uma contribuição indispensável à formação dos professores, sintetizando no seu conteúdo a contribuição de conhecimentos de outras disciplinas que convergem para o esclarecimento dos fatores condicionantes do processo de instrução e ensino, intimamente vinculado com a educação e, ao mesmo tempo, provendo os conhecimentos específicos necessários para o exercício das tarefas docentes.

Sugestões para tarefas de estudo

Perguntas para o trabalho independente dos alunos

- Que significa dizer que a Didática é uma atividade de cunho *pedagógico*?
- Por que se afirma que a Didática é a teoria da instrução e do ensino?
- Qual é a relação entre a Didática e as Metodologias específicas de ensino?
- Por que é importante para a Didática o estudo da Psicologia e da Sociologia?
- Explicar de que forma a temática de estudo da Didática está vinculada com objetivos político-pedagógicos.
- Explicar, com suas próprias palavras, o objeto de estudo da Didática.
- Explicar por que se afirma haver uma unidade entre ensino e aprendizagem.
- Comentar a seguinte afirmação: "Cada situação didática implica um conjunto de determinações sociais, devendo ser compreendida na sua totalidade".

- Qual é o lugar dos conteúdos entre os elementos constitutivos do processo didático?

- Após a leitura do tópico sobre a história da Didática, elaborar um resumo no qual as ideias dos pedagogos se relacionem com as tendências pedagógicas.

Temas para aprofundamento do estudo

- Assistir a uma aula em uma escola da cidade e anotar todas as ocorrências que for capaz de observar, procurando separar o que é assunto da Didática e o que é assunto da Metodologia da matéria (mesmo sabendo que, na prática, é difícil separá-los).

- Elaborar um conjunto de questões suscitadas pelo capítudo acima (num grupo de 4 a 5 alunos) e entrevistar professores de escolas públicas ou particulares. Analisar as respostas no grupo e, depois, passar para a classe, para discussão.

- Fazer uma pesquisa bibliográfica para compreender melhor as características de cada tendência pedagógica, principalmente em relação aos seguintes aspectos: O que é aprender? O que é ensinar? Como conceber os métodos e técnicas de ensino? O que é avaliar?

- Ler excertos de obras de autores clássicos indicados para identificar objetivos e conteúdos da educação escolar.

Temas para redação

- A importância da Didática no ensino das matérias específicas.
- As relações entre Pedagogia e Didática.
- A Pedagogia e as relações sociais numa sociedade de classes.
- Semelhanças e diferenças entre Pedagogia Libertadora e Pedagogia Crítico-Social dos Conteúdos.
- A pedagogia liberal-burguesa e a prática escolar atual.

Bibliografia complementar

ANDRÉ, Marli E. D. A.; MEDIANO, Zélia D. O cotidiano da escola: elementos para a construção de uma didática fundamental. *Tecnologia Educacional*, n. 73, v. 15, nov./dez. 1986.

CAMARGO, Dair A. F. A didática nos cursos de formação de professores: um enfoque piagetiano. *Revista da Ande*, São Paulo, n. 9, 1985, p. 43-46.

CANDAU, Vera M. (org.). *A didática em questão*. Petrópolis: Vozes, 1984.

_____. *Rumo a uma Nova Didática*. Petrópolis: Vozes, 1988.

CASTRO, Amélia D. A didática na *Revista Brasileira de Estudos Pedagógicos*: um percurso de quatro décadas. *Revista Brasileira de Estudos Pedagógicos*, Brasília, v. 65, n. 150, maio/ago. 1984, p. 291-300.

FAZENDA, Ivani C. A. (org.). Encontros e desencontros da didática e prática de ensino. *Cadernos Cedes*, São Paulo, n. 21, 1988.

GHIRALDELLI JR., Paulo. *História da educação*. São Paulo: Cortez, 1990.

LIBÂNEO, José C. *Democratização da escola pública*. São Paulo: Loyola, 1989 (Caps. 1, 3 e 6).

_____. Os conteúdos escolares e sua dimensão crítico-social. *Revista da Ande*, São Paulo, n. 11, p. 5-13, 1986.

LUCKESI, Cipriano C. Elementos para uma didática no contexto de uma pedagogia para a transformação. *Anais da II CBE*. São Paulo: Loyola, 1984.

PIMENTA, Selma G. Orientador educacional ou pedagogo. *Revista da Ande*, São Paulo, n. 9, 1985, p. 29-30.

_____. *O pedagogo na escola pública*. São Paulo: Loyola, 1988 (Cap. II).

SALGADO, Maria U. C. O papel da didática na formação do professor. *Revista da Ande*, São Paulo, n. 4, 1982, p. 9-18.

SCHEIBE, Leda. O ensino de 1° grau: garantia do direito à educação e o desafio da qualidade. *Revista da Ande*, São Paulo, n. 12, 1987, p. 11-14.

VEIGA, Ilma P. A. (org.). *Repensando a didática*. Campinas: Papirus, 1988.

Capítulo 4

O processo de ensino na escola

O exercício do magistério se caracteriza pela atividade de ensino das matérias escolares. Nele se combinam objetivos, conteúdos, métodos e formas de organização do ensino, tendo em vista a assimilação ativa, por parte dos alunos, de conhecimentos, habilidades e hábitos e o desenvolvimento de suas capacidades cognoscitivas. Há, portanto, uma relação recíproca e necessária entre a atividade do professor (ensino) e a atividade de estudo dos alunos (aprendizagem). A unidade ensino-aprendizagem se concretiza na interligação de dois momentos indissociáveis — transmissão/assimilação ativa de conhecimentos e habilidades, dentro de condições específicas de cada situação didática. As relações entre professor, aluno e matéria não são estáticas mas dinâmicas; por isso, falamos da atividade de ensino como um processo coordenado de ações docentes. A condução desse processo, como qualquer atividade humana, requer uma estruturação dos vários momentos de desenvolvimento da aula ou unidade didática.

Neste capítulo serão tratados os seguintes temas:

- as características do processo de ensino;
- processos didáticos básicos: ensino e aprendizagem;
- estrutura, componentes e dinâmica do processo de ensino;
- a estruturação do trabalho docente;
- o caráter educativo do processo de ensino e o ensino crítico.

As características do processo de ensino

A atividade de ensinar é vista, comumente, como transmissão da matéria aos alunos, realização de exercícios repetitivos, memorização de definições e fórmulas. O professor "passa" a matéria, os alunos escutam, respondem o "interrogatório" do professor para reproduzir o que está no livro didático, praticam o que foi transmitido em exercícios de classe ou tarefas de casa e decoram tudo para a prova. Este é o tipo de ensino existente na maioria de nossas escolas, uma forma peculiar e empobrecida do que se costuma chamar de *ensino tradicional*. Vejamos quais são as limitações pedagógicas e didáticas desse tipo de ensino.

• O professor passa a matéria, o aluno recebe e reproduz mecanicamente o que absorveu. O elemento ativo é o professor que fala e interpreta o conteúdo. O aluno, ainda que responda o interrogatório do professor e faça os exercícios pedidos, tem uma atividade muito limitada e um mínimo de participação na elaboração dos conhecimentos. Subestima-se a atividade mental dos alunos privando-os de desenvolverem suas potencialidades cognitivas, suas capacidades e habilidades, de forma a ganharem independência de pensamento. O ensino deve ser mais do que isso. Compreende ações conjuntas do professor e dos alunos pelas quais estes são estimulados a assimilar, consciente e ativamente, os conteúdos e os métodos, de assimilá-los com suas forças intelectuais próprias, bem como a aplicá-los, de forma independente e criativa, nas várias situações escolares e na vida prática.

• É dada excessiva importância à matéria que está no livro, sem preocupação de torná-la mais significativa e mais viva para os alunos. Muitos professores querem, a todo custo, terminar o livro até o final do ano letivo, como se a aprendizagem dependesse de "vencer" o conteúdo do livro. São ideias falsas. O livro didático é necessário, mas por si mesmo ele não tem vida. É um recurso auxiliar cujo uso depende da iniciativa e imaginação do professor. Os conteúdos do livro didático somente ganham vida quando o professor os toma como meio de desenvolvimento intelectual, quando os alunos conseguem ligá-los com seus próprios conhecimentos e experiências, quando por intermédio deles aprendem a pensar com sua própria cabeça. Além disso, é mais importante uma aprendizagem sólida e duradoura daquilo que se ensina do que adquirir um grande volume de conhecimentos. Por essa razão, é fundamental que o professor domine bem a matéria para saber selecionar o que é realmente básico e indispensável para o desenvolvimento da capacidade de pensar dos alunos.

• O ensino somente transmissivo não cuida de verificar se os alunos estão preparados para enfrentar matéria nova e, muitas vezes, de detectar dificuldades individuais na compreensão da matéria. Com isso, os alunos vão acumulando dificuldades e, assim, caminhando para o fracasso. O verdadeiro ensino, ao contrário, busca a compreensão e assimilação sólida das matérias; para isso, é necessário ligar o conhecimento novo com o que já se sabe, bem como prover os pré-requisitos, se for o caso. A avaliação deve ser permanente, de modo que as dificuldades vão sendo diagnosticadas aula a aula.

• O trabalho docente fica restrito às paredes da sala de aula, sem preocupação com a prática da vida cotidiana das crianças fora da escola (que influem poderosamente nas suas condições de aprendizagem) e sem voltar os olhos para o fato de que o ensino busca resultados para a vida prática, para o trabalho, para a vida na sociedade. O trabalho docente, portanto, deve ter como referência, como ponto de partida e como ponto de chegada, a prática social, isto é, a realidade social, política, econômica, cultural da qual tanto o professor como os alunos são parte integrante.

Devemos entender o processo de ensino como o conjunto de atividades organizadas do professor e dos alunos, visando alcançar determinados resultados (domínio de conhecimentos e desenvolvimento das capacidades cognitivas), tendo como ponto de partida o nível atual de conhecimentos, experiências e de desenvolvimento mental dos alunos. Consideremos algumas características desse processo:

a) O ensino é um processo, ou seja, caracteriza-se pelo desenvolvimento e transformação progressiva das capacidades intelectuais dos alunos em direção ao domínio dos conhecimentos e habilidades, e sua aplicação. Por isso, obedece a uma direção, orientando-se para objetivos conscientemente definidos; implica passos gradativos, de acordo com critérios de idade e preparo dos alunos. O desdobramento desse processo tem um caráter intencional e sistemático, em virtude do qual são requeridas as tarefas docentes de planejamento, direção das atividades de ensino e aprendizagem e avaliação.

b) O processo de ensino visa alcançar determinados resultados em termos de domínio de conhecimentos, habilidades, hábitos, atitudes, convicções e de desenvolvimento das capacidades cognoscitivas dos alunos. Na história da Didática e na prática escolar presente tem existido uma propensão em acentuar unilateralmente ora os conteúdos de ensino, ora o desenvolvimento de capacidades e habilidades, separando o que se costuma chamar de aspecto material e aspecto formal do ensino. Na verdade, o ensino une os dois aspectos, pois a formação das capacidades e habilidades somente se efetiva em relação a conteúdos da matéria, ao mesmo tempo que a assimilação dos conteúdos, requer o desenvolvimento dessas capacidades e habilidades. Por exemplo, o professor auxilia os alunos a desenvolverem sua capacidade de observação, não em si mesma, mas em relação a fatos a serem observados e que fazem parte do conteúdo da matéria de ensino; mas, para observar, os alunos precisam dispor de conhecimentos, informações, procedimentos, ou seja, de conteúdos.

O ensino tem, portanto, como função principal assegurar o processo de transmissão e assimilação dos conteúdos do saber escolar e, através desse processo, o desenvolvimento das capacidades cognoscitivas dos alunos. Que são os *conteúdos do saber escolar*? São os conhecimentos sistematizados, selecionados das bases das ciências e dos modos de ação acumulados pela experiência social da humanidade e organizados para serem ensinados na escola; são habilidades e hábitos, vinculados aos conhecimentos, incluindo métodos e procedimentos de aprendizagem e de estudo; são atitudes e convicções, envolvendo modos de agir, de sentir e de enfrentar o mundo. Tais elementos dos conteúdos são interdependentes, um atuando sobre o outro; entretanto, o elemento unificador são os conhecimentos sistematizados. Voltaremos a esse assunto no Capítulo 6.

Que são *capacidades cognoscitivas*? São as energias mentais disponíveis nos indivíduos, ativadas e desenvolvidas no processo de ensino, em estreita relação com os conhecimentos. O desenvolvimento das capacidades se verifica no decorrer do processo de transmissão-assimilação de conhecimentos e é, ao mesmo tempo, condição para a aquisição e aplicação dos conhecimentos. Do complexo de capacidades cognoscitivas podemos destacar: a exercitação dos sentidos, a observação, a percepção, a compreensão, a generalização, o raciocínio, a memória, a linguagem, a motivação, a vontade.

c) O ensino tem um caráter bilateral em virtude de que combina a atividade do professor (ensinar) com a atividade do aluno (aprender). O processo de ensino faz interagir dois momentos indissociáveis: a transmissão e a assimilação ativa de conhecimentos e habilidades. Na transmissão o professor organiza os conteúdos e os torna didaticamente assimiláveis, provê as condições e os meios de aprendizagem, controla e avalia; entretanto, a transmissão supõe a assimilação ativa, pois ensina-se para que os alunos se apropriem de forma ativa e autônoma dos conhecimentos e habilidades. Ou seja, de um lado, a transmissão é inseparável das condições socioculturais e psíquicas dos alunos para a assimilação ativa; de outro, não há assimilação se não houver um sistema de conhecimentos a serem assimilados.

Podemos dizer, assim, que não há separação entre a aquisição da bagagem de conhecimentos e o desenvolvimento de capacidades intelectuais. A escola deve prover aos alunos conhecimentos sistematizados que, contribuindo para o seu desenvolvimento intelectual, sejam úteis para a atividade permanente de estudo e para a vida prática. Sem o domínio dos conhecimentos não se desenvolvem as capacidades intelectuais, não é possível a assimilação de conhecimentos de forma sólida e duradoura. Dizendo de outra maneira: na medida em que são assimilados conhecimentos, habilidades e hábitos, são desenvolvidas as capacidades cognoscitivas (observação, compreensão, análise e síntese, generalização, fazer relações entre fatos e ideias etc.), indispensáveis para a independência de pensamento e o estudo ativo.

Processos didáticos básicos: ensino e aprendizagem

A tarefa principal do professor é garantir a unidade didática entre ensino e aprendizagem, por meio do processo de ensino. Ensino e aprendizagem são duas facetas de um mesmo processo. O professor planeja, dirige e controla o processo de ensino, tendo em vista estimular e suscitar a atividade própria dos alunos para a aprendizagem. Para compreender corretamente a dinâmica desse processo é necessário analisar separadamente cada um dos seus componentes.

I. A aprendizagem

A condução do processo de ensino requer uma compreensão clara e segura do processo de aprendizagem: em que consiste, como as pessoas aprendem, quais as condições externas e internas que o influenciam.

Em sentido geral, qualquer atividade humana praticada no ambiente em que vivemos pode levar a uma aprendizagem. Desde que nascemos estamos aprendendo, e continuamos aprendendo a vida toda. Uma criança pequena aprende a distinguir determinados barulhos, aprende a manipular um brinquedo, aprende a andar. Uma criança maior aprende habilidades de lidar com as coisas, nadar, andar de bicicleta etc., aprende a contar, a ler, a escrever, a pensar, a trabalhar junto com outras crianças. Jovens e adultos aprendem processos mais complexos de pensamento, aprendem uma profissão, discutem problemas e aprendem a fazer opções etc. As pessoas, portanto, estão sempre aprendendo em casa, na rua, no trabalho, na escola, nas múltiplas experiências da vida.

Podemos distinguir a aprendizagem casual e a aprendizagem organizada. A *aprendizagem casual* é quase sempre espontânea, surge naturalmente da interação entre as pessoas e com o ambiente em que vivem. Ou seja, pela convivência social, pela observação de objetos e acontecimentos, pelo contato com os meios de comunicação, leituras, conversas etc., as pessoas vão acumulando experiências, adquirindo conhecimentos, formando atitudes e convicções.

A *aprendizagem organizada* é aquela que tem por finalidade específica aprender determinados conhecimentos, habilidades, normas de convivência social. Embora isso possa ocorrer em vários lugares, é na escola que são organizadas as condições específicas para a transmissão e assimilação de conhecimentos e habilidades. Esta organização intencional, planejada e sistemática das finalidades e condições da aprendizagem escolar é tarefa específica do ensino.

Vejamos alguns exemplos de aprendizagem escolar:

- A professora conta uma estória. O aluno recebe o "conteúdo" da estória, assimila-o, seja memorizando, seja captando a sua mensagem. Aparentemente a atitude do aluno é passiva, mas, na verdade, ligando a estória com seu imaginário (experiência vivida), está "trabalhando" a estória na sua mente. Está aprendendo.

- O tema da aula é "As plantas". No pátio da escola, cada aluno escolheu uma plantinha. A professora pede para observarem o que ela tem nas mãos. Surge uma conversação, a professora explica, os alunos perguntam. A conversa se amplia: Por que as plantas crescem? Por que, depois de um certo tempo, elas murcham? Se colocarmos a planta num lugar que tenha terra e água, mas não tenha luz, o que acontecerá? Os alunos discutem, analisam as possibilidades, a professora vai organizando essas ideias para sistematizar os conhecimentos. Depois há o estudo no livro, os exercícios, a consolidação das coisas aprendidas. Os alunos aprendem as partes da planta e suas funções, as relações entre terra, água e luz; interiorizam conceitos, formam estruturas mentais; compreendem a importância das plantas na vida social; desenvolvem capacidades de observação, comparação, síntese e são capazes de aplicar os conhecimentos.

- As crianças estão estudando História e Geografia. Aprendem a localizar os Estados brasileiros no mapa, memorizam o nome das capitais, aprendem as diferenças de horário de um lugar para o outro, dominam o conceito de "fuso horário". Com isso estão adquirindo conhecimentos e habilidades.

A aprendizagem escolar é, assim, um processo de assimilação de determinados conhecimentos e modos de ação física e mental, organizados e orientados no processo de ensino. Os resultados da aprendizagem se manifestam em modificações na atividade externa e interna do sujeito, nas suas relações com o ambiente físico e social.

Isto significa que podemos aprender *conhecimentos sistematizados* (fatos, conceitos, princípios, métodos de conhecimento etc.); *habilidades e hábitos intelectuais e sensorimotores* (observar um fato e extrair conclusões, destacar propriedades e relações das coisas, dominar procedimentos para resolver exercícios, escrever e ler, uso adequado dos sentidos, manipulação de objetos e instrumentos etc.); *atitudes e valores* (por exemplo, perseverança e responsabilidade no estudo, modo científico de resolver problemas humanos, senso crítico frente aos objetos de estudo e à realidade, espírito de camaradagem e solidariedade, convicções, valores humanos e sociais, interesse pelo conhecimento, modos de convivência social etc.).

Esses resultados fazem parte dos objetivos e conteúdos do ensino, embora saibamos que as crianças aprendem também independentemente do ensino. No processo de ensino estabelecemos objetivos, conteúdos e métodos, mas a assimilação deles é consequência da atividade mental dos alunos. Conhecimentos, habilidades, atitudes, modos de agir não são coisas físicas que podem ser transferidas da cabeça do professor para a cabeça da criança. A aprendizagem efetiva acontece quando, pela influência do professor, são mobilizadas as atividades física e mental próprias das crianças no estudo das matérias. É o que denominamos de processo de assimilação ativa.

1) O processo de assimilação ativa

Entendemos por assimilação ativa ou apropriação de conhecimentos e habilidades o processo de percepção, compreensão, reflexão e aplicação que se desenvolve com os meios intelectuais, motivacionais e atitudinais do próprio aluno, sob a direção e orientação do professor.

O processo de assimilação ativa é um dos conceitos fundamentais da teoria da instrução e do ensino. Permite-nos entender que o ato de aprender é um ato de conhecimento pelo qual assimilamos mentalmente os fatos, fenômenos e relações do mundo, da natureza e da sociedade, através do estudo das matérias de ensino. Nesse sentido, podemos dizer que a aprendizagem é uma relação cognitiva entre o sujeito e os objetos de conhecimento. Há uma atividade do sujeito em relação aos objetos de conhecimento para assimilá-los; ao mesmo tempo, as propriedades do objeto atuam no sujeito, modificando e enriquecendo suas estruturas mentais. Por esse processo, formam-se conhecimentos e modos de atuação pelos quais ampliamos a compreensão da realidade para transformá-la, tendo em vista necessidades e interesses humanos e sociais.

Para que se realize na escola o processo de assimilação ativa de novos conhecimentos e, por meio dele, o desenvolvimento das forças cognoscitivas dos alunos, é preciso a ação externa do professor, isto é, o ensino e seus componentes: objetivos, conteúdos, métodos e formas organizativas.

Em síntese, temos nas situações didáticas fatores externos e internos, mutuamente relacionados. O professor propõe objetivos e conteúdos, tendo em conta características dos alunos e da sua prática de vida. Os alunos, por sua vez, dispõem em seu organismo físico-psicológico de meios internos de assimilação ativa, meios esses que constituem o conjunto de suas capacidades cognoscitivas, tais como: percepção, motivação, compreensão, memória, atenção, atitudes, conhecimentos já disponíveis.

Nenhuma criança nasce com essas capacidades cognoscitivas prontas e acabadas. Elas vão se desenvolvendo no decorrer da vida e, particularmente, no decorrer do processo de ensino, pois podem ser aprendidas no processo de assimilação de conhecimentos.

2) Os níveis de aprendizagem

Os meios internos pelos quais o nosso organismo psicológico aprende são bastante complexos. Esquematicamente, podemos dizer que há dois níveis de aprendizagem humana: o reflexo e o cognitivo. O nível *reflexo* se refere às nossas sensações pelas quais desenvolvemos processos de observação e percepção das coisas e nossas ações motoras (físicas) no ambiente. Estas aprendizagens são responsáveis pela formação de hábitos sensorimotores e são as que predominam na fase inicial de desenvolvimento da criança (por exemplo, agarrar objetos, distinguir cores, formas e sons, andar etc.). Muitas delas são obtidas de forma automática e inconsciente. Esse nível de aprendizagem continua ocorrendo durante toda a vida humana.

Entrelaçado com o nível reflexo, o nível *cognitivo* se refere à aprendizagem de determinados conhecimentos e operações mentais, caracterizada pela apreensão consciente, compreensão e generalização das propriedades e relações essenciais da realidade, bem como pela aquisição de modos de ação e aplicação referentes a essas propriedades e relações.

No nível cognitivo, os indivíduos aprendem tanto em contato direto com as coisas no ambiente quanto com as *palavras* que designam coisas e fenômenos do ambiente. Isso significa que, como instrumentos da linguagem, as palavras constituem importante condição para a aprendizagem, pois formam a base dos conceitos com os quais podemos pensar.

3) Momentos interligados do processo de assimilação ativa

Conforme vimos, o desenvolvimento das forças cognoscitivas na sala de aula se verifica no processo de assimilação ativa de conhecimentos. Frente a determinado objetivo de ensino — por exemplo, os seres vivos, a vida na cidade e no campo — a primeira atividade é a *observação sensorial* das coisas, propriedades, semelhanças e diferenças que as distinguem externamente. As situações didáticas devem ser organizadas para o aluno perceber ativamente o objeto de estudo, seja de forma direta (ações físicas com as coisas do ambiente, ilustrações, demonstrações), seja de forma indireta pelo uso das palavras.

A transformação da percepção ativa para um nível mais elevado de compreensão implica a *atividade mental* de tomar os objetos e fenômenos estudados nas suas relações com outros objetos e fenômenos, para ir formando ideias e conceitos mais claros e mais amplos. Não se trata de uma etapa separada da anterior, mas de uma transformação e um aprimoramento das primeiras percepções que, agora, passam pela análise e síntese, pela abstração, generalização e sistematização. Neste processo, a atividade mental evolui da apreensão do conteúdo da matéria na sua forma visível, exterior, para a "ideia" do conteúdo, de modo que o conteúdo visível se transforma em conteúdo do pensamento. Em outras palavras, a criança vai, gradativamente, se desprendendo da coisa concreta do ambiente para torná-la uma coisa pensada. Neste momento, o aluno pode operar mentalmente com os conteúdos assimilados.

O processo se completa com as *atividades práticas* em várias modalidades de problemas e exercícios, nos quais se verifica a consolidação e a aplicação prática de conhecimentos e habilidades. Não se quer dizer com isso que nos outros momentos não haja atividades práticas, mas que o processo de assimilação ativa culmina com a consolidação e aplicação.

O aspecto fundamental a considerar é que o processo interno de desenvolvimento mental é um todo que não pode ser decomposto em elementos isolados. Os momentos apenas se diferenciam no sentido de que a compreensão mais elevada do objeto de estudo passa por um movimento ascendente, no qual a percepção ativa dos objetos e fenômenos vai transformando-se em conceitos sistematizados para serem assimilados. Mas, em cada momento do processo de desenvolvimento mental, estão presentes a percepção sensorial, as atividades mentais e as atividades práticas.

Deve-se alertar, ainda, que nem sempre é necessário iniciar o processo de assimilação pela atividade perceptiva, material, concreta (manipular objetos, examinar, observar, representar graficamente objetos e fenômenos etc.). Há situações de ensino em que os alunos já possuem conceitos e operações mentais, bastando avivá-los e recordá-los. Por isso, é importante que o professor tenha perspicácia para captar as características específicas de cada situação didática.

Nos vários momentos do processo de assimilação ativa, em qualquer das séries escolares, há um permanente entrelaçamento entre a atividade mental e a linguagem, pois esta é como que o instrumento que traduz, por meio das palavras, os objetos e fenômenos, suas relações e a "ideia" desse objeto. Na sala de aula, predomina a via indireta de ensino, ou seja, o professor e os alunos trabalham com conceitos já elaborados, com representações verbais do professor, ou o texto do livro didático — embora deva ser empregada a experiência direta sempre que possível. Quaisquer que sejam os métodos e modos de assimilação, a linguagem é fundamental tanto para o professor que explica os conceitos científicos quanto para o aluno que os utiliza para formar suas ideias e noções. Os conceitos científicos e o desenvolvimento dos instrumentos linguísticos do pensamento, assimilados com base na experiência sociocultural dos alunos, aperfeiçoam a comunicação, propiciam a habilidade de verbalização e ampliam a capacidade de raciocinar.

4) Características da aprendizagem escolar

a) A aprendizagem escolar é uma atividade planejada, intencional e dirigida, e não algo casual e espontâneo. Aprendizagem e ensino formam uma unidade, mas não são atividades que se confundem uma com a outra. A atividade cognoscitiva do aluno é a base e o fundamento do ensino, e este dá direção e perspectiva àquela atividade por meio dos conteúdos, problemas, métodos, procedimentos organizados pelo professor em situações didáticas específicas.

b) O processo de assimilação de conhecimentos resulta da reflexão proporcionada pela percepção prático-sensorial e pelas ações mentais que caracterizam o pensamento. Todo conhecimento se baseia nos dados da realidade, que são o seu conteúdo. Mas a apreensão dos dados da realidade requer ações mentais. Por isso, a atividade de ensino não pode restringir-se a atividades práticas. Elas somente fazem sentido quando suscitam a atividade mental dos alunos, de modo a estes lidarem com elas através dos conhecimentos sistematizados que vão adquirindo.

c) Na aprendizagem escolar há influência de fatores afetivos e sociais, tais como os que suscitam a motivação para o estudo, os que afetam as relações professor-alunos, os que interferem nas disposições emocionais dos alunos para enfrentar as tarefas escolares, os que contribuem ou dificultam a formação de atitudes positivas dos alunos frente às suas capacidades e frente aos problemas e situações da realidade e do processo de ensino e aprendizagem. Tratamos dessa questão no Capítulo 5.

d) Os conteúdos e as ações mentais que vão sendo formados dependem da organização lógica e psicológica das matérias de ensino. A organização lógica se refere à sequência progressiva dos conceitos, ideias, habilidades, em nível crescente de complexidade. Organização psicológica se refere à adequação ao nível de desenvolvimento físico e mental que, por sua vez, é condicionado pelas características socioculturais dos alunos.

A ideia de progressividade no desenvolvimento escolar se aplica, também, à organização das unidades didáticas nas aulas. As crianças não aprendem tudo em uma só aula, pois a aprendizagem é um processo gradativo. Algumas crianças têm facilidade de "pegar" uma ideia de relance, outras têm boa capacidade de memorização. Entretanto, não significa que tenham assimilado a matéria, que desenvolveram operações mentais ou que dominaram habilidades de estudo. A sólida aprendizagem decorre da consolidação de conhecimentos e métodos de pensamento, sua aplicação em situações de aula ou do dia a dia e, principalmente, da capacidade de o aluno lidar de modo independente e criativo com os conhecimentos que assimilou. Tudo isto requer tempo e trabalho incessante do professor.

e) A aprendizagem escolar tem um vínculo direto com o meio social que circunscreve não só as condições de vida das crianças, mas também a sua relação com a escola e o estudo, sua percepção e compreensão das matérias. A consolidação dos conhecimentos depende do significado que eles carregam em relação à experiência social das crianças e jovens na família, no meio social, no trabalho.

O vínculo aprendizagem-meio social traz implicações, também, ao grau de compreensividade das matérias em relação às possibilidades reais dos alunos que, efetivamente, são portadores de desvantagens sociais e culturais quanto às exigências escolares. Estas não devem ser consideradas negativamente, mas como ponto de partida para a atividade docente. Os professores devem estar preparados para buscar procedimentos didáticos que ajudem os alunos a enfrentarem suas desvantagens, a adquirirem o desejo e o gosto pelos conhecimentos escolares, a elevar suas expectativas de um futuro melhor para si e sua classe social.

Outro aspecto fundamental da aprendizagem em relação ao meio social é a linguagem. A linguagem é o veículo para a formação e expressão dos nossos pensamentos. As formas de linguagem expressam as condições sociais e culturais de vida das pessoas (modalidades de relacionamento entre as pessoas, costumes, crenças, modos de pensar sobre o mundo e a vida etc.). Não é difícil compreender a importância da combinação entre a linguagem do professor e linguagem dos alunos. Por outro lado, é principalmente pela via da linguagem que os alunos podem assimilar os conhecimentos sistematizados.

f) A aprendizagem escolar se vincula também com a motivação dos alunos, que indicam os objetivos que procuram. A motivação é *intrínseca* quando se trata de objetivos internos, como a satisfação de necessidades orgânicas ou sociais, a curiosidade, a aspiração pelo conhecimento; é *extrínseca*, quando a ação da criança é estimulada de fora, como as exigências da escola, a expectativa de benefícios sociais que o estudo pode trazer, a estimulação da família, do professor ou dos demais colegas. Na aprendizagem escolar, a motivação intrínseca precisa ser apoiada, muito frequentemente, na motivação extrínseca, a fim de manter de pé o interesse, a atenção e o envolvimento dos alunos no trabalho docente.

g) O trabalho docente é a atividade que dá unidade ao binômio ensino-aprendizagem, pelo processo de transmissão-assimilação ativa de conhecimentos, realizando a tarefa de mediação na relação cognitiva entre o aluno e as matérias de estudo.

Esta concepção de aprendizagem escolar difere daquela na qual o ensino é uma atividade unidirecional do professor, transferindo conhecimentos para a cabeça do aluno, isto é, aluno como objeto da prática docente. Também difere de outra concepção segundo a qual o ensino consiste apenas na organização das experiências do aluno, com base nas suas necessidades e interesses imediatos e não na transmissão de conhecimentos sistematizados.

A atividade do aluno consiste no enfrentamento da matéria por suas próprias forças cognoscitivas, porém dirigida e orientada de fora pelo professor. A inter-relação entre os dois momentos do processo de ensino — transmissão e assimilação ativa — supõe a confrontação entre os conteúdos sistematizados (trazidos pelo professor) e a experiência sociocultural concreta dos alunos, isto é, a experiência que trazem do seu meio social, os conhecimentos que já dominam, as motivações e expectativas, a percepção que eles têm da matéria de ensino.

II. O ensino

O ensino é um meio fundamental do progresso intelectual dos alunos. Procuramos esclarecer nos tópicos anteriores que a assimilação ativa dos conhecimentos é o núcleo do ensino. Entretanto, não há identidade entre o processo de assimilação e o processo de ensino, como se as etapas da assimilação fossem as mesmas etapas do ensino.

O processo de ensino abrange a assimilação de conhecimentos, mas inclui outras tarefas. Para assegurar a assimilação ativa, o professor deve antecipar os objetivos de ensino, explicar a matéria, puxar dos alunos conhecimentos que já dominam, estimulá-los no desejo de conhecer a matéria nova. Deve transformar a matéria em desenvolvimentos significativos e compreensíveis, saber detectar o nível da capacidade cognoscitiva dos alunos, saber empregar os métodos mais eficazes para ensinar, não um aluno ideal, mas alunos concretos que ele tem à sua frente.

O ensino, assim, é uma combinação adequada entre a condução do processo de ensino pelo professor e a assimilação ativa como atividade autônoma e independente do aluno. Em outras palavras, o processo de ensino é uma atividade de mediação pela qual são providas as condições e os meios para os alunos se tornarem sujeitos ativos na assimilação de conhecimentos.

As crianças vão à escola para dominarem conhecimentos e habilidades e desenvolverem operações mentais, tendo em vista a preparação para a vida social e para o trabalho. A aprendizagem que as crianças adquirem na escola, pelo estudo das matérias, tem como resultado principal a aquisição do saber escolar e o melhoramento progressivo das funções intelectuais. A escola pública pode oferecer muitos benefícios às crianças — merenda, recreação, relacionamento social entre elas, assistência à saúde etc. —, mas o benefício da sua responsabilidade direta é o ensino, pelo qual se democratiza o saber e se desenvolvem as forças intelectuais.

O ensino tem três funções inseparáveis:

a) Organizar os conteúdos para a sua transmissão, de forma que os alunos possam ter uma relação subjetiva com eles. Um pedagogo escreveu que ensinar é colocar a matéria no horizonte interrogativo do aluno. Transmitir a matéria, nesse sentido, é traduzir didaticamente a matéria para alunos determinados, com suas características socioculturais, seu nível de preparo para enfrentar a matéria nova, com os conhecimentos e experiências que trazem para a sala de aula.

b) Ajudar os alunos a conhecerem as suas possibilidades de aprender, orientar suas dificuldades, indicar métodos de estudo e atividades que os levem a aprender de forma autônoma e independente.

c) Dirigir e controlar a atividade docente para os objetivos da aprendizagem.

A atividade de ensino, por outro lado, está indissociavelmente ligada à vida social mais ampla, o que chamamos de *prática social*. Em sentido amplo, o ensino exerce a mediação entre o indivíduo e a sociedade. Essa mediação significa tanto a explicitação dos objetivos de formação escolar frente às exigências do contexto social, político e cultural de uma sociedade marcada pelo conflito de interesses entre os grupos sociais, quanto o entendimento de que o domínio de conhecimentos e habilidades é um instrumento coadjuvante para a superação das condições de origem social dos alunos, seja pela melhoria das condições de vida, seja pela luta conjunta para a transformação social.

Além disso, o ensino é condicionado por outros elementos situacionais do processo ensino-aprendizagem, tais como a organização do ambiente escolar, os mecanismos de gestão da escola, o sistema de organização das classes, o conselho de pais, os livros didáticos e o material escolar, a unidade de propósitos do grupo de professores etc.

III. A unidade entre ensino e aprendizagem

Podemos sintetizar dizendo que a relação entre ensino e aprendizagem não é mecânica, não é uma simples transmissão do professor que ensina para um aluno que aprende. Ao contrário, é uma relação recíproca na qual se destacam o papel dirigente do professor e a atividade dos alunos.

O ensino visa estimular, dirigir, incentivar, impulsionar o processo de aprendizagem dos alunos. Conforme já estudamos anteriormente, o ensino tem um caráter eminentemente pedagógico, ou seja, o de dar um rumo definido para o processo educacional que se realiza na escola.

O ensino tem a tarefa principal de assegurar a difusão e o domínio dos conhecimentos sistematizados legados pela humanidade. Daí que uma de suas tarefas básicas seja a seleção e organização do conteúdo de ensino e dos métodos apropriados, a serem trabalhados em um processo organizado na sala de aula.

A aprendizagem é a assimilação ativa de conhecimentos e de operações mentais, para compreendê-los e aplicá-los consciente e autonomamente. A aprendizagem é uma forma do conhecimento humano — relação cognitiva entre aluno e matéria de estudo — desenvolvendo-se sob as condições específicas do processo de ensino. O ensino não existe por si mesmo, mas na relação com a aprendizagem.

A unidade entre ensino e aprendizagem fica comprometida quando o ensino se caracteriza pela memorização, quando o professor concentra na sua pessoa a exposição da matéria, quando não suscita o envolvimento ativo dos alunos. Esta atitude não faz parte do sentido que temos dado ao papel de dirigente do professor, pois não leva a empenhar as atividades mentais dos alunos.

Por outro lado, também se quebra a unidade quando os alunos são deixados sozinhos, com o pretexto de que o professor somente deve facilitar a aprendizagem e não ensinar. O processo de ensino, ao contrário, deve estabelecer exigências e expectativas que os alunos possam cumprir e, com isso, mobilizem suas energias. Tem, pois, o papel de impulsionar a aprendizagem e, muitas vezes, a precede.

Estrutura, componentes e dinâmica do processo de ensino

O processo de ensino, tal como o descrevemos anteriormente, põe em movimento os elementos constitutivos da Didática (Capítulo 3), ou seja, os objetivos e conteúdos, o ensino e a aprendizagem, referidos às condições de cada situação didática concreta. A Didática, fazendo a mediação escolar de objetivos sociopolíticos e pedagógicos, por sua vez articulados com o processo de ensino e aprendizagem, orienta o trabalho docente, tendo em vista a inserção e atuação dos alunos nas diversas esferas da vida social — profissional, política, cultural etc.

O processo didático se explicita pela ação recíproca de três componentes — os conteúdos, o ensino e a aprendizagem — que operam em referência a objetivos que expressam determinadas exigências sociopolíticas e pedagógicas e sob um conjunto de condições de uma situação didática concreta (fatores sociais circundantes, organização escolar, recursos materiais e didáticos, nível socioeconômico dos alunos, seu nível de preparo e de desenvolvimento mental, relações professor-aluno etc.).

Os *conteúdos de ensino* compreendem as matérias nas quais são sistematizados os conhecimentos, formando a base para a concretização de objetivos. O *ensino* é a atividade do professor de organização, seleção e explicação dos conteúdos, organização das atividades de estudo dos alunos, encaminhando objetivos, métodos, formas organizativas e meios mais adequados em função da aprendizagem dos alunos. A *aprendizagem* é a atividade do aluno de assimilação de conhecimentos e habilidades. O processo didático define a ação didática e determina as condições e modalidades de direção do processo de ensinar tendo em vista a preparação dos alunos para as tarefas sociais. O processo de ensino opera a mediação escolar de objetivos, conteúdos e métodos; sintetiza na aula a ação didática em sua globalidade, uma vez que operacionaliza objetivos gerais sobre o fundo objetivo das condições concretas de cada situação didática.

O processo de ensino, efetivado pelo trabalho docente, constitui-se de um sistema articulado dos seguintes componentes: objetivos, conteúdos, métodos (incluindo meios e formas organizativas) e condições. O professor dirige esse processo, sob condições concretas das situações didáticas, em cujo desenvolvimento se assegura a assimilação ativa de conhecimentos e habilidades e o desenvolvimento das capacidades cognoscitivas dos alunos.

Conforme será detalhado adiante (Capítulos 6 e 7), esses componentes formam uma unidade, nenhum deles podendo ser considerado isoladamente. Os objetivos correspondem já a conteúdos (conhecimentos, habilidades, hábitos) e métodos de sua apropriação. Os conteúdos são selecionados de forma didaticamente assimilável, portanto, implicam métodos. Os métodos, por sua vez, subordinam-se ao conteúdo de cada matéria e ao mesmo tempo às características de aprendizagem dos alunos (conhecimentos e experiências que trazem, suas expectativas, seu nível de preparo para enfrentar a matéria etc.). Além disso, o ensino é inseparável das condições concretas de cada situação didática: o meio sociocultural em que se localiza a escola, as atitudes do professor, os materiais didáticos disponíveis, as condições de vida, conhecimentos, habilidades e atitudes dos alunos.

O gráfico a seguir mostra a relação e as articulações entre os elementos constitutivos da Didática e os componentes do processo de ensino.

Componentes do processo didático e do processo de ensino

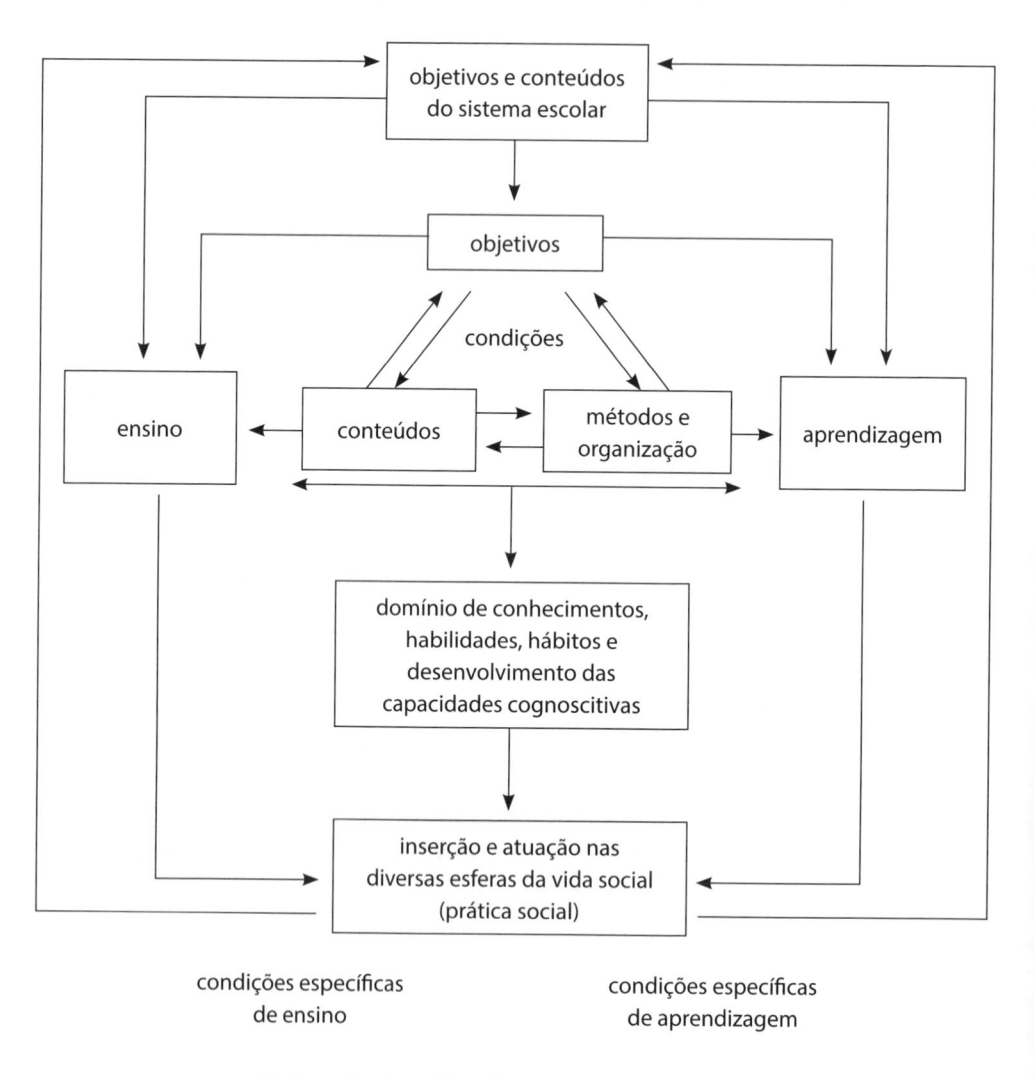

(Adaptação do gráfico elaborado por L. Klingberg.)

O processo de ensino é impulsionado por fatores ou condições específicas já existentes ou que cabe ao professor criar, a fim de atingir os objetivos escolares, isto é, o domínio pelos alunos de conhecimentos, habilidades e hábitos e o desenvolvimento de suas capacidades cognoscitivas. O professor planeja, dirige, organiza, controla e avalia o ensino com endereço certo: a aprendizagem ativa do aluno, a relação cognitiva entre o aluno e a matéria de estudo. Haveria uma contradição entre essa ideia de um ensino estruturado e dirigido e a atividade e independência de pensamento do aluno como sujeito ativo da aprendizagem?

Muito se tem discutido sobre os fatores e as condições que asseguram o bom ensino e resultados satisfatórios de aprendizagem dos alunos. Muitas pessoas afirmam que o principal papel está no professor, na sua aprendizagem, nas suas explicações sobre a matéria e no seu traquejo em conduzir a classe. Outras entendem que bons métodos e técnicas seriam suficientes. Há, ainda, as que encontram esse fator no atendimento das necessidades e interesses espontâneos das crianças. Entretanto, esses fatores não podem ser considerados isoladamente.

Quando dizemos que o processo de ensino consiste ao mesmo tempo na condução do estudo e na autoatividade do aluno, estamos frente a uma contradição. Mas é uma contradição que pode ser superada didaticamente, na medida em que o ensino não ignora as exigências da autoatividade do aluno na aprendizagem. O professor, de fato, é responsável pelas tarefas de ensino, explicação da matéria, orientação das atividades, colocação de exercícios, controle e verificação da aprendizagem. Mas tudo isso é feito para encaminhar o estudo ativo dos alunos.

Não se trata de uma tarefa fácil. A contribuição mais importante da Didática é precisamente ajudar a resolver a contradição entre o ensino e a aprendizagem, a detectar as dificuldades enfrentadas pelos alunos na assimilação ativa dos conteúdos e a encontrar os procedimentos para que eles próprios superem tais dificuldades e progridam no desenvolvimento intelectual.

As dificuldades ou impasses que o aluno encontra no enfrentamento da matéria de estudo expressam a contradição entre as tarefas colocadas pelo professor (conteúdos, problemas, exercícios etc.) e seu nível de conhecimentos, de desenvolvimento mental, bem como suas atitudes frente ao estudo. O fator predominante, pois, na dinâmica do processo de ensino é a relação contraditória entre as exigências do processo didático e o trabalho ativo e mental dos alunos.

A força motriz do processo de ensino desencadeada por essa contradição básica leva a uma lógica do processo didático que consiste na colocação, pelo professor, de objetivos, conteúdos, problemas, dificuldades que sejam instigantes, significativos e compreensíveis para os alunos, de modo que estes possam mobilizar suas capacidades físicas e intelectuais para a assimilação consciente e ativa dos conhecimentos. Em outras palavras, a força motriz fundamental do processo didático é a contradição entre as exigências de domínio do saber sistematizado e o nível de conhecimentos, experiências, atitudes e características socioculturais e individuais dos alunos. Em decorrência disso, não é suficiente passar os conteúdos ou colocar problemas. É preciso colocá-los de modo que se convertam em problemas e desafios para o aluno, suscitando e mobilizando a sua atividade.

Para que essa contradição se converta em força desencadeadora da atividade dos alunos são necessárias certas condições. A primeira condição é os alunos tomarem consciência das dificuldades que aparecem quando se defrontam com um conhecimento novo que não dominam; tomar consciência significa colocar a dificuldade como um desafio que precisa ser vencido, a fim de avançar na aprendizagem. A segunda condição é a acessibilidade das tarefas cognoscitivas postas pelo professor; isto quer dizer que o nível e o volume de conhecimentos, atividades e exercícios devem estar em correspondência com as condições prévias dos alunos (capacidades, nível de preparo etc.). A terceira condição é que a correspondência entre as exigências do ensino e as condições prévias dos alunos seja prevista no planejamento, de modo que o professor saiba qual dificuldade (desafio, problema) apresentar e como trabalhá-la didaticamente.

Podemos dizer, então, que o essencial do processo didático é coordenar o movimento de vaivém entre o trabalho conduzido pelo professor e a percepção e o raciocínio dos alunos frente a esse trabalho. Em outras palavras, frente a um conjunto de conhecimentos e habilidades a serem necessariamente dominados pelos alunos, trata-se de: verificar previamente o nível de conhecimentos já alcançado por eles e sua capacidade potencial de assimilação, organizar as atividades de assimilação e chegar gradativamente à sistematização e aplicação dos conhecimentos e habilidades.

Em síntese, podemos dizer que, talvez, uma das qualidades mais importantes do professor seja a de saber lançar pontes (ligações) entre as tarefas escolares e as condições prévias dos alunos para enfrentá-las, pois é daí que surgem as forças impulsoras da aprendizagem. O envolvimento do aluno no estudo ativo depende de que o ensino seja organizado de tal forma que as "dificuldades" (na forma de perguntas, problemas, tarefas etc.) tornem-se problemas subjetivos na mente do aluno, provoquem nele uma "tensão" e vontade de superá-las.

As dificuldades, porém, devem ser bem dosadas. Não podem ser conteúdos, problemas ou exercícios que excedam sua capacidade de entendimento; também não podem ser tão fáceis que exijam pouco esforço para resolvê-los. As dificuldades somente têm valor didático se possibilitam a ativação e o direcionamento das forças intelectuais, ou seja, um meio para avançar na compreensão e assimilação da matéria. Para isso se requer: a ligação do conhecimento novo com o já existente na cabeça dos alunos; a solidez dos conhecimentos anteriormente assimilados como base para enfrentar o conhecimento novo; a constante verificação do progresso alcançado; a constante revisão e exercitação dos conhecimentos e habilidades.

A estruturação do trabalho docente

Boa parte dos professores de nossas escolas entende o trabalho docente como "passar" a matéria do programa, geralmente de acordo com o livro didático. É verdade que muitos livros didáticos já indicam a estruturação da aula, mas, ainda assim, o ensino permanece preso à sequência da matéria (exposição verbal, exercícios, prova), como algo externo e isolado que não mobiliza a atividade mental dos alunos. A estruturação da aula deve refletir o entendimento que temos procurado trazer, no nosso estudo, sobre o processo de ensino: um trabalho ativo e conjunto do professor e dos alunos, sob a direção do professor, tendo em vista a assimilação consciente e sólida de conhecimentos, habilidades e hábitos pelos alunos e, por esse mesmo processo, o desenvolvimento de suas capacidades cognoscitivas.

A metodologia do trabalho docente inclui, pelo menos, os seguintes elementos: os movimentos (ou passos) do processo de ensino no decorrer de uma aula ou unidade didática; os métodos, formas e procedimentos de docência e aprendizagem; os materiais didáticos e as técnicas de ensino; a organização da situação de ensino. Estes assuntos serão tratados nos Capítulos 7 e 10 e aqui nos restringiremos a abordar, resumidamente, a estruturação do trabalho docente na aula, ou seja, os momentos (ou passos) do processo de ensino.

A estruturação da aula é a organização, sequência e inter-relação dos momentos do processo de ensino. Toda atividade humana implica um modo de ser realizada, uma sequência de atos sucessivos e inter-relacionados para atingir seu objetivo. O trabalho docente é uma atividade intencional, planejada conscientemente visando atingir objetivos de aprendizagem. Por isso precisa ser estruturado e ordenado.

A Didática, disciplina que estuda as tarefas da instrução e do ensino, cuida de extrair dos diversos campos de conhecimento humano (por exemplo, Língua Portuguesa, Matemática, História, Ciências etc.) aqueles conhecimentos e habilidades que devem constituir o saber escolar para fins de ensino. Para isso, é fundamental ter em conta o campo de conhecimentos de cada matéria e seus métodos de investigação e estudo. No entanto, a lógica da matéria de estudo é insuficiente para determinar a estruturação do ensino, sendo necessário recorrer à Didática, que investiga os elementos do processo de ensino comuns a todas as matérias. Entre esses elementos citamos: objetivos sociais e pedagógicos, conforme exigências da sociedade e da tarefa de escolarização, características de cada grau de ensino conforme idades, níveis de conhecimentos prévios dos alunos; condições psicológicas e sociais do processo de assimilação dos conteúdos por parte dos alunos; conexões entre ensino e aprendizagem, momentos ou passos do ensino que asseguram melhores resultados na assimilação de conhecimentos e no desenvolvimento das capacidades cognoscitivas dos alunos.

A estruturação do trabalho docente tem uma ligação estreita com a metodologia específica das matérias, porém não se identifica com ela. Tendo em conta o grau escolar, as idades dos alunos, as características do desenvolvimento mental, as especificidades de conteúdo e metodologia das matérias, podemos indicar cinco momentos da metodologia do ensino na aula, articulados entre si:

1) *Orientação inicial dos objetivos de ensino e aprendizagem* — O professor procura incentivar os alunos no estudo da matéria, colocando os objetivos e os resultados que devem ser conseguidos. Estimula nos alunos o desejo de dominar um novo conhecimento para novos progressos, indica as habilidades que podem ser aprendidas para a aplicação dos conhecimentos na prática. Para isso usa de vários procedimentos: põe um problema, conversa com os alunos, incita sua curiosidade, analisa exercícios já resolvidos, enlaça os conhecimentos anteriores com a matéria nova, usa ilustrações, pede uma redação rápida, dá breves exercícios que indicam o tipo de assunto que será estudado etc.

2) *Transmissão/assimilação da matéria nova* — Uma vez suscitada a atenção e a atividade mental dos alunos, é o momento de estes se familiarizarem com a matéria que vão estudar. Dependendo do grau de proximidade que têm em relação ao assunto novo e do nível de pré-requisitos, o primeiro contato com a matéria deve fazer-se, havendo condições objetivas, pela observação direta e trabalhos práticos. Não sendo isso possível, seja pela inexistência de condições objetivas, seja pela natureza do assunto, o próprio professor encaminha o contato com a matéria pela conversação, discussão, pelo uso do livro didático, pela realização de pequenos experimentos. O objetivo desta fase é que os alunos formem ideias claras sobre o assunto e vão juntando elementos para compreensão.

Aqui é imprescindível que haja uma permanente ligação com o que o aluno já sabe, uma aproximação dos conteúdos com experiências de vida, estimulação do pensamento das crianças para que expressem os resultados da sua observação e de sua experiência. Não fazem sentido a observação, os pequenos experimentos, a manipulação de objetos, os exercícios etc., se não mobilizam a atividade pensante das crianças. É pelo exercício de pensamento, sempre com a ajuda do professor, que os alunos vão progredindo na formação de conceitos e no desenvolvimento das suas capacidades cognoscitivas.

A percepção ativa e compreensão da matéria possibilitam, assim, ao aluno operar mentalmente com os conhecimentos. Para isso, é necessário o "amarramento" do estudo por meio da sistematização, sínteses e entrelaçamentos entre os assuntos. Esta organização dos conhecimentos tem várias funções: reprodução dos conhecimentos e habilidades em exercícios de fixação, produção de conhecimentos na aplicação em situações novas, recordação, consolidação.

3) *Consolidação e aprimoramento dos conhecimentos, habilidades e hábitos* — No processo de percepção e compreensão da matéria já vai ocorrendo a assimilação de conhecimentos; mas para que se tornem instrumentos do pensamento independente e da atividade mental é necessária a consolidação e o aprimoramento. Isto se obtém principalmente pelos exercícios e pela recordação da matéria onde são aplicados conhecimentos e habilidades e se cumprem os objetivos de ensino estabelecidos. Além disso, os exercícios, tarefas de casa, provas de revisão etc. são um meio insubstituível para aprimorar os conhecimentos, formar habilidades e hábitos, desenvolver o pensamento independente e criativo. Isso quer dizer que os exercícios cumprem um papel muito mais amplo do que o de simples treinamento ou memorização de regras, definições e fórmulas.

4) *Aplicação de conhecimentos, habilidades e hábitos* — Os exercícios, as tarefas de casa, as revisões e outras atividades práticas não evidenciam ainda, suficientemente, a assimilação sólida dos conteúdos. O coroamento do processo de ensino se dá quando os alunos, independentemente, podem utilizar os conhecimentos em situações diferentes daquelas anteriormente trabalhadas. Aqui a assimilação dos conhecimentos deve ser comprovada mediante tarefas que se liguem à vida, que estimulem capacidades de análise, síntese, crítica, comparação, generalização.

5) *Verificação e avaliação dos conhecimentos e habilidades* — A verificação e avaliação dos resultados da aprendizagem ocorrem em todos os momentos do processo de ensino, conforme veremos no Capítulo 9. Na etapa de orientação inicial, no tratamento da matéria nova, na consolidação e aplicação dos conteúdos, o professor está sempre colhendo informações e avaliando o progresso mental dos alunos.

As exigências da prática escolar, entretanto, requerem não só um controle sistemático da realização dos objetivos de aprendizagem durante o processo de ensino, mas também um momento especial de comprovação dos resultados obtidos. Assim, uma avaliação final deve ser a oportunidade de verificar o nível de assimilação conseguido pelos alunos, a qualidade do material assimilado, bem como o progresso obtido no desenvolvimento das capacidades cognoscitivas.

O caráter educativo do processo de ensino e o ensino crítico

O processo de ensino, ao mesmo tempo que realiza as tarefas da instrução de crianças e jovens, é um processo de educação. No desempenho da sua profissão, o professor deve ter em mente a formação de personalidade dos alunos, não somente no aspecto intelectual, como também nos aspectos moral, afetivo e físico. Como resultado do trabalho escolar, os alunos vão formando o senso de observação, a capacidade de exame objetivo e crítico de fatos e fenômenos da natureza e das relações sociais, habilidades de expressão verbal e escrita etc.; vão desenvolvendo o senso de responsabilidade, a firmeza de caráter, a dedicação aos estudos, o sentimento de solidariedade e do bem coletivo, a força de vontade etc. A unidade instrução-educação se reflete, assim, na formação de atitudes e convicções frente à realidade, no transcorrer do processo de ensino.

Em cada um dos momentos do processo de ensino o professor está educando quando: estimula o desejo e o gosto pelo estudo; mostra a importância dos conhecimentos para a vida e para o trabalho; exige atenção e força de vontade para realizar as tarefas; cria situações estimulantes de pensar, analisar, relacionar aspectos da realidade estudada nas matérias; preocupa-se com a solidez dos conhecimentos e com o desenvolvimento do pensamento independente; propõe exercícios de consolidação do aprendizado e da aplicação dos conhecimentos. A realização consciente e competente das tarefas de ensino e aprendizagem torna-se, assim, fonte de convicções, princípios de ação, que vão regular as ações práticas dos alunos frente a situações postas pela realidade.

O caráter educativo do ensino está relacionado com os objetivos do ensino crítico. Os estudos que fizemos nos capítulos anteriores mostrando a ligação da Didática com a Pedagogia, isto é, os vínculos dos princípios, condições e meios de direção e organização do ensino com as finalidades sociopolíticas e pedagógicas da educação, forneceram as bases teóricas de uma Didática crítico-social. Mostramos, assim, que não há como especificar objetivos imediatos do processo de ensino fora de uma concepção de mundo, de métodos de investigação da realidade e de uma concepção determinada de práxis pedagógica. É claro que o processo didático se refere ao ensino das matérias; mas, justamente por ser *ensino*, a ele se sobrepõem objetivos e tarefas mais amplos determinados social e pedagogicamente. Falamos em ensino crítico quando as tarefas de ensino e aprendizagem, na sua especificidade, são encaminhadas no sentido de formar convicções, princípios orientadores da atividade prática humana frente a problemas e desafios da realidade social. Ou, por outras palavras, quando a aquisição de conhecimentos e habilidades e o desenvolvimento das capacidades intelectuais propiciam a formação da consciência crítica dos alunos, na condição de agentes ativos na transformação das relações sociais.

Mas o ensino crítico, expressão do caráter educativo do ensino, não possui fórmulas miraculosas que se distingam daquilo que é básico na conceituação do processo de ensino. O ensino é crítico porque implica objetivos sociopolíticos e pedagógicos, conteúdos e métodos escolhidos e organizados mediante determinada postura frente ao contexto das relações sociais vigentes na prática social. Ele se realiza, no entanto, dentro do processo de ensino. Ensinar significa possibilitar aos alunos, mediante a assimilação consciente de conteúdos escolares, a formação de suas capacidades e habilidades cognoscitivas e operativas e, com isso, o desenvolvimento da consciência crítica. O ensino crítico é engendrado no processo de ensino, que se desdobra em fases didáticas coordenadas entre si que vão do conhecimento dos conceitos científicos ao exercício do pensamento crítico, no decurso das quais se formam processos mentais, desenvolve-se a imaginação, formam-se atitudes e disciplina intelectual; é nesse processo que se vai formando a consciência crítica, que não é outra coisa que o pensamento independente e criativo face a problemas da realidade social disciplinado pela razão científica. Isso significa que ao professor crítico não basta que denuncie as injustiças sociais, que esteja engajado em um sindicato ou partido ou que explicite o caráter ideológico dos conteúdos escolares. É preciso, antes de tudo, que dê conta de traduzir objetivos sociopolíticos e pedagógicos em formas concretas de trabalho docente que levem ao domínio sólido e duradouro de conhecimentos pelos alunos, que promovam a ampliação de suas capacidades mentais, a fim de que desenvolvam o pensamento independente, a coragem de duvidar e, com isso, ganhem convicções pessoais e meios de ação prática nos processos de participação democrática na sociedade. Nessas condições, os conteúdos deixam de ser apenas matérias a serem repassadas da cabeça do professor para a cabeça dos alunos; antes, são meios de formar a independência de pensamento e de crítica, meios culturais para se buscar respostas criativas a problemas postos pela realidade. Na medida em que os conteúdos se articulam ao desenvolvimento de capacidades e habilidades mentais, por isso mesmo podem ser questionados, reelaborados, confrontados com a realidade física e social, em função de valores e critérios de julgamento em que se acredita.

Sugestões para tarefas de estudo

Perguntas para o trabalho independente dos alunos

- Explicar por que a atividade de ensino e a atividade de aprendizagem são mutuamente relacionadas.
- Estabelecer as diferenças entre a concepção de ensino como simples transmissão de conhecimentos e a concepção de ensino desenvolvida no capítulo.
- Explicar a seguinte afirmação: "Através da assimilação de conhecimentos e habilidades se verifica o desenvolvimento das potencialidades mentais do educando".
- Descrever em que consiste o processo de transmissão e assimilação ativa de conhecimentos.
- O que se deve entender como "conteúdos de ensino"?
- Definir aprendizagem e dar exemplos.
- Após o estudo do tópico *A Aprendizagem*, explicar o que significa "desenvolvimento das capacidades cognoscitivas"; em que consiste o processo de assimilação ativa; quais são os níveis de aprendizagem; quais são as características da aprendizagem.
- Por que o ensino consiste na estimulação e direção do processo de ensino e aprendizagem?
- Explicar a inter-relação entre os componentes do processo de ensino.

- Explicar a contradição fundamental do processo docente e como ela se torna força motriz desse mesmo processo.
- Como se deve estimular e manter a atividade cognoscitiva dos alunos com a dosagem de "dificuldades"?
- Quais são os momentos de estruturação do trabalho docente e como devem ser articulados?
- Qual a relação entre a lógica da matéria de ensino e a lógica do processo didático?
- Em que sentido podemos falar do caráter educativo do processo de ensino?

Temas para aprofundamento do estudo

- Observar uma aula ou conjunto de aulas de um professor mais experiente e procurar destacar vários momentos ou fases de condução da aula.
- Entrevistar professores para colher suas ideias a respeito do que é ensinar, o que é aprender.
- Escolher um tema de estudo e demonstrar a lógica do processo docente, conjugando os níveis de aprendizagem, o processo de assimilação ativa e os momentos de estruturação do trabalho docente.

Temas para redação

- A unidade do ensino e da aprendizagem no processo didático.
- Conteúdos do ensino e assimilação ativa.
- O ensino e a atividade mental dos alunos.
- Ensino e prática social.
- Ensino e linguagem.
- Ensino e desenvolvimento intelectual dos alunos.

Bibliografia complementar

DANILOV, M. A. *El proceso de ensenanza en la escuela*. Havana: Editorial de Libros Para la Educación, 1978.

DAVIS, Claudia; OLIVEIRA, Zilma de. *Psicologia na educação*. São Paulo: Cortez, 1990.

KLINGBERG, Lothar. *Introducción a la didáctica general*. Havana: Editorial Pueblo y Educación, 1972.

LIBÂNEO, José Carlos. *Democratização da escola pública*. São Paulo: Loyola, 1989 (Caps. 4 e 5).

_____. Os conteúdos escolares e sua dimensão crítico-social. *Revista da Ande*, São Paulo, n. 11, 1986, p. 5-13.

SOARES, Magda B. *Linguagem e Escola*: uma perspectiva social. São Paulo: Ática, 1986.

SAVIANI, Dermeval. O ensino básico e o processo de democratização da sociedade brasileira. *Revista da Ande*, São Paulo, n. 7 1984, p. 9-13.

Capítulo 5

O processo de ensino e o estudo ativo

No texto anterior verificamos que o processo de ensino consiste tanto na atividade do professor quanto na atividade dos alunos. Procuramos mostrar, de um lado, que os conhecimentos e habilidades ensinados na escola são frutos da experiência social e cultural da humanidade e que precisam ser transmitidos como condição para a formação das novas gerações; de outro, que tais conhecimentos e habilidades não são meras informações a serem transferidas da cabeça do professor para a do aluno, mas são produtos da experiência humana que devem ser assimilados conscientemente, implicando a atividade mental dos alunos. Neste capítulo, estudaremos mais detalhadamente como o professor pode dirigir, estimular e orientar as condições externas e internas do ensino, de modo que pela atividade dos alunos os conhecimentos e habilidades façam progredir seu desenvolvimento mental. A essa atividade, cujo fim direto e específico é favorecer a aprendizagem ativa, denominamos *estudo ativo*.

Neste capítulo serão tratados os seguintes temas:

- o estudo ativo e o ensino;
- a atividade de estudo e o desenvolvimento intelectual;
- algumas formas de estudo ativo;
- fatores que influem no estudo ativo.

O estudo ativo e o ensino

Sabemos que a aprendizagem é um processo de assimilação de conhecimentos escolares por meio da atividade própria dos alunos. Podemos dizer, agora, que essa atividade é o estudo dos conteúdos das matérias e dos modos de resolver as tarefas práticas que lhes correspondem. Os conteúdos representam o elemento determinante em torno do qual se realiza a atividade de estudo. A aprendizagem não resulta apenas de necessidades e interesses internos da criança, nem é um processo no qual as crianças escolhem o que querem fazer; é, antes, um processo no qual elas vão desenvolvendo e modificando suas forças físicas e mentais por influência de conhecimentos e atividades vindos de fora, da experiência humana acumulada pelas gerações ao longo da História.

É fora de dúvida que a aprendizagem do aluno é, também, suscitada pelos seus interesses e necessidades. Entretanto, quando ela se baseia apenas na experiência espontânea, os resultados são casuais, dispersos, não sistematizados. A escola deve fazer muito mais do que isso, pois sua função é introduzir os alunos no domínio dos conhecimentos sistematizados, habilidades e hábitos para que, por meio deles, desenvolvam suas capacidades mentais. Por isso, a atividade de estudo deve ser sistematicamente dirigida e orientada.

O estudo é a atividade cognoscitiva do aluno por meio de tarefas concretas e práticas, cuja finalidade é a assimilação consciente de conhecimentos, habilidades e hábitos sob direção do professor. A atividade cognoscitiva não pode ser considerada simplesmente como a manipulação de objetos, vivências de situações concretas, memorização de regras e fórmulas ou resolução de problemas e tarefas. Essas atividades externas somente têm relevância se, gradativamente, forem transformando-se em atividade interna, como instrumentos do pensamento.

O estudo ativo consiste, pois, de atividades dos alunos nas tarefas de observação e compreensão de fatos da vida diária ligados à matéria, no comportamento de atenção à explicação do professor, na conversação entre professor e alunos da classe, nos exercícios, no trabalho de discussão em grupo, no estudo dirigido individual, nas tarefas de casa etc. Tais atividades possibilitam a assimilação de conhecimentos e habilidades e, por meio destes, o desenvolvimento das capacidades cognoscitivas como a percepção das coisas, o pensamento, a expressão do pensamento por palavras, o reconhecimento das propriedades e relações entre fatos e fenômenos da realidade.

É necessário reafirmar que todo estudo ativo é sempre precedido do trabalho do professor: a incentivação para o estudo, a explicação da matéria, a orientação sobre os procedimentos para resolver tarefas e problemas, as exigências quanto à precisão e profundidade do estudo etc. É necessário, também, que o professor esteja atento para que o estudo ativo seja fonte de autossatisfação para o aluno, de modo que sinta que ele está progredindo, animando-se para novas aprendizagens.

A atividade de estudo e o desenvolvimento intelectual

O trabalho docente somente é frutífero quando o ensino dos conhecimentos e dos métodos de adquirir e aplicar conhecimentos se convertem em conhecimentos, habilidades, capacidades e atitudes do aluno. O objetivo da escola e do professor é formar pessoas inteligentes, aptas para desenvolver ao máximo possível suas capacidades mentais, seja nas tarefas escolares, seja na vida prática através do estudo das matérias de ensino. O professor deve dar-se por satisfeito somente quando os alunos compreendem solidamente a matéria, são capazes de pensar de forma independente e criativa sobre ela e aplicar o que foi assimilado.

O trabalho de planejar as aulas, traçar objetivos, explicar a matéria, escolher métodos e procedimentos didáticos, dar tarefas e exercícios, controlar e avaliar o progresso dos alunos destina-se, acima de tudo, a fazer progredir as capacidades intelectuais dos educandos. Para enfrentar essa tarefa o professor se defronta com algumas dificuldades. Se ele não domina o conteúdo da matéria que ensina, não saberá conversar com os alunos sobre os conhecimentos e experiências que trazem para a sala de aula, terá dificuldade para ligar o conteúdo a aspectos da realidade e ao cotidiano da vida, não saberá relacionar entre si os assuntos das unidades do programa.

Não é muito comum os professores terem o hábito de levar os alunos a *pensarem* sobre o que estão aprendendo. Frequentemente a criança faz uma pergunta ou revela uma curiosidade e, em vez de ajudá-la a refletir, o professor entrega a resposta pronta ou simplesmente ignora o problema.

Também é muito comum nas escolas a ânsia de vencer o programa ou terminar todo o livro didático. Com isso os professores ficam achando que é perda de tempo conversar com os alunos, fazê-los pensar sobre os temas, dar exercícios de fixação e consolidação.

O estilo convencional de aulas, geralmente igual para todas as matérias, a falta de entusiasmo do professor, a dificuldade de tratar os conteúdos de uma forma viva e dinâmica contribuem para tornar o estudo uma atividade enfadonha, rotineira, levando os alunos a se desinteressarem e a perderem o gosto pela escola.

Há várias maneiras de superar essas dificuldades. Em primeiro lugar, é necessário que o professor domine profundamente o conteúdo da matéria. Não é suficiente saber o que diz o livro didático. É conveniente ter outros livros à mão, principalmente livros de 2° grau; estar atualizado com o noticiário; conhecer as características da vida das crianças (onde moram, o que os pais fazem, o que as crianças fazem etc.). Além disso, é necessário o domínio de métodos e técnicas didáticas e é útil ter um livro que trate disso. Em muitos casos, o professor terá alguma dificuldade em atender a estes requisitos, mas uma coisa é certa: se ele mesmo não desenvolver um pensamento independente e autônomo, o gosto pelo estudo e a capacitação profissional, não conseguirá uma aprendizagem satisfatória dos seus alunos.

Em segundo lugar, cada aula, cada assunto, cada exercício, cada situação didática deve ser uma *tarefa de pensamento para o aluno*. Uma tarefa de pensamento é uma pergunta bem feita, um problema instigante, uma comparação entre uma afirmação do livro e um acontecimento real, um exercício diferente dos que já foram dados em classe etc. É tudo o que faça o aluno pensar com a própria cabeça, com a ajuda dos conhecimentos anteriormente adquiridos.

Por exemplo, o professor dá um tema de redação como este: "Que coisas interessantes observei no caminho da minha casa à escola". É uma tarefa de pensamento, pois provoca ideias, mobiliza os conhecimentos que o aluno já possui, refina a capacidade de observação. Além disso pode ser ponto de partida para o estudo de Ciências, Estudos Sociais, Língua Portuguesa etc.

Em Ciências, o professor está explicando a formação da chuva. Faz uma demonstração fervendo água em uma panela tampada. Mostra o vapor, pede que os alunos observem as gotículas da tampa. Explica o fenômeno da evaporação, conversa sobre a relação entre o fenômeno observado e a chuva. Os alunos terão aprendido se: souberem explicar com as suas próprias palavras como ocorre a chuva; derem conta de representar graficamente o fenômeno e explicá-lo; forem capazes de fazer relações entre a chuva, o sol, a água dos rios, as nuvens etc.

Para desenvolver o pensamento independente e criativo não é suficiente o conhecimento do tema, mas é necessário o ensino de habilidades e capacidades, isto é, os métodos de adquirir e aplicar os conhecimentos. Assim, além do objetivo — por exemplo, "saber dizer as principais partes da planta" — deve haver outro, como "aprender o que devemos fazer para observar criteriosamente um fenômeno da natureza (propriedades do fenômeno e suas relações)".

Em terceiro lugar, o importante não é terminar o livro. A preocupação principal do professor não é o volume da matéria, não é encher a cabeça das crianças de informações, mas garantir a profundidade e a solidez do que é ensinado. É claro que deve ser vencido um conjunto de unidades didáticas, mas é possível no planejamento selecionar dos conteúdos do livro didático o que é necessário dominar e que os alunos dão conta de assimilar.

Quando insistimos no fato de que a verdadeira aprendizagem é consequência da atividade mental dos alunos, não estamos querendo dizer que deve ser dispensada a aula expositiva. Nem estamos querendo dizer que só deve ser dado trabalho individual. Não existe possibilidade de atividade mental sem o conhecimento teórico da matéria, sem a explicação da matéria pelo professor. O importante é a combinação da explicação com o movimento interno que acontece na mente do aluno, de modo que o conteúdo, a pergunta, o problema se convertam em conteúdo, pergunta, problema na cabeça do aluno. Com os exercícios de consolidação, recordação e aplicação da matéria pode-se assegurar, então, a profundidade e a solidez na assimilação dos conhecimentos e habilidades.

Em quarto lugar, o ensino deve ser dinâmico, variado. Em um dia a aula pode ser iniciada pela explicação da matéria, em outro com tarefas como discussão, conversação, relato dos alunos etc. Podem ser usadas ilustrações, gravuras, para dar mais vida ao conteúdo. Uma parte da aula pode ser dada no pátio da escola. O professor pode variar as formas de comunicação, graduando o tom de voz, usando gestos para reforçar uma explicação. Pode variar técnicas, ora dando estudo dirigido em grupos, ora individual. Pode dividir a classe em três grupos: um fica com o professor, outro faz trabalho individual, o terceiro faz uma leitura em outra sala; depois trocam-se as tarefas. É claro que tudo isso depende do conteúdo, das condições da escola e das habilidades do professor.

Em quinto lugar, o ensino das matérias e o desenvolvimento das capacidades cognoscitivas dos alunos devem ir possibilitando a formação da atitude crítica e criadora frente à realidade e ao cotidiano da vida social. Pelo estudo ativo das matérias, através da observação e da compreensão dos objetos de estudo (Língua Portuguesa, Matemática, Ciências etc.), das habilidades de análise, síntese, comparação, generalização, aplicação, e das explicações do professor, os alunos vão aprendendo cientificamente a realidade da natureza e da sociedade, vão desenvolvendo métodos próprios de estudo e formando atitudes e convicções para se posicionarem na vida prática (na família, no trabalho, na política, nas relações humanas).

Algumas formas de estudo ativo

Vimos que estudo ativo é o conjunto das tarefas cognoscitivas que concorrem para o desenvolvimento das atividades mentais dos alunos, como a conversação dirigida, a discussão, o estudo dirigido individual e em grupo, os exercícios, as observações das coisas do mundo circundante, os hábitos de estudo e de organização pessoal, as tarefas de casa, o estudo do meio etc.

Vimos, também, que o estudo ativo não se reduz ao estudo individual nem dispensa a explicação da matéria pelo professor. O estudo ativo requer planejamento, organização e controle, de modo que acompanhe todos os momentos ou passos da aula, conforme o item "A Estruturação do Trabalho Docente", do capítulo anterior.

É preciso que o estudo se converta em uma necessidade para o aluno e que seja um estímulo suficiente para canalizar a sua necessidade de atividade. Trata-se da conjugação de condições internas dos alunos e de condições externas expressas pelas exigências, expectativas e incentivos do professor. Mesmo que o professor estabeleça ótimos objetivos, selecione conteúdos significativos e empregue uma variedade de métodos e técnicas, se não conseguir suscitar no aluno o desejo de aprender, nada disso funcionará. O aluno se empenha quando percebe a necessidade e importância do estudo, quando sente que está progredindo, quando as tarefas escolares lhe dão satisfação.

Pode parecer que ficamos em um beco sem saída: para o aluno despertar o gosto pelo estudo, é preciso estudar; para estudar, é preciso criar gosto pelo estudo. Mas existe a saída, e ela está nas mãos do professor que incute no aluno a importância e a necessidade de adquirir conhecimentos, mostra a sua aplicação, provoca a curiosidade, ensina de um modo que os alunos experimentem satisfação por terem compreendido a matéria e terem dado conta de resolver as tarefas. O sentimento de progresso impulsiona os alunos para o desejo de buscar novos conhecimentos.

Os alunos devem dominar os conhecimentos exigidos pela tarefa e meios de resolvê-la, além de compreender os objetivos esperados pelo professor. É preciso o permanente acompanhamento por parte do professor, que deve aproveitar os erros cometidos pelos alunos para aperfeiçoar os conhecimentos, indicando exercícios adicionais, revendo matéria insuficientemente assimilada, reafirmando a resposta correta.

O estudo ativo envolve uma série de procedimentos que visam despertar nos alunos *habilidades e hábitos de caráter permanente*, tais como: fazer anotações no caderno durante a aula; usar o livro didático, enciclopédias etc.; procedimentos de observação de objetos, fenômenos etc.; fazer interpretações de texto (ideia central e ideias secundárias); consulta a mapas, globo terrestre etc.; fazer esquemas, resumos, quadros sinóticos; seguir etapas para solução de problemas; seguir etapas para elaboração de redação; organizar os cadernos de rascunho e das matérias (margens, ordem e asseio); usar corretamente lápis, régua, compasso, borracha etc.

Diz respeito, também a:

- *Exercícios de reprodução* — Aplicação de testes rápidos de verificação da assimilação e domínio de habilidades; memorização de conjugação de verbos, tabuada, regras gramaticais etc.; repetição de experimentos; treino ortográfico; solução de exercícios do livro didático, com a devida orientação de como consultá-lo.

- *Tarefas de preparação para o estudo* — Conversação dialogada entre professor e alunos; conversa dos alunos entre si; os alunos relatam suas experiências, dão opiniões, fazem perguntas; observação de uma ilustração, objeto, animal e manifestação de conclusões; revisão da matéria anterior.

- *Tarefas na fase de assimilação da matéria* — Conversação sobre os conhecimentos e experiências que os alunos trazem para a aula; confronto entre os conhecimentos sistematizados e os acontecimentos da realidade e do cotidiano dos alunos; os alunos, de quando em quando, verbalizam o seu entendimento dos conceitos que estão sendo explicados pelo professor e suas conclusões parciais; formulação de perguntas ou de problemas práticos, de modo que os alunos deem respostas individualmente ou em grupo; a máxima aproximação possível entre a explicação da matéria e o raciocínio dos alunos, os conceitos que já dominam, a sua experiência prática cotidiana para que, pela sua atividade mental, possam acompanhar a lógica da explicação, adquirindo a sua própria compreensão do conteúdo.

- *Tarefas na fase de consolidação e aplicação* — Revisão e exercícios de fixação; aplicação em problemas suscitados na prática, com dados da experiência cotidiana; tarefas de casa.

Para executar todas essas tarefas, há uma grande variedade de técnicas e recursos auxiliares de ensino, que serão descritos no Capítulo 7. Existem ainda tarefas complementares realizadas em classe ou extraclasse que indiretamente se referem ao estudo ativo: jornal mural, museu escolar, visitas a instituições da comunidade, teatro, centro cívico escolar, biblioteca etc.

Fatores que influem no estudo ativo

Para uma efetiva combinação entre os conhecimentos sistematizados que devem ser dominados e o desenvolvimento intelectual autônomo dos alunos é preciso levar em consideração fatores como o incentivo ao estudo, as condições de aprendizagem e a influência do professor e do ambiente escolar.

1. A incentivação (ou estimulação) para o estudo

O incentivo à aprendizagem é o conjunto de estímulos que despertam nos alunos a sua motivação para aprender, de forma que as suas necessidades, interesses, desejos, sejam canalizados para as tarefas de estudo. Todas as nossas ações são orientadas para atingir objetivos que satisfaçam as nossas necessidades fisiológicas, emocionais, sociais e de autorrealização. A motivação é, assim, o conjunto das forças internas que impulsionam o nosso comportamento para objetivos e cuja direção é dada pela nossa inteligência. Entretanto, as forças internas do nosso organismo são condicionadas por forças externas que modificam o direcionamento da nossa motivação. Chamamos de forças externas o ambiente social: a família, as relações sociais nas quais estamos envolvidos, os valores culturais dos diversos grupos sociais, os meios de comunicação e, evidentemente, a escola e os professores.

Na consideração das condições globais em que se realiza o trabalho docente, precisamos ter em conta tanto as condições internas dos alunos quanto as influências externas da sociedade e do ambiente.

Por exemplo, uma criança que se movimenta muito na sala, levanta-se toda hora, mexe com os outros, não deve ser vista, sem mais nem menos, como indisciplinada. Ela pode estar buscando o objetivo de satisfazer a necessidade de atividade, ou a necessidade de chamar atenção sobre si ou outra necessidade que nem ela nem nós conseguimos identificar. Entretanto, essa criança está em uma sala de aula, ao lado de outras crianças, com a finalidade de estudar e cumprir tarefas objetivas exigidas pela escola. Isso significa que a necessidade de atividade ou de chamar atenção precisa ser canalizada para um objetivo socialmente determinado. Em outras palavras, as tarefas cognoscitivas devem ter força suficiente para despertar os motivos da criança para o estudo, pois ela pode "aprender" também a necessidade do estudo.

Podemos dizer, então, que a motivação influi na aprendizagem e a aprendizagem influi na motivação. Na prática da sala de aula, o que leva as crianças a perderem o interesse e o gosto por estudar? Isso pode acontecer porque às vezes as crianças não percebem a sequência dos objetivos: apresenta-se um assunto hoje e amanhã outro, completamente diferentes, as aulas e as tarefas não são atrativas, não se ligam aos conhecimentos e experiências que as crianças já possuem. Não sabem por que estudam aquele assunto. As crianças acabam cumprindo as exigências do professor; o resultado é que decoram sem compreender e a assimilação da matéria fica superficial:

- muitas vezes são dados exercícios e tarefas sem que os alunos tenham assimilado solidamente a matéria. Ou sem que a matéria tenha sido explicada com clareza. Com isso, os alunos não dão conta de resolver os exercícios, frustram-se e desanimam. E, quando as dificuldades se vão se acumulando, sem que o professor tome uma atitude, não há mais jeito: repetência;

- muitos professores dão tarefas que não são corrigidas. Dão aulas e mais aulas, sem preocupação com os exercícios de consolidação da matéria ensinada. Não procuram detectar as dificuldades. Não fazem avaliação diagnóstica a cada passo do processo de ensino. O resultado é que os alunos se vão acostumando a ser negligentes e não conseguem sustentar a motivação para o estudo por falta de incentivação externa.

Incentivar (estimular) os alunos para o estudo é fazer exatamente o contrário. A atenção e atitude para o estudo, a motivação para as tarefas, o empenho que mostram frente à explicação da matéria e aos exercícios dependem da atuação direta e permanente do professor.

Sabemos que as crianças menores têm um grande desejo de ir à escola e estudar. Elas desejam conhecer as coisas, aprender a ler e escrever, saber a explicação das coisas que acontecem à sua volta. Têm uma grande expectativa em relação à escola. As famílias também têm gosto de que seus filhos estudem e, às vezes, fazem sacrifícios para manter as crianças na escola. Mas o que acontece? Os professores infelizmente não conseguem sustentar esses interesses desde cedo e a escola vira uma atividade rotineira.

Por outro lado, não é fácil mesmo sustentar a motivação e as expectativas das crianças. Professores mais experientes sabem que a aplicação nos estudos não é uma atitude espontânea que se assegura somente pelo interesse. Muitas vezes as crianças estão fisicamente na sala, mas a sua cabeça está noutro lugar. As tarefas de estudo, de prestar atenção, de fazer os exercícios etc., disputam um lugar na variedade de interesses que povoam a mente das crianças. Por isso, uma das mais insistentes preocupações dos pedagogos é encontrar métodos que mobilizem a atenção e a atitude de concentração, e que incentivem a motivação para o estudo.

As práticas muito frequentes de castigos, advertências, ameaças, quase sempre produzem no aluno uma resposta negativa e aversiva às atividades escolares. Por outro lado, quando o ensino se baseia apenas no interesse das crianças, fica difícil conseguir que estudem o que não gostam, pois boa parte dos conteúdos escolares não são atrativos por si mesmos, embora precisem ser assimilados.

Tudo isso nos leva a destacar a importância da organização do trabalho do professor na direção e no provimento das condições e modos de incentivar o estudo ativo.

Em primeiro lugar, as tarefas cognoscitivas (conteúdos, habilidades e desenvolvimento de capacidades intelectuais), expressas nos objetivos de ensino, precisam ser convertidas em objetivos do aluno. Os alunos precisam ter clareza dos objetivos e da finalidade das tarefas. Para isso, o professor precisa explicar a importância da matéria, ligá-la com os conhecimentos anteriores, mostrar a importância do saber para a vida prática, comprovar a diferença entre um conhecimento não sistematizado e o conhecimento sistematizado.

Um professor de Português afirma o seguinte: "Eu sempre discuto com os alunos a importância da Língua para a história dos homens, a importância da expressão humana. Durante o ano todo eu insisto nisso. Outra coisa importante é que eu só consigo o interesse da turma quando eles sabem *para que* estão estudando tal matéria".

Outro professor, de Matemática, afirma: "A gente tem que mostrar a importância da matéria, fazer os alunos perceberem que essa educação geral, da qual todas as matérias fazem parte, seria como um lastro, um alicerce. Eles precisam ter consciência de que é preciso adquirir esse básico de todas as matérias para terem condições de saber o que vão estudar lá na frente".

Em segundo lugar, a explicação e o estudo ativo da matéria precisam estar vinculados à experiência e ao conhecimento já disponível, à matéria tratada anteriormente. Conhecimentos bem assimilados atraem os alunos para os conhecimentos novos. Para isso, são fundamentais as perguntas, os problemas colocados, a solicitação para que os alunos expressem verbalmente as suas opiniões. As perguntas, as tarefas individuais ou em grupo e os exercícios devem ter como característica fazer surgirem contradições entre o conhecimento de que os alunos necessitam e os conhecimentos que já possuem. Essas contradições suscitam o desejo de conhecer a matéria nova, de adquirir habilidades e hábitos que ainda não possuem.

A incentivação está, portanto, muito ligada às peculiaridades do conteúdo e ao grau em que o professor consegue incitar o trabalho mental. Seria desejável que os alunos nunca ficassem indiferentes aos assuntos tratados em classe. A todo momento o professor deve estar perguntando: Por quê? Como chegou a essa conclusão? Será que essa afirmação do livro é verdadeira? Como poderíamos resolver esse exercício de uma outra maneira?

Em terceiro lugar, é necessário auxiliar os alunos nas habilidades e métodos próprios de resolver tarefas e exercícios. A premissa básica para o desenvolvimento intelectual e, consequentemente, do pensamento independente e criativo, é a capacidade de reflexão própria, é adquirir métodos próprios de assimilação dos conhecimentos, o que significa que isso faz parte também do conteúdo da matéria.

Em quarto lugar, a estimulação para o estudo depende do elogio e da valorização do professor diante do bom desempenho dos alunos. Isto contribui para que o aluno cultive uma imagem positiva de si mesmo. Quanto mais sente que está progredindo, mais satisfação pessoal terá em ampliar os seus conhecimentos.

Finalmente, esse esforço em despertarmos a necessidade do saber e o interesse pelo estudo não deve excluir a organização de condições objetivas de direção da classe. O ensino é uma exigência social, cumpre finalidades explícitas de transmissão de conhecimentos e de desenvolvimento intelectual dos alunos. Isso requer do professor uma atitude de exigência, de severidade e de cultivo das responsabilidades do aluno. Deve exigir tarefas bem feitas, respostas precisas, dentro do prazo estipulado. Frequentemente será inevitável uma atitude mais rígida do professor a fim de tocar mais fundo na responsabilidade dos alunos frente ao estudo. Nesse sentido, influi não somente a personalidade do professor (da qual trataremos a seguir) como também o controle e a avaliação, da qual trataremos no Capítulo 8.

2. O conhecimento das condições de aprendizagem do aluno

A incentivação como condições de incitamento das forças cognoscitivas dos alunos depende do conhecimento das características individuais e socioculturais dos alunos, pois não ensinamos a uma criança "em geral", mas a crianças que pertencem a determinadas famílias, a determinada classe social e cuja prática de vida influi na sua aprendizagem e desenvolvimento.

Temos insistido, neste livro, sobre uma regra fundamental da Didática: o êxito da atividade de ensino depende de que os objetivos escolares entrem em correspondência com o nível de conhecimentos e experiências já disponíveis, com o mundo social e cultural em que vivem os alunos, com suas capacidades potenciais de assimilação de conhecimentos.

Estar o aluno motivado para o estudo não depende, portanto, apenas da sua capacidade individual, porque, para sabermos do que cada um é capaz, é preciso verificar, antes, as condições reais de vida que se sobrepõem à individualidade. O professor deve conhecer as experiências sociais e culturais dos alunos: o meio em que vivem, as relações familiares, a educação familiar, as motivações e expectativas em relação à escola e ao seu futuro na vida. Estas características vão determinar, inclusive, sua percepção da escola, da matéria, do professor, seu modo de aprender.

Ainda sabemos pouco como esses fatores afetam a vida escolar das crianças pobres. Sabemos, entretanto, que as condições de vida (habitação, alimentação, saúde, salário etc.) e o ambiente sociocultural (nível de escolaridade dos pais, crenças e costumes, atitudes em relação à vida etc.) das crianças pobres provavelmente não oferecem os pré-requisitos exigidos pela escola, pelo menos não nas mesmas proporções em que esses pré-requisitos são fornecidos às famílias das camadas médias e altas da sociedade.

Tais desvantagens, porém, devem ser precisamente o ponto de partida do trabalho docente, não somente ligando e confrontando as experiências de vida e os conhecimentos das crianças com os conhecimentos sistematizados, mas incentivando o desejo de melhorar as condições de vida, mostrando a contribuição que a escola pode dar para superar as desvantagens.

Muitas vezes os próprios professores e a escola contribuem para aumentar as desvantagens já trazidas pelos alunos em decorrência de suas condições sociais de origem. Como as crianças pobres não conseguem acompanhar as aulas, são tachadas de "burras" e acabam convencendo os próprios pais de que os seus filhos não se dão bem com o estudo. Há professores que no início do ano "profetizam" quem passa e quem não passa. Outros menosprezam a linguagem, os hábitos, as atitudes das crianças pobres. Em muitas classes os professores se irritam porque as crianças estão desinteressadas, porque não conseguem acompanhar a matéria, porque são dispersas, imaturas etc., e o modo mais fácil de explicar esses comportamentos é chamá-las de preguiçosas, indisciplinadas ou, simplesmente, carentes.

Na maior parte das vezes os professores que agem assim estão errados. Estão errados porque querem que os alunos se adaptem às suas expectativas e não procuram adaptar-se às expectativas e necessidades escolares dos alunos. Os professores costumam interpretar o comportamento do aluno com base nos valores e práticas do meio social em que vivem. Entretanto, é para aprender que a criança vem à escola. E seus hábitos, modos de falar, de se expressar, seu vocabulário, sua percepção das matérias são diferentes do modo de ser do professor. É impossível, assim, o sucesso escolar das crianças se tais diferenças não são levadas em conta e, principalmente, se tais diferenças não se tornam o efetivo ponto de partida para o trabalho escolar.

Evidentemente, não se trata de sermos "bondosos" com os pobres ou deixá-los retidos na sua cultura de origem. Nem se trata de ensinar-lhes as boas maneiras da classe média. Trata-se, antes, de manifestar respeito pela linguagem que empregam, tirar da sua experiência os conhecimentos que já trazem, valorizá-los e, gradativamente, ir ampliando esses conhecimentos e essas experiências. O ensino não pode deixar de apoiar-se na experiência e no senso comum das crianças, cultivando-o e livrando-o dos equívocos e dos conhecimentos não científicos; mas sua tarefa fundamental é assegurar o trânsito do senso comum aos conhecimentos científicos.

3. A influência do professor e do ambiente escolar

Já tivemos oportunidades de acentuar o necessário preparo do professor no domínio das matérias que ensina e dos métodos e técnicas de ensino e aprendizagem. A par disso, entretanto, é de extrema importância a personalidade e a atitude profissional. Professor que tem clareza dos objetivos educativos da sua profissão e dos propósitos a respeito da formação intelectual e moral dos alunos, que revela um verdadeiro interesse pela preparação cultural das crianças e para a vida adulta, que incute nos alunos o senso de responsabilidade, certamente terá meio caminho andado para conseguir um aproveitamento escolar satisfatório das crianças.

A seriedade profissional do professor se manifesta quando compreende o seu papel de instrumentalizar os alunos para a conquista dos conhecimentos e sua aplicação na vida prática; incute-lhes a importância do estudo na superação das suas condições de vida; mostra-lhes a importância do conhecimento das lutas dos trabalhadores; orienta-os positivamente para as tarefas da vida adulta.

Tais propósitos devem ser concretizados na prática, através de aulas planejadas onde se evidenciem: a segurança nos conteúdos e nos métodos de ensino; a constância e firmeza no cumprimento das exigências escolares pelos alunos; o respeito no relacionamento com os alunos.

Quanto ao primeiro desses aspectos, já o tratamos suficientemente no decorrer dos nossos estudos.

Quanto ao segundo, queremos dizer que o professor deve ter constância e firmeza na direção da classe: ordem nos cadernos, livros, tarefas de casa e exercícios; manutenção de um clima de trabalho na classe, para assegurar a atenção e concentração nas tarefas; atitudes de respeito para com o professor, com os colegas e com o pessoal da escola; hábitos de educação e higiene pessoal; limpeza e arrumação nas carteiras e na classe; tarefas bem feitas e corretas etc. Evidentemente é preciso observar os limites de prudência e bom senso. As exigências quanto ao trabalho escolar surtem efeitos positivos quando são viáveis, não se pedindo o impossível. Quanto às tarefas de casa, por exemplo, é preciso que as crianças tenham realmente condições de fazê-las. Infelizmente boa parte delas não dispõe dessas condições. Nesse caso é preciso que o programa seja bem dosado, de modo que sobre tempo, durante as aulas, para os exercícios e tarefas de consolidação. Já mencionamos anteriormente que sem uma sólida assimilação dos conhecimentos não ocorre uma verdadeira aprendizagem.

Quanto ao terceiro aspecto, a seriedade profissional requer o respeito aos alunos. Ao mesmo tempo que o professor não contemporiza com a negligência e com o descumprimento dos deveres, deve estar atento para o bom relacionamento humano com os alunos. Os professores mais experientes apontam como um traço de personalidade o senso de justiça. Diz uma professora: "Eu tenho como meta muito clara não cometer injustiça, ainda que pequena, com um aluno. Nunca menosprezar, nunca gozar do aluno. Acho primordial o senso de justiça".

O respeito se manifesta, pois, no senso de justiça, no verdadeiro interesse pelo crescimento do aluno, no uso de uma linguagem compreensível, no apoio às suas dificuldades, nas atitudes firmes e serenas (não gritar na classe, não menosprezar, não fazer ironias etc.).

O ambiente escolar pode exercer, também, um efeito estimulador para o estudo ativo dos alunos. Os professores devem unir-se à direção da escola e aos pais para tornar a escola um lugar agradável e acolhedor. Por mais pobre que seja uma escola, sempre há possibilidade de torná-la mais limpa, mais arejada, mais higiênica. A sala de aula fica mais atrativa com cartazes, ilustrações.

Onde for possível, deve-se organizar uma biblioteca com enciclopédias, livros e literatura infantil, uma sala com brinquedos, jogos, aparelho de som, onde os alunos possam fazer o recreio e ouvir músicas de vários estilos.

A par dessas condições físicas, é de suma importância que reine na escola um clima de coletividade, onde cada aluno é incentivado a colaborar com o bem-estar comum e fortalecer traços de solidariedade.

O ambiente escolar, assim, pode concorrer para suscitar o amor pela escola, a dedicação aos estudos, com reflexos sensíveis no aproveitamento escolar dos alunos.

Sugestões para tarefas de estudo

Perguntas para o trabalho independente dos alunos

- Por que se afirma que a aprendizagem consiste, principalmente, do estudo ativo?
- Quais são as características do estudo ativo?
- Quais as relações entre o trabalho docente e o estudo ativo?
- Estabelecer os vínculos entre ensino, atividade de estudo e desenvolvimento intelectual dos alunos.
- Como o professor deve conjugar no ensino conhecimentos e métodos de adquirir e aplicar conhecimentos?
- Que significa a afirmação: "Cada situação didática é uma tarefa de pensamento para os alunos"? Dê exemplos.
- Quais os requisitos para a aplicação de formas de estudo ativo?
- Em que consiste a estimulação para o estudo ativo?
- Como as condições socioculturais e individuais do aluno influem no estudo ativo?
- Em que a personalidade, as atitudes e o preparo do professor influem no estudo ativo?
- Escolha um tema de estudo de uma matéria ou deste livro e prepare tarefas de estudo independente e criativo.

Temas para aprofundamento do estudo

- Assistir a aulas em escolas públicas ou particulares para observar: como os professores conduzem o trabalho independente; procedimentos de estímulo e manutenção da atenção e concentração;

como os professores lidam com as condições socioculturais e individuais dos alunos.

- Colher depoimentos dos alunos deste curso sobre os motivos que os incentivam ao estudo. Análise das respostas com base nos tópicos do capítulo.
- Entrevistar professores através de questionários ou conversa gravada sobre a sua percepção da importância do estudo ativo e independente, qual o lugar que ocupa a atividade independente do aluno, que tarefas dão aos alunos para cumprir esse objetivo etc. (Os alunos devem elaborar as questões com base no capítulo, tabular as respostas e fazer análise e interpretação dos dados, com a ajuda do professor da classe.)
- Observar crianças em classe ou fazer uma conversação dirigida com pequenos grupos de crianças para captar o que suscita a sua motivação para o estudo, em que condições ocorre maior motivação, o que elas fazem quando estão motivadas.
- Pesquisar em dois ou três livros do tipo "como estudar" e preparar um texto com o título: "Aprendizagem e hábitos de estudo".

Temas para redação

- O trabalho docente e o desejo dos alunos de saber e estudar.
- Condições para o hábito do estudo ativo e independente.
- Disciplina da classe e estudo ativo.
- Métodos de conhecer o desenvolvimento intelectual dos alunos no decorrer dos vários momentos da aula.
- Orientando os alunos sobre como estudar.
- O processo ensino-aprendizagem e os hábitos de estudo.

Bibliografia complementar

DANILOV, M. A. *El proceso de ensenanza en la escuela.* Havana: Libros Para la Edacación, 1978.

CASTRO, Amélia D. de. O trabalho dirigido. In: CASTRO, Amélia D. de et al. *Didática para a escola de 1° e 2° graus.* São Paulo: Pioneira/INL, 1976.

FERNANDES, Maria Nilza. *Técnicas de estudo* (Como estudar sozinho). São Paulo: EPU, 1979.

FREIRE, Paulo. *A importância do ato de ler.* São Paulo: Cortez/Autores Associados, 1978.

LUCKESI, Cipriano C. et al. *Fazer universidade*: uma proposta metodológica. São Paulo: Cortez, 1986.

MORGAN, Clifford; DEESE, James. *Como estudar.* Rio de Janeiro: Freitas Bastos, 1972.

RATHS, Louis E. et al. *Ensinar a pensar.* São Paulo: Herder/Edusp, 1972.

SEVERINO, Antonio J. *Métodos de estudo para o 2° grau.* São Paulo: Cortez/Autores Associados, 1985.

Capítulo 6

Os objetivos e conteúdos de ensino

Estudamos até aqui as tarefas da escola pública democrática na escolarização básica e a importância de uma concepção pedagógico-didática para orientar o desempenho dessas tarefas pelos professores.

No Capítulo 4, o processo didático foi caracterizado como mediação escolar de objetivos-conteúdos-métodos apoiada no processo de ensino e aprendizagem, tendo em vista as finalidades da instrução e da educação em nossa sociedade. Neste capítulo e no seguinte estudaremos mais detalhadamente a relação entre esses componentes do processo de ensino, alertando desde já sobre a unidade objetivos-conteúdos e destes com os métodos.

Os objetivos antecipam resultados e processos esperados do trabalho conjunto do professor e dos alunos, expressando conhecimentos, habilidades e hábitos (conteúdos) a serem assimilados de acordo com as exigências metodológicas (nível de preparo prévio dos alunos, peculiaridades das matérias de ensino e características do processo de ensino e aprendizagem).

Os conteúdos formam a base objetiva da instrução — conhecimentos sistematizados e habilidades — referidos aos objetivos e viabilizados pelos métodos de transmissão e assimilação.

Os métodos, por sua vez, são determinados pela relação objetivo-conteúdo e dão a forma pela qual se concretiza esta relação em condições didáticas específicas; ao mesmo tempo, pelo fato de caber aos métodos a dinamização das condições e modos de realização do ensino, eles influem na reformulação ou modificação dos objetivos e conteúdos.

Neste capítulo serão tratados os seguintes temas:

- importância dos objetivos educacionais;
- objetivos gerais e objetivos específicos;
- os conteúdos de ensino;
- critérios de seleção dos conteúdos.

A importância dos objetivos educacionais

Em vários momentos do nosso estudo temos feito referência à importância dos objetivos no trabalho docente. Nos capítulos iniciais examinamos, detidamente, o fato de que a prática educativa é socialmente determinada, pois responde às exigências e expectativas dos grupos e classes sociais existentes na sociedade, cujos propósitos são antagônicos em relação ao tipo de homem a educar e às tarefas que este deve desempenhar nas diversas esferas da vida prática. Procuramos destacar, especialmente, que a prática educativa atua no desenvolvimento individual e social dos indivíduos, proporcionando-lhes os meios de apropriação dos conhecimentos e experiências acumuladas pelas gerações anteriores, como requisito para a elaboração de conhecimentos vinculados a interesses da população majoritária da sociedade.

Dessas considerações podemos concluir que a prática educacional se orienta, necessariamente, para alcançar determinados objetivos, por meio de uma ação intencional e sistemática. Os objetivos educacionais expressam, portanto, propósitos definidos explícitos quanto ao desenvolvimento das qualidades humanas que todos os indivíduos precisam adquirir para se capacitarem para as lutas sociais de transformação da sociedade. O caráter pedagógico da prática educativa está, precisamente, em explicitar fins e meios que orientem tarefas da escola e do professor para aquela direção. Em resumo, podemos dizer que não há prática educativa sem objetivos.

Os objetivos educacionais têm pelo menos três referências para sua formulação:

- os valores e ideais proclamados na legislação educacional e que expressam os propósitos das forças políticas dominantes no sistema social;

- os conteúdos básicos das ciências, produzidos e elaborados no decurso da prática social da humanidade;

- as necessidades e expectativas de formação cultural exigidas pela população majoritária da sociedade, decorrentes das condições concretas de vida e de trabalho e das lutas pela democratização.

Essas três referências não podem ser tomadas isoladamente, pois estão interligadas e sujeitas a contradições. Por exemplo, os conteúdos escolares estão em contradição não somente com as possibilidades reais dos alunos em assimilá-los como também com os interesses majoritários da sociedade, na medida em que podem ser usados para disseminar a ideologia de grupos e classes minoritárias. O mesmo se pode dizer em relação aos valores e ideais proclamados na legislação escolar.

Isso significa que a elaboração dos objetivos pressupõe, da parte do professor, uma avaliação crítica das referências que utiliza, balizada pelas suas opções em face dos determinantes sociopolíticos da prática educativa. Assim, o professor precisa saber avaliar a pertinência dos objetivos e conteúdos propostos pelo sistema escolar oficial, verificando em que medida atendem exigências de democratização política e social; deve, também, saber compatibilizar os conteúdos com necessidades, aspirações, expectativas da clientela escolar, bem como torná-los exequíveis face às condições socioculturais e de aprendizagem dos alunos. Quanto mais o professor se perceber como agente de uma prática profissional inserida no contexto mais amplo da prática social, mais capaz ele será de fazer correspondência entre os conteúdos que ensina e sua relevância social, frente às exigências de transformação da sociedade presente e diante das tarefas que cabe ao aluno desempenhar no âmbito social, profissional, político e cultural.

Os professores que não tomam partido de forma consciente e crítica ante às contradições sociais acabam repassando para a prática profissional valores, ideais, concepções sobre a sociedade e sobre a criança contrários aos interesses da população majoritária da sociedade.

Os objetivos educacionais são, pois, uma exigência indispensável para o trabalho docente, requerendo um posicionamento ativo do professor em sua explicitação, seja no planejamento escolar, seja no desenvolvimento das aulas.

Consideraremos, aqui, dois níveis de objetivos educacionais: objetivos gerais e objetivos específicos. Os *objetivos gerais* expressam propósitos mais amplos acerca do papel da escola e do ensino diante das exigências postas pela realidade social e diante do desenvolvimento da personalidade dos alunos. Definem, em grandes linhas, perspectivas da prática educativa na sociedade brasileira, que serão depois convertidas em *objetivos específicos* de cada matéria de ensino, conforme os graus escolares e níveis de idade dos alunos. Os objetivos específicos de ensino determinam exigências e resultados esperados da atividade dos alunos, referentes a conhecimentos, habilidades, atitudes e convicções cuja aquisição e desenvolvimento ocorrem no processo de transmissão e assimilação ativa das matérias de estudo.

O futuro professor pode assustar-se com tantos objetivos e pode estar perguntando-se como dará conta de realizá-los, ou se realmente eles são necessários para o seu trabalho cotidiano em sala de aula. Na verdade, não devemos ter dúvidas de que o trabalho docente é uma atividade que envolve convicções e opções sobre o destino do homem e da sociedade, e isso tem a ver diretamente com o nosso relacionamento com os alunos. Em outras palavras, isso significa que, conscientemente ou não, sempre trabalhamos com base em objetivos. Todo professor, quando elabora uma prova para os seus alunos, conscientemente ou não, está pensando em objetivos.

Com isso queremos mostrar que, embora não participe diretamente da elaboração dos objetivos gerais do sistema escolar, o professor pode participar indiretamente, por intermédio das associações profissionais, discutindo e propondo alterações. Já no nível dos objetivos da escola ele participa diretamente, pois o trabalho escolar deve ser necessariamente uma ação coletiva. No plano de ensino, sua responsabilidade é mais direta ainda; mesmo trabalhando com outros colegas (o que e desejável), é o seu plano que irá orientar sua prática cotidiana na sala de aula, diante dos alunos. Por todas essas razões é de fundamental importância que o professor estude e forme convicções próprias sobre as finalidades sociais, políticas e pedagógicas do trabalho docente; sobre o papel da matéria que leciona na formação de cidadãos ativos e participantes na sociedade; sobre os melhores métodos que concorrem para uma aprendizagem sólida e duradoura por parte dos alunos.

A fim de auxiliar os futuros professores na formação de suas próprias convicções pedagógicas, faremos algumas considerações sobre os objetivos gerais e específicos do ensino.

Objetivos gerais e objetivos específicos

Os objetivos são o ponto de partida, as premissas gerais do processo pedagógico. Representam as exigências da sociedade em relação à escola, ao ensino, aos alunos e, ao mesmo tempo, refletem as opções políticas e pedagógicas dos agentes educativos em face das contradições sociais existentes na sociedade.

Os *objetivos gerais* são explicitados em três níveis de abrangência, do mais amplo ao mais específico:

a) pelo sistema escolar, que expressa as finalidades educativas de acordo com ideais e valores dominantes na sociedade;

b) pela escola, que estabelece princípios e diretrizes de orientação do trabalho escolar com base num plano pedagógico-didático que represente o consenso do corpo docente em relação à filosofia da educação e à prática escolar;

c) pelo professor, que concretiza no ensino da matéria a sua própria visão de educação e de sociedade.

Ao considerar os objetivos gerais e suas implicações para o trabalho docente em sala de aula, o professor deve conhecer os objetivos estabelecidos no âmbito do sistema escolar oficial, seja no que se refere a valores e ideais educativos, seja quanto às prescrições, de organização curricular e programas básicos das matérias. Esse conhecimento é necessário não apenas porque o trabalho escolar está vinculado a diretrizes nacionais, estaduais e municipais de ensino, mas também porque precisamos saber que concepções de homem e sociedade caracterizam os documentos oficiais, uma vez que expressam os interesses dominantes dos que controlam os órgãos públicos.

Na sociedade de classes, como é a brasileira, os objetivos da educação nacional nem sempre vão expressar os interesses majoritários da população, mas, certamente, podem incorporar aspirações e expectativas decorrentes das reivindicações populares. É preciso que o professor forme uma atitude crítica em relação a esses objetivos, de forma a identificar os que convergem para a efetiva democratização escolar e os que a cerceiam. Para isso, deve ter clareza de suas convicções políticas e pedagógicas em relação ao trabalho escolar, ou seja: o que pensa sobre o papel da escola na formação de cidadãos ativos e participantes na vida social, sobre a relação entre o domínio de conhecimentos e habilidades e as lutas sociais pela melhoria das condições de vida e pela ampla democratização da sociedade; como fazer para derivar dos objetivos amplos aqueles que correspondem às tarefas de transformação social, no âmbito do trabalho pedagógico concreto nas escolas e nas salas de aula.

Isto indica que não se trata simplesmente de copiar os objetivos e conteúdos previstos no programa oficial, mas de reavaliá-los em função de objetivos sociopolíticos que expressem os interesses do povo, das condições locais da escola, da problemática social vivida pelos alunos, das peculiaridades socioculturais e individuais dos alunos. Nesse sentido, alguns objetivos educacionais gerais podem auxiliar os professores na seleção de objetivos específicos e conteúdos de ensino.

O primeiro objetivo é colocar a educação escolar no conjunto das lutas pela democratização da sociedade, que consiste na conquista, pelo conjunto da população, das condições materiais, sociais, políticas e culturais por meio das quais se assegura a ativa participação de todos na direção da sociedade. A educação escolar pode contribuir para a ampliação da compreensão da realidade, na medida que os conhecimentos adquiridos instrumentalizem culturalmente os alunos a se perceberem como sujeitos ativos nas lutas sociais presentes.

O segundo objetivo consiste em garantir a todas as crianças, sem nenhuma discriminação de classe social, cor, religião ou sexo, uma sólida preparação cultural e científica, por meio do ensino das matérias. Todas as crianças têm direito ao desenvolvimento de suas capacidades físicas e mentais como condição necessária ao exercício da cidadania e do trabalho.

Esse objetivo implica que as escolas não só se empenhem em receber todas as crianças que as procurem como também assegurem a continuidade dos estudos. Para isso, todo esforço será pouco no sentido de oferecer ensino sólido, capaz de evitar as reprovações.

O terceiro objetivo é o de assegurar a todas as crianças o máximo de desenvolvimento de suas potencialidades, tendo em vista auxiliá-las na superação das desvantagens decorrentes das condições socioeconômicas desfavoráveis. A maioria das crianças é capaz de aprender e de desenvolver suas capacidades mentais. Este objetivo costuma figurar nos planos de ensino como "autorrealização", "desenvolvimento das potencialidades" etc., mas, na prática, os professores prestam atenção somente nos alunos cujas potencialidades se manifestam e não se preocupam em estimular potencialidades daqueles que não se manifestam ou não conseguem envolver-se ativamente nas tarefas. O ensino democrático supõe, portanto, a adequação metodológica às características socioculturais e individuais dos alunos e às suas possibilidades reais de aproveitamento escolar.

O quarto objetivo é formar nos alunos a capacidade crítica e criativa em relação às matérias de ensino e à aplicação dos conhecimentos e habilidades em tarefas teóricas e práticas. A assimilação ativa dos conteúdos toma significado e relevância social quando se transforma em atitudes e convicções frente dos desafios postos pela realidade social. Os objetivos da escolarização não se esgotam na difusão dos conhecimentos sistematizados; antes, exigem a sua vinculação com a vida prática. O professor não conseguirá formar alunos observadores, ativos, criativos frente aos desafios da realidade se apenas esperar deles a memorização dos conteúdos. Deve, ao contrário, ser capaz de ajudá-los a compreender os conhecimentos, pensar sobre eles, ligá-los aos problemas do meio circundante.

A capacidade crítica e criativa se desenvolve pelo estudo dos conteúdos e pelo desenvolvimento de métodos de raciocínio, de investigação e de reflexão. Através desses meios, sob a direção do professor, os alunos vão ampliando o entendimento, tão objetivo quanto possível, das contradições e conflitos existentes na sociedade. Uma atitude crítica não significa, no entanto, a apreciação desfavorável de tudo como se ser "crítico" consistisse somente em apontar defeitos nas coisas. Atitude crítica é a habilidade de submeter os fatos, as coisas, os objetos de estudo a uma investigação minuciosa e reflexiva, associando a eles os fatos sociais que dizem respeito à vida cotidiana, aos problemas do trabalho, da cidade, da região.

O quinto objetivo visa atender a função educativa do ensino, ou seja, a formação de convicções para a vida coletiva. O trabalho do professor deve estar voltado para a formação de qualidades humanas, modos de agir em relação ao trabalho, ao estudo, à natureza, em concordância com princípios éticos. Implica ajudar os alunos a desenvolver qualidades de caráter como a honradez, a dignidade, o respeito aos outros, a lealdade, a disciplina, a verdade, a urbanidade e cortesia. Implica desenvolver a consciência de coletividade e o sentimento de solidariedade humana, ou seja, de que ser membro da sociedade significa participar e agir em função do bem-estar coletivo, solidarizar-se com as lutas travadas pelos trabalhadores, vencer todas as formas de egoísmo e individualismo. Para que os alunos fortaleçam suas convicções, o professor precisa saber colocar-lhes perspectivas de um futuro melhor para todos, cuja conquista depende da atuação conjunta nas várias esferas da vida social, inclusive no âmbito escolar.

Ainda em relação ao atendimento da função educativa do ensino devemos mencionar a educação fisíca e a educação estética. A educação física e os esportes ocupam um lugar importante no desenvolvimento integral da personalidade, não apenas por contribuir para o fortalecimento da saúde, mas também por proporcionar oportunidades de expressão corporal, autoafirmação, competição construtiva, formação do caráter e desenvolvimento do sentimento de coletividade. A educação estética se realiza mais diretamente pela educação artística, na qual os alunos aprendem o valor da arte, a apreciação, o sentimento e o desfrute da beleza expressa na natureza, nas obras artísticas, como música, pintura, escultura, arquitetura, folclore e outras manifestações da cultura erudita e popular. A educação artística contribui para o desenvolvimento intelectual, assim como para a participação coletiva na produção da cultura e no usufruto das diversas manifestações da vida cultural.

O sexto objetivo educacional se refere à instituição de processos participativos, envolvendo todas as pessoas que direta ou indiretamente se relacionam com a escola: diretor, coordenador de ensino, professores, funcionários, alunos, pais. A par do aspecto educativo da organização de formas cooperativas de gestão do trabalho pedagógico escolar, é de fundamental importância o vínculo da escola com a família e com os movimentos sociais (associações de bairro, entidades sindicais, movimento de mulheres etc.). O conselho de escola exerce uma atuação indispensável para o cumprimento dos objetivos educativos.

Esses objetivos não esgotam a riqueza da ação pedagógica escolar em relação à formação individual e social dos alunos em sua capacitação para a vida adulta na sociedade. Entretanto, podem servir de orientação para o professor refletir sobre as implicações sociais do seu trabalho, sobre o papel da matéria que leciona na formação de alunos ativos e participantes e sobre as formas pedagógico-didáticas de organização do ensino.

Com essa visão de conjunto do trabalho escolar e com a programação oficial indicada pelos órgãos do sistema escolar, o professor está em condições de definir os objetivos específicos de ensino.

Os *objetivos específicos* particularizam a compreensão das relações entre escola e sociedade e especialmente do papel da matéria de ensino. Eles expressam, pois, as expectativas do professor sobre o que deseja obter dos alunos no decorrer do processo de ensino. Têm sempre um *caráter pedagógico*, porque explicitam o rumo a ser imprimido ao trabalho escolar, em torno de um programa de formação.

A cada matéria de ensino correspondem objetivos que expressam resultados a obter: conhecimentos, habilidades e hábitos, atitudes e convicções, através dos quais se busca o desenvolvimento das capacidades cognoscitivas dos alunos. Há, portanto, estreita relação entre os objetivos, os conteúdos e os métodos. Na verdade, os objetivos contêm a explicitação *pedagógica* dos conteúdos, no sentido de que os conteúdos são preparados pedagogicamente para serem ensinados e assimilados. Já apontamos, no início do nosso estudo, o que significa esse caráter *pedagógico* do ensino. (No capítulo sobre planejamento de ensino, os estudantes poderão encontrar mais detalhes a respeito da formulação de objetivos específicos.)

O professor deve vincular os objetivos específicos aos objetivos gerais, sem perder de vista a situação concreta (da escola, da matéria, dos alunos) em que serão aplicados. Deve, também, seguir as seguintes recomendações:

- especificar conhecimentos, habilidades, capacidades que sejam fundamentais para serem assimiladas e aplicadas em situações futuras, na escola e na vida prática;

- observar uma sequência lógica, de forma que os conceitos e habilidades estejam inter-relacionados, possibilitando aos alunos uma compreensão de conjunto (isto é, formando uma rede de relações na sua cabeça);
- expressar os objetivos com clareza, de modo que sejam compreensíveis aos alunos e permitam, assim, que estes introjetem os objetivos de ensino como objetivos seus;
- dosar o grau de dificuldades, de modo que expressem desafios, problemas, questões estimulantes e também viáveis;
- sempre que possível, formular os objetivos como resultados a atingir, facilitando o processo de avaliação diagnóstica e de controle;
- como norma geral, indicar os resultados do trabalho *dos alunos* (o que devem compreender, saber, memorizar, fazer etc.).

Os conteúdos de ensino

A relevância e o lugar que os conteúdos de ensino ocupam na vida escolar foram reiterados em diversos momentos dos nossos estudos de Didática. Desde o início deste trabalho vimos afirmando que a escola tem por principal tarefa na nossa sociedade a democratização dos conhecimentos, garantindo uma cultura de base para todas as crianças e jovens. Assinalamos, depois, que essa tarefa é realizada no processo de ensino, no qual se conjugam a atividade de direção e organização do ensino pelo professor e a atividade de aprendizagem e estudo dos alunos. Temos, assim, o ensino como atividade específica da escola, em cujo centro está a aprendizagem e estudo dos alunos, isto é, a relação cognoscitiva do aluno com as matérias de ensino; o processo didático como mediação de objetivos e conteúdos tendo em vista a aprendizagem dos alunos.

Se perguntarmos a professores de nossas escolas o que são os conteúdos de ensino, provavelmente responderão: são os conhecimentos de cada matéria do currículo que transmitimos aos alunos; dar conteúdo é transmitir a matéria do livro didático. Essa ideia não é totalmente errada. De fato, no ensino há sempre três elementos: a matéria, o professor, o aluno. O problema está em que os professores entendem esses elementos de forma linear, mecânica, sem perceber o movimento de ida e volta entre um e outro, isto é, sem estabelecer as relações recíprocas entre um e outro. Por causa disso, o ensino vira uma coisa mecânica: o professor passa a matéria, os alunos escutam, repetem e decoram o que foi transmitido, depois resolvem meio maquinalmente os exercícios de classe e as tarefas de casa; aí reproduzem nas provas o que foi transmitido e começa tudo de novo.

Esse entendimento sobre os conteúdos de ensino é insuficiente para compreendermos o seu verdadeiro significado. Primeiro, porque são tomados como estáticos, mortos, cristalizados, sem que os alunos possam reconhecer neles um significado vital. Segundo, porque subestima a atividade mental dos alunos, privando-os da possibilidade de empregar suas capacidades e habilidades para a aquisição consciente dos conhecimentos. Terceiro, porque o ensino dos conteúdos fica separado das condições socioculturais e individuais dos alunos e que afetam o rendimento escolar.

O ensino dos conteúdos deve ser visto como a ação recíproca entre a matéria, o ensino e o estudo dos alunos. Através do ensino criam-se as condições para a assimilação consciente e sólida de conhecimentos, habilidades e atitudes e, nesse processo, os alunos formam suas capacidades e habilidades intelectuais para se tornarem, sempre mais, sujeitos da própria aprendizagem. Ou seja, a matéria a ser transmitida proporciona determinados procedimentos de ensino, que, por sua vez, levam a formas de organização do estudo ativo dos alunos.

Sendo assim, não basta a seleção e organização lógica dos conteúdos para transmiti-los. Antes, os próprios conteúdos devem incluir elementos da vivência prática dos alunos para torná-los mais significativos, mais vivos, mais vitais, de modo que eles possam assimilá-los ativa e conscientemente. Ao mesmo tempo, o domínio de conhecimentos e habilidades visa, especificamente, o desenvolvimento das capacidades cognoscitivas dos alunos, isto é, das funções intelectuais entre as quais se destaca o pensamento independente e criativo. Para uma melhor compreensão destas ideias, desenvolveremos os seguintes tópicos: o que são os conteúdos de ensino; quais são os elementos que compõem os conteúdos; quem deve escolhê-los e organizá-los; a dimensão crítico-social dos conteúdos.

1. O que são os conteúdos

Conteúdos de ensino são o conjunto de conhecimentos, habilidades, hábitos, modos valorativos e atitudinais de atuação social, organizados pedagógica e didaticamente, tendo em vista a assimilação ativa e aplicação pelos alunos na sua prática de vida. Englobam, portanto: conceitos, ideias, fatos, processos, princípios, leis científicas, regras; habilidades cognoscitivas, modos de atividade, métodos de compreensão e aplicação, hábitos de estudo, de trabalho e de convivência social; valores, convicções, atitudes. São expressos nos programas oficiais, nos livros didáticos, nos planos de ensino e de aula, nas aulas, nas atitudes e convicções do professor, nos exercícios, nos métodos e formas de organização do ensino.

Podemos dizer que os conteúdos retratam a experiência social da humanidade no que se refere a conhecimentos e modos de ação, transformando-se em instrumentos pelos quais os alunos assimilam, compreendem e enfrentam as exigências teóricas e práticas da vida social. Constituem o objeto de mediação escolar no processo de ensino, no sentido de que a assimilação e compreensão dos conhecimentos e modos de ação se convertem em ideias sobre as propriedades e relações fundamentais da natureza e da sociedade, formando convicções e critérios de orientação das opções dos alunos frente às atividades teóricas e práticas postas pela vida social.

Os conteúdos são organizados em matérias de ensino e dinamizados pela articulação objetivos-conteúdos-métodos e formas de organização do ensino, nas condições reais em que ocorre o processo de ensino (meio social e escolar, alunos, famílias etc.). Vejamos de onde são originados.

Os conteúdos da cultura, da ciência, da técnica, da arte e os modos de ação no mundo expressam os resultados da atividade prática dos homens nas suas relações com o ambiente natural e social. Nesse processo, os homens vão investigando o mundo da natureza e das relações sociais e elaborando conhecimentos e experiências, formando o que chamamos de saber científico. Nessas condições, o saber se torna objeto de conhecimento cuja apropriação pelas várias gerações, no ensino, constitui-se em base para a produção e a elaboração de novos saberes.

Podemos dizer, assim, que os conhecimentos e modos de ação são frutos do trabalho humano, da atividade produtiva científica e cultural de muitas gerações, no processo da prática histórico-social. No seio desse mesmo processo (de atividade prática transformadora pelo trabalho) a herança recebida da história anterior vai sendo modificada ou recriada, de modo que novos conhecimentos são produzidos e sistematizados.

Devemos esclarecer que, quando falamos do saber científico produzido pelo trabalho humano, referimo-nos ao trabalho como atividade que ocorre numa sociedade determinada, num momento determinado da história. Na sociedade capitalista o saber é predominantemente reservado ao usufruto das classes sociais economicamente favorecidas as quais, frequentemente, o transformam em ideias e práticas convenientes aos seus interesses e as divulgam como válidas para as demais classes sociais. Entretanto, o saber pertence à classe social que o produz pelo seu trabalho; portanto, deve ser por ela reapropriado, recuperando o seu núcleo científico, isto é, aquilo que tem de objetividade e universalidade.

Na escola, o conhecimento do mundo objetivo expresso no saber científico se transforma em conteúdos de ensino, de modo que as novas gerações possam assimilá-los tendo em vista ampliar o grau de sua compreensão da realidade, e equipando-se culturalmente para a participação nos processos objetivos de transformação social. A aquisição do domínio teórico-prático do saber sistematizado é uma necessidade humana, parte integrante das demais condições de sobrevivência, pois possibilita a participação mais plena de todos no mundo do trabalho, da cultura, da cidadania. Eis por que falamos da socialização ou democratização do saber sistematizado.

A escolha dos conteúdos de ensino parte, pois, deste princípio básico: os conhecimentos e modos de ação surgem da prática social e histórica dos homens e vão sendo sistematizados e transformados em objetos de conhecimento; assimilados e reelaborados, são instrumentos de ação para atuação na prática social e histórica. Revela-se, assim, o estreito vínculo entre o sujeito do conhecimento (o aluno) e a sua prática social de vida (ou seja, as condições sociais de vida e de trabalho, o cotidiano, as práticas culturais, a linguagem etc.).

Na escolha dos conteúdos de ensino, portanto, leva-se em conta não só a herança cultural manifesta nos conhecimentos e habilidades mas também a experiência da prática social vivida no presente pelos alunos, isto é, nos problemas e desafios existentes no contexto em que vivem.

Além disso, os conteúdos de ensino devem ser elaborados em uma perspectiva de futuro, uma vez que contribuem para a negação das ações sociais vigentes tendo em vista a construção de uma sociedade verdadeiramente humanizada.

2. Os elementos dos conteúdos de ensino

Que elementos da herança cultural e da prática social presente devem formar os conteúdos de ensino? Que produtos da atividade humana construídos no processo de trabalho devem ser assimilados pelas novas gerações como base para o desenvolvimento das capacidades especificamente humanas?

A herança cultural construída pela atividade humana ao longo da história da sociedade é extremamente rica e complexa, sendo impossível à escola básica abranger todo esse patrimônio. É tarefa da Didática destacar o que deve constituir objeto de ensino nas escolas, selecionando os elementos dos conteúdos a serem assimilados ou apropriados pelos alunos, em função das exigências sociais e do desenvolvimento da personalidade.

Conforme a definição dada, os conteúdos de ensino se compõem de quatro elementos: conhecimentos sistematizados; habilidades e hábitos; atitudes e convicções.

Os *conhecimentos sistematizados* são a base da instrução e do ensino, os objetos de assimilação e meio indispensável para o desenvolvimento global da personalidade. A aquisição e o domínio dos conhecimentos são condições prévias para os demais elementos, ainda que a assimilação destes concorra para viabilizar aqueles. Os conhecimentos sistematizados correspondem a conceitos e termos fundamentais das ciências; fatos e fenômenos da ciência e da atividade cotidiana; leis fundamentais que explicam as propriedades e as relações entre objetos e fenômenos da realidade; métodos de estudo da ciência e a história da sua elaboração; e problemas existentes no âmbito da prática social (contexto econômico, político, social e cultural do processo de ensino e aprendizagem) conexos com a matéria.

As *habilidades* são qualidades intelectuais necessárias para a atividade mental no processo de assimilação de conhecimentos. Os *hábitos* são modos de agir relativamente automatizados que tornam mais eficaz o estudo ativo e independente. Nem sempre é possível especificar um hábito a ser formado, pois esses hábitos vão sendo consolidados no transcorrer das atividades e exercícios em que são requeridos. Hábitos podem preceder habilidades e há habilidades que se transformam em hábitos. Por exemplo, habilidade em leitura pode transformar-se em hábito de ler e vice-versa. Algumas habilidades e hábitos são comuns a todas as matérias; por exemplo: destacar propriedades essenciais de objetos ou fenômenos, fazer relações, comparar, diferenciar, organizar o trabalho escolar, fazer sínteses e esquemas etc.; outros são específicos de cada matéria, como observação de fatos da natureza, utilização de materiais específicos, resolução de problemas matemáticos etc.

As *atitudes e convicções* se referem a modos de agir, de sentir e de se posicionar frente a tarefas da vida social. Orientam, portanto, a tomada de posição e as decisões pessoais frente a situações concretas. Por exemplo, os alunos desenvolvem valores e atitudes em relação ao estudo e ao trabalho, à convivência social, à responsabilidade pelos seus atos, à preservação da natureza, ao civismo, aos aspectos humanos e sociais dos conhecimentos científicos. Atitudes e convicções dependem dos conhecimentos e os conhecimentos, por sua vez, influem na formação de atitudes e convicções, assim como ambos dependem de certo nível de desenvolvimento das capacidades mentais.

Os elementos constitutivos dos conteúdos convergem para a formação das *capacidades cognoscitivas*. Estas correspondem a processos psíquicos da atividade mental. No processo de assimilação de conhecimentos, o desenvolvimento das capacidades mentais e criativas possibilita o uso dos conhecimentos e habilidades em novas situações. Englobam a compreensão da relação parte-todo, das propriedades fundamentais de objetos e fenômenos, diferenciação entre objetos e fenômenos, abstração, generalização, análise e síntese, a combinação de métodos de ação, o pensamento alternativo (busca de soluções possíveis para um problema específico) etc. Essas capacidades se vão desenvolvendo no processo de assimilação ativa de conhecimentos.

Não é difícil observar que os elementos do conteúdo de ensino estão inter-relacionados. Habilidades e capacidades são impossíveis sem a base dos conhecimentos. Por sua vez, o domínio de conhecimentos supõe as habilidades, as capacidades e os modos valorativos e atitudinais.

O futuro professor não deve assustar-se com a complexidade da elaboração dos conteúdos de ensino, pois nenhum desses elementos é considerado isoladamente, mas reunidos em torno dos conhecimentos sistematizados. Muitos dos resultados do processo de ensino não podem ser antecipados e muitos decorrem do próprio processo de assimilação ativa dos conhecimentos e habilidades. O aspecto importante a assinalar, entretanto, é um sólido conhecimento da matéria e dos métodos de ensino, sem o que será muito difícil responder às exigências de um ensino de qualidade.

3. Quem deve escolher os conteúdos de ensino

Trata-se de uma questão muito importante do trabalho docente. Devemos partir do princípio de que a escolha e definição dos conteúdos é, em última instância, tarefa do professor. É ele quem tem pela frente determinados alunos, com suas características de origem social, vivendo em meio cultural determinado, com certas disposições e preparo para enfrentar o estudo. O trabalho pedagógico implica a preparação desses alunos para as atividades práticas — profissionais, políticas, culturais — e, para isso, o professor enfrenta duas questões centrais:

- Que conteúdos (conhecimentos, habilidades, valores) os alunos deverão adquirir a fim de que se tornem preparados e aptos para enfrentar as exigências objetivas da vida social como a profissão, o exercício da cidadania, a criação e o usufruto da cultura e da arte, a produção de novos conhecimentos de acordo com interesses de classe, as lutas pela melhoria das condições de vida e de trabalho?

- Que métodos e procedimentos didático-pedagógicos são necessários para viabilizar o processo de transmissão-assimilação de conteúdos, pelo qual são desenvolvidas as capacidades mentais e práticas dos alunos de modo a adquirirem métodos próprios de pensamento e ação?

São três as fontes que o professor utilizará para selecionar os conteúdos do plano de ensino e organizar as suas aulas: a primeira é a programação oficial na qual são fixados os conteúdos de cada matéria; a segunda são os próprios conteúdos básicos das ciências transformadas em matérias de ensino; a terceira são as exigências teóricas e práticas colocadas pela prática de vida dos alunos, tendo em vista o mundo do trabalho e a participação democrática na sociedade.

Pode parecer que essas três fontes não são conciliáveis. Como introduzir nos conteúdos as necessidades e problemas existentes na prática de vida dos alunos, se os conteúdos já estariam previamente estruturados? Na verdade é perfeitamente possível (e necessária) a ligação entre os conhecimentos sistematizados e a experiência vivida pelos alunos no meio social. Vejamos como.

Na sociedade moderna, o Estado (poder público) tem o dever constitucional de assegurar ensino público, estabelecendo uma política escolar que viabilize esse dever e determinando um programa de educação geral, igual para todos os membros da sociedade. Ao estabelecer objetivos de âmbito nacional, o Estado não só organiza o sistema de ensino como pretende também a unificação nacional e o desenvolvimento cultural da sociedade. Se não tem sido assim, cabe à própria sociedade organizar-se e exigir o cumprimento dessas responsabilidades sociais.

Entretanto, sabemos que a política escolar expressa interesses e objetivos das forças sociais e políticas que hoje controlam o Estado. Esses interesses quase sempre não coincidem com os interesses majoritários da sociedade, pois mantêm a escola para preservação das relações sociais vigentes. De fato, a educação escolar é um importante mecanismo de preparação para o trabalho no sistema de produção capitalista, bem como de transmissão de ideias, valores, crenças que sustentam essa forma de organização social, sem pôr em risco o atual sistema de relações sociais. Mas, ao mesmo tempo que a sociedade capitalista se organiza para reproduzir a força de trabalho necessária à produção, também ocorre a socialização do saber, através do qual os trabalhadores podem ampliar a compreensão da realidade social e produzir outros conhecimentos que expressem seus interesses de classe. Na medida em que o saber escolar é colocado em confronto com a prática de vida real, possibilita-se o alargamento dos conhecimentos e uma visão mais científica e mais crítica da realidade.

Se é verdade que a política escolar visa preservar a organização política e econômica vigente através das práticas escolares, é verdade também que ela expressa as contradições da sociedade, de modo que os seus resultados podem levar à contestação da ordem social; a sociedade política não é um bloco compacto e harmonioso. Além disso, a luta pela socialização do saber — no sentido de que todos tenham acesso à instrução e à educação — depende de uma base comum de conhecimentos, fixada nacionalmente, e dos recursos para a manutenção do sistema escolar, de modo que as diferenças regionais e locais, econômicas e culturais, não sejam motivo de discriminação no acesso de todas as crianças e jovens do país à escola.

Isso tudo nos leva a encarar a importância dos programas oficiais e, por extensão, do livro didático. Contudo, devemos encará-los como diretrizes de orientação geral. As particularidades em relação ao desdobramento dos programas, à resseleção de conteúdos, à escolha de métodos e técnicas são determinadas pelo professor de modo mais ou menos independente, tendo em conta as condições locais da escola, dos alunos, bem como as situações didáticas específicas às diferentes séries. Além disso, devemos avaliar criticamente os programas, confrontando-os com a nossa visão de homem, de mundo e do processo pedagógico.

A segunda fonte que o professor utiliza para selecionar e organizar os conteúdos de ensino são as bases das ciências, da técnica, da arte. Os conhecimentos escolares se baseiam nas disciplinas científicas, de modo que do sistema das ciências resulta um sistema de matérias de ensino. Se cabe ao professor fazer uma resseleção dos conteúdos a partir do que é sugerido na programação oficial, é preciso que ele tenha um seguro domínio do conteúdo científico da matéria para saber o que é mais relevante socialmente para ser ensinado aos seus alunos. Ele precisa saber o que escolher, a sequência dos conceitos, e como coordenar a sua disciplina com as demais, levando em conta que o ensino não é uma cópia esquematizada da ciência que dá origem à matéria de estudo. Os fatos, conhecimentos, métodos de uma ciência (Matemática, História, Biologia etc.) transformam-se em matéria de *ensino* e por isso importa saber o que é básico para a *formação geral* de todos os alunos e como torná-las didaticamente assimiláveis conforme as peculiaridades de idade e desenvolvimento dos alunos, nível de conhecimentos e capacidades já alcançados por eles e suas características socioculturais e individuais.

Passamos, assim, à terceira fonte: a experiência da prática de vida dos alunos e necessidades postas pelas tarefas profissionais, sociais, políticas e culturais na sociedade. Com efeito, selecionam-se conteúdos de ensino para que os alunos os assimilem enquanto instrumentos teóricos e práticos para lidar com os desafios e problemas da prática social, isto é, para torná-los agentes ativos da transformação social. A questão é muito menos de *adaptar* a matéria à realidade dos alunos (inclusive às suas condições de rendimento escolar), e muito mais de *transformar* os conteúdos de modo que neles sejam contempladas as exigências teóricas e práticas decorrentes da prática de vida dos alunos.

A escolha de conteúdos vai além, portanto, dos programas oficiais e da simples organização lógica da matéria, ligando-se às exigências teóricas e práticas da vida social. Tais exigências devem ser consideradas em três sentidos.

O primeiro deles é que a participação na prática social — no mundo do trabalho, da cultura e da política — requer o domínio de conhecimentos básicos e habilidades intelectuais (leitura, escrita, cálculo, iniciação às ciências, à história, à geografia etc.). Os progressos conseguidos pela humanidade nos conhecimentos e modos de atuação são conquistas que devem ser democratizadas, não apenas como direitos do cidadão, mas também como requisitos para fazer frente às exigências da prática social, principalmente na atividade profissional.

O segundo aspecto consiste em considerar que a prática da vida cotidiana dos alunos, na família, no trabalho, no meio cultural urbano ou rural, fornece fatos, problemas (isto é, a matéria-prima da realidade) a serem conectados ao estudo sistemático das matérias. Os alunos vivem em um meio do qual extraem conhecimentos e experiências (que se manifestam em formas próprias de linguagem) e que são pontos de partida para a compreensão científica dos fatos e fenômenos da realidade. Se, por um lado, o saber sistematizado pode estar distanciado da realidade social concreta, por outro, o trabalho docente consiste precisamente em vencer essa contradição, tornando os conteúdos vivos e significativos, correspondendo aos problemas da prática cotidiana. Ao falarmos, pois, das exigências teóricas e práticas, queremos dizer que o eixo das tarefas didáticas está em organizar as condições e modos de ensino que assegurem a passagem da experiência cotidiana e do senso comum aos conhecimentos científicos, através dos quais são adquiridos novos modos de atuação na vida prática. Para isso, é preciso transformar os conteúdos em questões ou problemas, verificar os conhecimentos que os alunos possuem ou não para enfrentar a matéria nova, refletir sobre as conexões entre os conteúdos e os problemas do meio social.

O terceiro aspecto colocado pela prática social se refere às próprias condições de rendimento escolar dos alunos. Sabemos que a maioria dos alunos das escolas públicas pertence às camadas populares, isto é, são filhos de assalariados, subempregados e parcelas da classe média baixa. Trazem as marcas da sociedade desigual e discriminadora e, por isso, face às exigências da escola, carregam consigo desvantagens sociais e culturais que os colocam em desigualdade em relação a outros alunos economicamente favorecidos. Mas trazem também uma riqueza de experiências sociais que expressam sua visão da realidade. Esse conjunto de características é o ponto de partida para o trabalho escolar e, portanto, elemento para a escolha dos conteúdos.

Com isso queremos dizer que a prática social determina a contradição entre as exigências de aquisição e estudo das matérias e as condições socioculturais e o nível de preparo para realizá-los. A superação dessa contradição requer que se levem em conta as possibilidades reais de rendimento escolar dos alunos e, dentro desse parâmetro, estabeleça-se o máximo nível de exigências que se pode e deve fazer a eles.

4. A dimensão crítico-social dos conteúdos

Os assuntos que acabamos de estudar já trouxeram uma importante questão, cujo entendimento é necessário aprofundar: os conteúdos de ensino retirados das ciências são objetivos e universais ou refletem valores e interpretações de acordo com os interesses de grupos e classes sociais que possuem o poder político e econômico na sociedade?

Os conteúdos de ensino são as duas coisas. Uma pedagogia de cunho crítico-social reconhece a objetividade e universalidade dos conteúdos, assim como reconhece que nas sociedades capitalistas difunde-se um saber que reflete os interesses do poder, isto é, um saber que seja vantajoso para reforçar a atual forma de organização social e econômica. Existe, pois, um saber objetivo e universal que constitui a base dos conteúdos de ensino, mas não se trata de um saber neutro.

A objetividade e universalidade dos conteúdos se apoia no saber científico, que se constitui no processo de investigação e comprovação de leis objetivas que expressam as relações internas dos fatos e acontecimentos da natureza e da sociedade. Nesse sentido, o conhecimento é, também, histórico, pois, ao investigar as relações internas de fatos e acontecimentos, busca apanhar o movimento do real, isto é, as transformações que ocorrem na realidade com a intervenção humana.

Mas, o conhecimento é sempre ingressado, uma vez que é produzido "em sociedade" (socialmente), isto é, na relação entre as classes sociais e suas contradições. Apropriado pelas forças que detêm o poder na sociedade, há interesse de que ideias e explicações vinculadas a uma visão particular de uma classe social sejam afirmadas como válidas para todas as demais classes sociais. Nesse sentido, a escola na sociedade capitalista controla a distribuição do saber científico, ora escondendo aspectos da realidade, ora simplificando esse saber, contentando-se apenas com as aparências dos fatos e acontecimentos. Além disso, os fatos e acontecimentos não são tomados no seu desenvolvimento histórico, nas suas transformações, mas como algo acabado, estático, solidificado.

Essa constatação, entretanto, não deve levar a sacrificar a riqueza do conhecimento científico e das experiências acumuladas pela humanidade. O que cabe é submeter os conteúdos de ensino ao crivo dos seus determinantes sociais para recuperar o seu núcleo de objetividade, tendo em vista possibilitar o conhecimento científico, vale dizer, crítico da realidade. É o que chamamos *dimensão crítico-social dos conteúdos.*

A dimensão crítico-social se manifesta, em primeiro lugar, no tratamento científico dos conteúdos. Nas matérias de estudo estudam-se as leis objetivas dos fatos, fenômenos da natureza e da sociedade, investigando as suas relações internas e buscando a sua essência constitutiva por trás das aparências. Para isso, empregam-se métodos didáticos e os métodos próprios da ciência: observação da realidade, identificação das propriedades e relações de objetos e fatos com os outros, comparação de diferentes situações. Pelo estudo ativo das matérias, portanto, os alunos vão formando estruturas mentais, métodos próprios de estudo e de pensamento para a compreensão crítica da realidade. O movimento que leva à consciência crítica vai, pois, do conhecimento científico para a aplicação teórica e prática, mobilizando a formação de convicções para a participação na vida prática.

Em segundo lugar, os conteúdos têm um caráter histórico, em estreita ligação com o caráter científico. Os conteúdos escolares não são informações, fatos, conceitos, ideias etc. que sempre existiram na sua forma atual, registrada nos livros didáticos, nem são estáticos e definitivos. Os conteúdos vão sendo elaborados e reelaborados conforme as necessidades práticas de cada época histórica e os interesses sociais vigentes em cada organização social. O sentido histórico dos conteúdos se manifesta no trabalho docente quando se busca explicitar como a prática social de gerações passadas e das gerações presentes interveio e intervém na determinação dos atuais conteúdos, bem como o seu papel na produção de novos conhecimentos para o avanço da ciência e para o progresso social da humanidade.

A dimensão crítico-social, em terceiro lugar, implica vincular os conteúdos de ensino a exigências teóricas e práticas de formação dos alunos, em função das atividades da vida prática. A assimilação ou apropriação de conhecimentos e habilidades adquire importância e sentido se proporciona o domínio ativo e prático de modos de atuação crítica e criativa na vida, na profissão, no exercício da cidadania. Por essa razão, somente se dá a assimilação crítica dos conteúdos quando se faz a ligação destes com as experiências reais e concretas vividas pelos alunos na sua prática social.

Em síntese, a dimensão crítico-social dos conteúdos corresponde à abordagem metodológica dos conteúdos na qual os objetos de conhecimento (fatos, conceitos, leis, habilidades, métodos etc.) são apreendidos nas suas propriedades e características próprias e, ao mesmo tempo, nas suas relações com outros fatos e fenômenos da realidade, incluindo especificamente as ligações e nexos sociais que os constituem como tais (como objetos de conhecimento). O conhecimento é considerado, nessa perspectiva, como vinculado a objetivos socialmente determinados, a interesses concretos a que estão implicadas as tarefas da educação escolar.

A dimensão crítico-social dos conteúdos é uma metodologia de estudo e interpretação dos objetos de conhecimento — explicitados nas matérias de ensino — como produtos da atividade humana e a serviço da prática social. Por isso, os conteúdos são apreendidos, estudados, na sua transformação, no seu desenvolvimento, isto é, na sua historicidade; trata-se de situar um tema de estudo nas suas ligações com a prática humana: como os homens, na sua atividade prática coletiva nas várias esferas da vida social, intervêm, modificam, constroem esse tema de estudo; sua importância para atender necessidades práticas da vida social, como os problemas sociais, o desenvolvimento da ciência e da tecnologia, as necessidades humanas básicas etc.

A esse método de apreensão da realidade (sob forma de conhecimentos) agregam-se e conjugam-se métodos de conhecimento gerais (como a observação, a análise-síntese, a indução-dedução, a abstração, a generalização etc.), métodos próprios da matéria que está sendo estudada, e métodos de ensino (como a exposição, o estudo dirigido independente, a conversação criativa com a classe etc.).

Pensar criticamente e ensinar a pensar criticamente é estudar cientificamente a realidade, isto é, sob o ponto de vista histórico, apreendendo a realidade natural e social na sua transformação em objetos de conhecimento pela atuação humana passada e presente, incluindo a atividade própria do aluno de reelaboração desses objetos de conhecimento.

O tratamento metodológico dos conteúdos em uma ótica crítico--social pressupõe que as propriedades e características dos objetos de estudo estão impregnadas de significações humanas e sociais. Isso significa não só que os conhecimentos são criações humanas para satisfazer necessidades humanas, que devem servir à prática, ser aplicados a problemas e situações da vida social prática, como também que devem ser evidenciadas as distorções a que estão sujeitos quando são utilizados para o ocultamento das relações sociais reais desumanizadoras existentes na sociedade. Em relação a um determinado tema de estudo, será sempre necessário que nos perguntemos: quais são as características do objeto de estudo deste tema? Como a prática humana está embutida nesse tema? Como as pessoas estão relacionadas com ele; quem usufrui dos seus benefícios, como usufrui? O que a vida real das pessoas tem a ver com esses objetos de estudo?

A dimensão crítico-social dos conteúdos, tendo como base para sua aplicação no ensino a unidade e a relação objetivos-conteúdos-métodos, possibilita aos alunos a aquisição de conhecimentos que elevem o grau de compreensão da realidade (expressa nos conteúdos) e a formação de convicções e princípios reguladores da ação na vida prática. O resultado mais importante desse modo de abordagem dos conteúdos de ensino é pôr em ação métodos que possibilitem a expressão elaborada dos interesses das camadas populares no processo de lutas efetivas de transformação social.

O professor Dermeval Saviani afirma, sobre esse assunto, que a apropriação dos conhecimentos pelos trabalhadores, na medida em que se articula com as condições e lutas concretas que se dão na vida prática, pode desenvolver determinadas condições subjetivas — isto é, consciência de seus interesses e necessidades — que, impulsionadas por processos objetivos de luta, podem conduzir à transformação das condições sociais presentes.

5. Os conteúdos e o livro didático

Nas considerações anteriores, procuramos mostrar que o saber científico expresso nos conteúdos de ensino é o principal objetivo da mediação escolar. Sua democratização é uma exigência de humanização, pois concorre para aumentar o poder do homem sobre a natureza e sobre o seu próprio destino. Na sociedade capitalista, o saber se torna propriedade dos grupos e classes que detêm o poder e que controlam a sua difusão: para os seus filhos oferecem o ensino das ciências sociais e exatas, além de uma preparação intelectual; para os filhos dos trabalhadores limitam e simplificam os conteúdos, destinando-lhes uma débil formação intelectual, pois se trata de prepará-los para o trabalho físico. Na sociedade atual, portanto, há uma distinção dos conteúdos de ensino para diferentes grupos sociais: para uns, esses conteúdos reforçam os privilégios, para outros, fortalecem os espírito de submissão e conformismo.

Ora, os livros didáticos se prestam a sistematizar e difundir conhecimentos, mas servem, também, para encobrir ou escamotear aspectos da realidade, conforme modelos de descrição e explicação da realidade consoantes com os interesses econômicos e sociais dominantes na sociedade. Se o professor for um bom observador, se for capaz de desconfiar das aparências para ver os fatos, os acontecimentos, as informações sob vários ângulos, verificará que muitos dos conteúdos de um livro didático não conferem com a realidade, com a vida real, a sua e a dos alunos. Textos de Língua Portuguesa e Estudos Sociais passam noções, por exemplo, de que na sociedade as diferenças entre as pessoas são individuais e não devidas à estrutura social; que nela todos têm oportunidades iguais, bastando que cada um se esforce e trabalhe com afinco. Textos de Ciências não auxiliam os alunos a colocar cientificamente problemas humanos, a compreender o esforço humano de várias gerações de homens no conhecimento da realidade, como se o conhecimento científico nada tivesse a ver com problemas reais da vida cotidiana.

Ao selecionar os conteúdos da série em que irá trabalhar, o professor precisa analisar os textos, verificar como são enfocados os assuntos, para enriquecê-los com sua própria contribuição e a dos alunos, comparando o que se afirma com fatos, problemas, realidades da vivência real dos alunos. Seria desejável que os professores se habituassem a fazer um estudo crítico dos livros didáticos para analisar como são tratados temas como o trabalho, a vida na cidade e no campo, o negro, a mulher, a natureza, a família, e outros.

A professora Ana Lúcia G. de Faria (1985, p. 61) pesquisou em livros didáticos das séries iniciais do ensino de 1° grau o conceito de *trabalho*. Como exemplo, vamos reproduzir alguns trechos de livros pesquisados.

> "O homem do campo tem dois tipos de trabalhos: pode ser um agricultor, quando planta e colhe o que plantou. Pode ser um criador de gado, quando cuida do seu rebanho."

> "O trabalho do lavrador rende pouco e a produção é pequena. Essa agricultura é chamada primitiva ou de subsistência. Já na agricultura científica, empregam-se máquinas agrícolas, e o agricultor é assistido por agrônomos que orientam no preparo do solo, a seleção de sementes, o emprego de inseticidas e outros recursos. Assim a produção é maior, é melhor, e o solo é conservado."

> "(O agricultor na agricultura primitiva) está pobre e mal vestido. Usa instrumentos muito simples. Pratica uma agricultura primitiva. (O da agricultura moderna) está sobre um trator, apresenta-se forte e mais bem vestido. Pratica a agricultura mecanizada."

Não é difícil constatar que esses textos dão uma impressão de que a vida no campo é muito tranquila, apesar de o lavrador pobre ser mais

simples e atrasado. Existir agricultura primitiva e mecanizada, usar roupas simples ou melhores, usar a enxada ou o trator, tudo é muito natural,
como se as diferenças sociais fossem também naturais e não decorrentes
das formas de organização da sociedade. A vida social no campo aparece
como solidificada, como se tudo o que acontece ali fizesse parte da normalidade das coisas. Os textos não revelam as relações internas entre os
fatos, não mostram o significado social implicado no tema estudado. Há
o lavrador, o agricultor, o criador de gado, mas as razões das diferenças
entre um tipo e outro de trabalho estão escondidas.

O professor não pode esperar que os livros didáticos revelem os
aspectos reais das coisas, as razões reais que estão por detrás das diferenças sociais. Esta é tarefa sua, sabendo que sua postura crítica nem sempre
será aprovada. Não é necessário ir muito longe: alguns pais, alguns dire-
tores de escola também não desejam que o real funcionamento das relações
sociais na sociedade seja revelado. Além disso, o próprio professor pode
não se ver como um assalariado e confirma aos alunos valores, ideias,
concepções de mundo distantes da realidade concreta, passadas pelo livro
didático ou que circulam nas conversas, na televisão, no rádio.

Ana Lúcia G. de Faria descreve, também, opiniões das crianças sobre
o trabalho, que refletem o que aprendem nas aulas: os médicos ganham
mais porque são mais inteligentes; os pretos também podem ficar ricos,
apesar de o branco ter mais possibilidade de arrumar emprego; quem
ganha menos é porque não trabalha direito; não fica rico quem não for
estudioso; quem não tem boa profissão, para ficar rico precisa fazer hora
extra, guardar dinheiro na caderneta de poupança.

Esses exemplos mostram a força com que os livros didáticos e até
mesmo as informações do professor influenciam na formação de ideias
sobre a vida, o trabalho, que não têm correspondência na realidade. Ser
rico, ser branco, ser inteligente é quase a mesma coisa e as crianças recebem tais informações como verdadeiras.

Ao recorrer ao livro didático para escolher os conteúdos, elaborar o
plano de ensino e de aulas, é necessário ao professor o domínio seguro
da matéria e bastante sensibilidade crítica. De um lado, os seus conteúdos
são necessários e, quanto mais aprofundados, mais possibilitam um conhecimento crítico dos objetos de estudo, pois os conhecimentos sempre
abrem novas perspectivas e alargam a compreensão do mundo. Por outro

lado, esses conteúdos não podem ser tomados como estáticos, imutáveis e sempre verdadeiros. É preciso, pois, confrontá-los com a prática de vida dos alunos e com a realidade. Em certo sentido, os livros, ao expressarem o modo de ver de determinados segmentos da sociedade, fornecem ao professor uma oportunidade de conhecer como as classes dominantes explicam as realidades sociais e como dissimulam o real; e podem ajudar os alunos a confrontarem o conteúdo do livro com a experiência prática real em relação a esse conteúdo.

Critérios de seleção

Como vimos, a escolha dos conteúdos é uma das tarefas mais importantes para o professor, pois eles são a base informativa e formativa do processo de transmissão-assimilação.

A prática escolar atual mostra que não tem havido uma escolha criteriosa de conteúdos. A sobrecarga de assuntos é uma herança maléfica da educação escolar elitista, quando apenas as classes social e economicamente privilegiadas tinham acesso à escola. Hoje em dia, os professores continuam com a mania de esgotar o livro a qualquer custo, sem levar em consideração os assuntos realmente indispensáveis de serem assimilados, a capacidade de assimilação dos alunos e o grau de assimilação anterior e a consolidação do aprendizado.

Escolher os conteúdos de ensino não é uma tarefa fácil. Nos tópicos anteriores já foram feitas indicações de orientação geral. Aqui, propomos, de forma mais ordenada, os critérios de seleção.

I. Correspondência entre objetivos gerais e conteúdos

Os conteúdos devem expressar objetivos sociais e pedagógicos da escola pública sintetizados na formação cultural e científica para todos. A expressão "ensino para todos" deve ser entendida como ensino para a população majoritária da sociedade. Se a educação escolar deve exercer a sua contribuição no conjunto das lutas pela transformação da sociedade, devemos ter em mente que os conteúdos sistematizados visam instrumentalizar as crianças e jovens das camadas populares para a sua participação ativa no campo econômico, social, político e cultural. Basicamente, este é o critério que definirá que conteúdos são importantes ou não.

2. Caráter científico

Os conhecimentos que fazem parte do conteúdo refletem os fatos, conceitos, ideias, métodos decorrentes da ciência moderna. No processo de ensino, trata-se do selecionar as *bases* das ciências, transformadas em *objetos de ensino* necessários à educação geral. Os livros didáticos de cada série, bem ou mal, realizam essa tarefa, mas isto não dispensa o professor de destacar os conhecimentos básicos de que necessitam os *seus* alunos, da *sua* escola.

Um dos modos de atender esse critério é conhecer bem a *estrutura* da matéria, ou seja, sua espinha dorsal, o conjunto de noções básicas logicamente concatenadas que correspondam ao modo de representação que o aluno faz delas na sua cabeça e que tenham o poder de facilitar ao aluno "encaixar" temas secundários em um tema central. Este procedimento, aliado aos demais critérios que veremos a seguir, permite não só estabelecer o *volume* da matéria, independentemente do que prescreve o livro didático, mas também uma interdependência entre o conhecimento novo e o conhecimento anterior.

A capacidade de o professor selecionar *noções básicas*, evitando a sobrecarga de matéria, é a garantia de maior solidez e profundidade dos conhecimentos assimilados pelos alunos. Tudo o que temos estudado neste livro vem ressaltando a ideia de que o processo de ensino é algo que não se pode apressar, já que sem o estudo ativo e persistente do aluno e o desenvolvimento das capacidades cognoscitivas não ocorre uma verdadeira aprendizagem. Além disso, o nível de preparo e de pré-requisitos culturais dos alunos da escola pública está sujeito a condicionantes impostos pelas condições materiais de vida e nem sempre é suficiente para enfrentar as exigências escolares. Disso decorre a necessidade de constantes revisões da matéria, suprimento de pré-requisitos para assimilação de matéria nova, a reposição de matéria insuficientemente assimilada, volume maior de exercícios e tarefas, avaliações parciais mais constantes.

3. Caráter sistemático

O programa de ensino deve ser delineado em conhecimentos sistematizados e não em temas genéricos e esparsos, sem ligação entre si. O sistema de conhecimentos de cada matéria deve garantir uma lógica interna, que permita uma interpenetração entre os assuntos.

4. Relevância social

Este critério corresponde à ligação entre o saber sistematizado e a experiência prática, devendo os conteúdos refletir objetivos educativos esperados em relação à sua participação na vida social. A relevância social dos conteúdos significa incorporar no programa as experiências e vivências das crianças na sua situação social concreta, para contrapor a noções de uma sociedade idealizada e de um tipo de vida e de valores distanciados do cotidiano das crianças que, frequentemente, aparecem nos livros didáticos.

Para isso, a escolha dos conteúdos deve satisfazer as seguintes preocupações: Como ligar a exigência do domínio dos conhecimentos com a vida real das crianças? Que conhecimentos precisam ser introduzidos face a exigências teóricas e práticas do contexto social, embora não façam parte da experiência cotidiana das crianças?

O domínio efetivo dos conhecimentos não se garante, pois, apenas pela memorização e repetição de fórmulas e regras. Implica fundamentalmente a compreensão teórica e prática, seja utilizando os conhecimentos e habilidades obtidos nas próprias aulas, seja para utilizá-los nas situações concretas postas pela vida prática. Entretanto, é preciso não confundir as expressões "conhecimentos relevantes para a prática social" e "conhecimento prático". Muitos professores entendem que ligar os conhecimentos com a realidade é ensinar apenas coisas práticas. Esta é uma visão muito estreita do critério de relevância social. Muitos assuntos da matéria não têm um vínculo direto, mas têm um efeito prático fundamental para desenvolver o pensamento teórico dos alunos. Os conhecimentos são relevantes para a vida concreta quando ampliam o conhecimento da realidade, instrumentalizam os alunos a pensarem metodicamente, a raciocinar, a desenvolver a capacidade de abstração, enfim, a pensar a própria prática. Ultrapassam, portanto, o nível das coisas simplesmente práticas, para alcançar um nível de experiência e pensamento compatível com o conhecimento científico e teórico. Agir praticamente significa utilizar o poder intelectual frente às tarefas da vida, seja na escola, seja na sociedade.

5. Acessibilidade e solidez

Acessibilidade significa compatibilizar os conteúdos com o nível de preparo e desenvolvimento mental dos alunos. É o que se costuma denominar, também, de dosagem dos conteúdos. É muito comum as escolas estabelecerem um volume de conteúdos muito acima do que o aluno é capaz de assimilar e em nível tal que os alunos não dão conta de compreendê-los. Deve-se observar, assim, que um conteúdo demasiado complicado e muito acima da compreensão dos alunos não mobiliza a sua atividade mental, leva-os a perderem a confiança em si e a desanimarem, comprometendo a aprendizagem. Por outro lado, se o conteúdo é muito fácil e simplificado, leva a diminuir o interesse e não desafia o seu desejo de vencê-lo.

Se os conteúdos são acessíveis e didaticamente organizados, sem perder o caráter científico e sistematizado, haverá mais garantia de uma assimilação sólida e duradoura, tendo em vista a sua utilização nos conhecimentos novos e a sua transferência para as situações práticas.

Sugestões para tarefas de estudo

Perguntas para o trabalho independente dos alunos

- Que sentido tem a afirmação: "Os objetivos educacionais são socialmente determinados"?
- Como a filosofia educacional dos professores influi na escolha de objetivos?

- Como se articulam objetivos gerais e objetivos específicos?
- Quais são as relações básicas entre objetivos e conteúdos?
- Formular uma definição de "conteúdos escolares" e explicar o seu caráter social e histórico.
- Descrever os elementos que compõem os conteúdos (tipos de conteúdos).
- Como fazer para selecionar e organizar os conteúdos? Quais são as fontes que influem na seleção de conteúdos de ensino?
- Explicar o que é a dimensão crítico-social dos conteúdos.
- Comentar as vantagens e as limitações do livro didático em relação à dimensão crítico-social dos conteúdos.
- Quais são os critérios de seleção dos conteúdos?

Temas para aprofundamento do estudo

- Coletar documentos de planos de ensino nas escolas. Analisar os seguintes aspectos: político, pedagógico e didático.
- Tomar o plano de ensino de uma matéria e reconstituir os objetivos de ensino, com base nos capítulos já estudados.
- Pesquisar 2 ou 3 livros de Didática ou de Psicologia da Educação e escolher temas que tratem a questão dos objetivos e conteúdos. Fazer um resumo dos posicionamentos desses autores. Discutir em classe.
- Considerar documentos de planos de ensino usados nas escolas da cidade. Reler o tópico 2 do Capítulo 4 e os tópicos 3 e 4 deste capítulo e, em seguida: a) fazer uma apreciação crítica dos conteúdos registrados; b) refazê-los.
- Analisar os conteúdos do livro didático ou dos planos de ensino, e estudar possibilidades de tratamento crítico-social, conforme sugere o exemplo do texto.

Temas para redação

- Os livros didáticos e a dimensão crítico-social dos conteúdos.
- A articulação entre os elementos dos conteúdos no plano de ensino.
- A relação entre objetivos gerais e objetivos específicos.
- A importância dos objetivos no processo de ensino.
- Redigir um texto com o seguinte título: "Justificativa do ensino de Língua Portuguesa" (ou Estudos Sociais, Matemática etc.).

Bibliografia complementar

ABREU, M. Célia de; MASETTO, Marcos T. *O professor universitário em aula* (Prática e princípios teóricos). São Paulo: Cortez/Autores Associados, 1985.

BALZAN, Newton C. Sete asserções inaceitáveis sobre a inovação educacional. *Educação & Sociedade*, São Paulo, n. 6, 1980, p. 119-139.

BERGAMIN, Maria E.; MANSUTTI, Maria A. Revisão dos programas de uma rede de ensino: um processo, uma experiência. *Revista da Ande*, São Paulo, n. 12, 1987, p. 39-45.

ENRICONE, Délcia et al. *Ensino — Revisão crítica*. Porto Alegre: Sagra, 1988.

FARIA, Ana Lúcia G. *Ideologia no livro didático*. São Paulo: Cortez/Autores Associados, 1985.

FRANCO, Luíz A. C. *A escola do trabalho e o trabalho da escola*. São Paulo: Cortez/Autores Associados, 1986.

LIBÂNEO, José C. *Democratização da escola pública*. São Paulo: Loyola, 1987 (Introdução e caps. 1 e 5).

_____. Os conteúdos escolares e sua dimensão crítico-social. *Revista da Ande*, São Paulo, n. 11, 1986, p. 5-13.

_____. Pedagogia crítico-social: didática e currículo. *Anais do XVI Seminário Brasileiro de Tecnologia Educacional* (ABT). Rio de Janeiro, v. I, 1988, p. 45-65.

LUCKESI, Cipriano C. *Filosofia da educação*. São Paulo: Cortez, 1990.

MOREIRA, M. A.; MASINI E. F. *Aprendizagem significativa*: a teoria de David Ausubel. São Paulo: Moraes, 1982.

NIDELCOFF, Maria T. *As ciências sociais na escola*. São Paulo: Brasiliense, 1987.

PETEROSSI, Helena G.; FAZENDA, Ivani C. A. *Anotações sobre metodologia e prática de ensino na escola de 1° grau*. São Paulo: Loyola, 1983.

SÃO PAULO. Secretaria Municipal de Educação. *Programa de 1° grau. Departamento de Planejamento e Orientação*. São Paulo, 1985.

SAVIANI, Dermeval. Entrevista concedida ao jornal *La Hora*, de 28 fev. 1987, de Montevidéu (Uruguai).

VEIGA, Ilma P. A. (org.). *Repensando a didática*. Campinas: Papirus, 1988.

Capítulo 7

Os métodos de ensino

O processo de ensino se caracteriza pela combinação de atividades do professor e dos alunos. Estes, pelo estudo das matérias, sob a direção do professor, vão atingindo progressivamente o desenvolvimento de suas capacidades mentais. A direção eficaz desse processo depende do trabalho sistematizado do professor que, tanto no planejamento como no desenvolvimento das aulas, conjuga objetivos, conteúdos, métodos e formas organizativas do ensino.

Os métodos são determinados pela relação objetivo-conteúdo, e referem-se aos meios para alcançar objetivos gerais e específicos do ensino, ou seja, ao "como" do processo de ensino, englobando as ações a serem realizadas pelo professor e pelos alunos para atingir os objetivos e conteúdos. Temos, assim, as características dos métodos de ensino: estão orientados para objetivos; implicam uma sucessão planejada e sistematizada de ações, tanto do professor quanto dos alunos; requerem a utilização de meios.

Em virtude da necessária vinculação dos métodos de ensino com os objetivos gerais e específicos, a decisão de selecioná-los e utilizá-los nas situações didáticas específicas depende de uma concepção metodológica mais ampla do processo educativo. Nesse sentido, dizer que o professor "tem método" é mais do que dizer que domina procedimentos e técnicas de ensino, pois o método deve expressar, também, uma compreensão global do processo educativo na sociedade: os fins sociais e pedagógicos do ensino, as exigências e desafios que a realidade social coloca, as expectativas de formação dos alunos para que possam atuar na sociedade de forma crítica e criadora, as implicações da origem de classe dos alunos no processo de aprendizagem, a relevância social dos conteúdos de ensino etc.

A direção do processo de ensino requer, portanto, o conhecimento de princípios e diretrizes, métodos, procedimentos e outras formas organizativas.

Neste capítulo trataremos dos seguintes temas:

* conceito de método de ensino;
* a relação objetivo-conteúdo-método;
* os princípios básicos do ensino;
* classificação dos métodos de ensino.

Conceito de método de ensino

O conceito mais simples de "método" é o de caminho para atingir um objetivo. Na vida cotidiana estamos sempre perseguindo objetivos. Mas estes não se realizam por si mesmos, sendo necessária a nossa atuação, ou seja, a organização de uma sequência de ações para atingi-los. Os métodos são, assim, meios adequados para realizar objetivos.

Um cientista busca um objetivo que é a obtenção de novos conhecimentos e, para isso, utiliza métodos de investigação científica. Já o estudante tem como objetivo a aquisição de conhecimentos e, para isso, utiliza métodos de assimilação de conhecimentos.

Cada ramo do conhecimento, por sua vez, desenvolve métodos próprios. Temos, assim, métodos matemáticos, métodos sociológicos, métodos pedagógicos etc. Podemos falar, também, em métodos de transformação da realidade, como métodos de luta política, métodos de difusão cultural, métodos de organização etc.

O professor, ao dirigir e estimular o processo de ensino em função da aprendizagem dos alunos, utiliza intencionalmente um conjunto de ações, passos, condições externas e procedimentos, a que chamamos métodos de ensino. Por exemplo, à atividade de explicar a matéria corresponde o método de exposição; à atividade de estabelecer uma conversação ou discussão com a classe corresponde o método de elaboração conjunta. Os alunos, por sua vez, sujeitos da própria aprendizagem, utilizam-se de métodos de assimilação de conhecimentos. Por exemplo, à atividade dos alunos de resolver tarefas corresponde o método de resolução de tarefas; à atividade que visa o domínio dos processos do conhecimento científico em uma disciplina corresponde o método investigativo; à atividade de observação corresponde o método de observação e assim por diante.

Vimos, anteriormente, que a mediação escolar pelos objetivos-conteúdos-métodos tem como suporte uma concepção sociopolítica e pedagógica do processo educativo. Os métodos de ensino, portanto, não se reduzem a quaisquer medidas, procedimentos e técnicas. Eles decorrem de uma concepção de sociedade, da natureza da atividade prática humana no mundo, do processo de conhecimento e, particularmente, da compreensão da prática educativa numa determinada sociedade. Nesse sentido, antes de se constituírem em passos, medidas e procedimentos, os métodos de ensino se fundamentam em um método de reflexão e ação sobre a realidade educacional, sobre a lógica interna e as relações entre os objetos, fatos e problemas dos conteúdos de ensino, de modo a vincular a todo momento o processo de conhecimento e a atividade prática humana no mundo.

O método de ensino expressa a relação conteúdo-método, no sentido de que tem como base um conteúdo determinado (um fato, um processo, uma teoria etc.). O método vai em busca das relações internas de um objeto, de um fenômeno, de um problema, uma vez que esse objeto de estudo fornece as pistas, o caminho para conhecê-lo. Mas, quando falamos que o método propicia a descoberta das relações entre as coisas que se estudam, referimo-nos à ideia de que os fatos, os fenômenos, os processos estão em constante transformação, em constante desenvolvimento, em virtude de que é pela ação humana que as coisas mudam. Nesse sentido, apanhar os objetos de estudo nas suas relações internas significa verificar como a ação humana entra na definição de uma coisa, isto é, ver nas relações entre as coisas os significados sociais que lhes são dados e a que necessidades sociais e humanas está vinculado o objeto de conhecimento. O método de ensino, pois, implica ver o objeto de estudo nas suas propriedades e nas suas relações com outros objetos e fenômenos e sob vários ângulos, especialmente na sua implicação com a prática social, uma vez que a apropriação de conhecimentos tem a sua razão de ser na sua ligação com necessidades da vida humana e com a transformação da realidade social.

Devido a esse entendimento, os métodos de ensino dependem dos objetivos que se formulam tendo em vista o conhecimento e a transformação da realidade. A prática educativa em nossa sociedade, através do processo de transmissão e assimilação ativa de conhecimentos e habilidades, deve ter em vista a preparação de crianças e jovens para uma compreensão mais ampla da realidade social, para que essas crianças e jovens se tornem agentes ativos de transformação dessa realidade. Intermediando esse processo, os métodos de ensino são ações, passos e procedimentos vinculados ao método de reflexão, compreensão e transformação da realidade, que, sob condições concretas de cada situação didática, asseguram o encontro formativo entre o aluno e as matérias de ensino. Método de ensino não se reduz a um conjunto de procedimentos. O procedimento é um detalhe do método, formas específicas da ação docente utilizadas em distintos métodos de ensino. Por exemplo, se é utilizado o método de exposição, podem-se utilizar procedimentos tais como leitura e compreensão de um texto, demonstração de um experimento, perguntas aos alunos para verificar a compreensão do exposto etc.

Em resumo, podemos dizer que os métodos de ensino são as ações do professor pelas quais se organizam as atividades de ensino e dos alunos, para atingir objetivos do trabalho docente em relação a um conteúdo específico. Eles regulam as formas de interação entre ensino e aprendizagem, entre o professor e os alunos, cujo resultado é a assimilação consciente dos conhecimentos e o desenvolvimento das capacidades cognoscitivas e operativas dos alunos.

A escolha e organização dos métodos de ensino devem corresponder à necessária unidade objetivos-conteúdos-métodos e formas de organização do ensino e às condições concretas das situações didáticas. Em primeiro lugar, os métodos de ensino dependem dos objetivos imediatos da aula: introdução de matéria nova, explicação de conceitos, desenvolvimento de habilidades, consolidação de conhecimentos etc. Ao mesmo tempo, dependem de objetivos gerais da educação previstos nos planos de ensino pela escola ou pelos professores.

Em segundo lugar, a escolha e organização dos métodos dependem dos conteúdos específicos e dos métodos peculiares de cada disciplina e dos métodos da sua assimilação. Há uma relação mútua entre os métodos gerais de ensino — comuns e fundamentais a todas as disciplinas — e os métodos específicos de cada uma. Não há método único de ensino, mas uma variedade de métodos cuja escolha depende dos conteúdos da disciplina, das situações didáticas específicas e das características socioculturais e de desenvolvimento mental dos alunos. Por exemplo, o ensino da leitura pode ser feito por meio de sílabas isoladas ou de palavras completas, que são, entre outros, métodos peculiares do ensino da Língua Portuguesa; mas esses métodos específicos são inseridos em métodos gerais, tais como a explicação verbal, o trabalho independente ou a elaboração conjunta. A escolha dos métodos mais apropriados depende, pois, por parte do professor, tanto do domínio dos princípios e leis do processo de ensino aplicáveis a todas as matérias quanto do domínio dos conteúdos e métodos de cada uma.

Em terceiro lugar, em estreita relação com as condições anteriores, a escolha de métodos implica o conhecimento das características dos alunos quanto à capacidade de assimilação conforme idade e nível de desenvolvimento mental e físico e quanto às suas características socioculturais e individuais. O uso adequado e eficaz dos métodos de ensino visa assegurar, no processo de transmissão/assimilação de conhecimentos e habilidades, a atualização das capacidades potenciais dos alunos, de modo que adquiram e dominem métodos próprios de aprender. Nenhum ensino pode ser bemsucedido se não partir das condições prévias dos alunos para enfrentar conhecimentos novos. É, portanto, indispensável investigar a situação individual e social do grupo de alunos, os conhecimentos e experiências que eles já trazem, de modo que, nas situações didáticas, ocorra a ligação entre os objetivos e conteúdos propostos pelo professor e as condições de aprendizagem dos alunos.

Na análise do processo de ensino destaca-se seu caráter bilateral em que a atividade de direção do professor e de aprendizagem do aluno atuam reciprocamente, o professor estimulando e dirigindo o processo em função da aprendizagem ativa do aluno. Os métodos movimentam esse processo. Desse modo, quando, por exemplo, é utilizada a exposição lógica da matéria, predomina a atividade do professor, mas sempre visando a compreensão e assimilação da matéria, suscitando a atividade mental do aluno. Quando são organizadas formas de trabalho independente, predomina a atividade do aluno. Os métodos correspondem, assim, à sequência de atividades do professor e dos alunos. Supõem objetivos do professor e os meios e formas de organização do ensino de que dispõe, e, concomitantemente, os objetivos dos alunos e a ativação das suas forças mentais. Mediante a combinação dessa ação conjunta realiza-se o processo de assimilação ativa pelos alunos.

A relação objetivo-conteúdo-método

Ao longo dos nossos estudos temos tratado sistematicamente desta questão fundamental do processo de ensino. Os métodos não têm vida independentemente dos objetivos e conteúdos, assim como a assimilação dos conteúdos depende tanto dos métodos de ensino como dos de aprendizagem.

A primeira consideração que devemos fazer a esse respeito é que o conteúdo de ensino não é a matéria em si, mas uma matéria de *ensino*, selecionada e preparada *pedagógica e didaticamente* para ser assimilada pelos alunos. Ao dizermos isso, queremos insistir em que não basta transmitir a matéria, ainda que levemos em conta as condições prévias dos alunos. É preciso considerar que a matéria de ensino está determinada por aspectos político-pedagógicos, lógicos e psicológicos, o que significa considerar a relação de subordinação dos métodos aos objetivos gerais e específicos. Os objetivos expressam não só a antecipação dos nossos propósitos em relação ao desenvolvimento e transformação da personalidade dos alunos face às exigências individuais e sociais, como também a conotação *pedagógica* dos conteúdos. Os métodos, por sua vez, são as formas pelas quais os objetivos e conteúdos se manifestam no processo de ensino.

A relação objetivo-conteúdo-método tem como característica a mútua interdependência. O método de ensino é determinado pela relação objetivo-conteúdo, mas pode também influir na determinação de objetivos e conteúdos. Com efeito, a matéria de ensino é o elemento de referência para a elaboração dos objetivos específicos que, uma vez definidos, orientam a articulação dos conteúdos e métodos, tendo em vista a atividade de estudo dos alunos. Por sua vez, os métodos, à medida que expressam formas de transmissão e assimilação de determinadas matérias, atuam na seleção de objetivos e conteúdos.

Por exemplo, quando definimos objetivos e conteúdos de História, devem estar incluídos neles os métodos próprios de estudo dessa matéria. Se entendermos que o método de estudo da História privilegia mais a compreensão do processo histórico e as relações entre os acontecimentos do que a simples descrição de nomes e fatos, esta particularidade metodológica deve ser transformada em objetivo de ensino. O mesmo raciocínio vale para a matéria Ciências, por exemplo, em relação aos métodos e hábitos científicos.

Podemos dizer, assim, que o conteúdo determina o método, pois é a base informativa concreta para atingir os objetivos. Mas o método pode ser um conteúdo quando é também objeto de assimilação, ou seja, requisito para assimilação ativa dos conteúdos. Por exemplo, para uma aula de leitura estabelecemos objetivos, conteúdos e métodos. Se decidimos aplicar o método de leitura expressiva, nosso objetivo é que o aluno domine uma habilidade de leitura. Nesse caso, o método se converte em objetivo e conteúdo.

Estas considerações procuram mostrar que a unidade objetivo-conteúdo-métodos constitui a linha fundamental de compreensão do processo didático: os objetivos, explicitando propósitos pedagógicos intencionais e planejados de instrução e educação dos alunos, para participação na vida social; os conteúdos, constituindo a base informativa concreta para alcançar os objetivos e determinar os métodos; os métodos, formando a totalidade dos passos, formas didáticas e meios organizativos do ensino que viabilizam a assimilação dos conteúdos e, assim, o atingimento dos objetivos.

Os princípios básicos do ensino

Os princípios do ensino são aspectos gerais do processo de ensino que expressam os fundamentos teóricos de orientação do trabalho docente. Os princípios do ensino levam em conta a natureza da prática educativa escolar numa determinada sociedade, as características do processo de conhecimento, as peculiaridades metodológicas das matérias e suas manifestações concretas na prática docente, as relações entre ensino e desenvolvimento dos alunos, as peculiaridades psicológicas de aprendizagem e desenvolvimento conforme idades.

Os estudos que se têm desenvolvido entre os educadores sobre essas questões ainda são insuficientes para a formulação de um sistema de princípios que abranja toda a complexidade dos nexos e relações existentes no processo de ensino. Entretanto, as exigências práticas da sala de aula requerem algumas indicações que orientam a atividade consciente dos professores no rumo dos objetivos gerais e específicos do ensino.

Ter caráter científico e sistemático

Os conteúdos de ensino devem estar em correspondência com os conhecimentos científicos atuais e com os métodos de investigação próprios de cada matéria. Ao elaborar o plano de ensino, o professor selecionará temas de estudo que representem conhecimentos e habilidades que possam proporcionar o máximo possível de desenvolvimento intelectual, tendo em conta o limite superior das possibilidades do grupo de alunos. Para isso, deve-se recorrer ao princípio da sistematicidade das matérias, ou seja, a estruturação lógica do sistema de conhecimentos de cada matéria ao longo das séries escolares. Cada unidade de ensino ou aula é parte de um conjunto maior, logicamente concatenado.

Recomenda-se ao professor:

- buscar a explicação científica de cada conteúdo da matéria;
- orientar o estudo independente dos alunos na utilização dos métodos científicos da matéria;
- certificar-se da consolidação da matéria anterior por parte dos alunos, antes de introduzir matéria nova;
- assegurar no plano de ensino e na aula a articulação sequencial entre os conceitos e habilidades;
- assegurar a unidade objetivos-conteúdos-métodos;
- organizar as aulas de modo que sejam evidenciadas as inter-relações entre os conhecimentos da matéria e entre estes e as demais matérias;

- aproveitar, em todos os momentos, as possibilidades educativas da matéria no sentido de formar atitudes e convicções.

Ser compreensível e possível de ser assimilado

Este princípio deve ser combinado com o anterior, pois a cientificidade e sistematicidade devem ser compatíveis com as condições prévias com as quais os alunos se apresentam em relação à assimilação de novos conteúdos. Isto não significa "simplificar" o conteúdo ou diminuir o rigor no cumprimento dos programas, mas criar as condições prévias de ensino de tal forma que, com base nas possibilidades reais dos alunos, se possa exigir deles o máximo de aproveitamento escolar. Além disso, o professor deve ter a convicção de que o seu próprio trabalho deve assegurar a ampliação das possibilidades cognoscitivas dos alunos, de modo que possam avançar no domínio dos conhecimentos novos.

Recomendações práticas para atender a esse princípio:

- dosagem do grau de dificuldades no processo de ensino, tendo em vista superar a contradição entre as condições prévias e os objetivos a serem alcançados;
- diagnóstico periódico do nível de conhecimentos e de desenvolvimento dos alunos;
- análise sistemática da correspondência entre o volume de conhecimentos e as condições concretas do grupo de alunos;
- aprimoramento e atualização, por parte do professor, nos conteúdos da matéria que leciona, como condição de torná-los compreensíveis e assimiláveis pelos alunos.

Assegurar a relação conhecimento-prática

O estudo dos conhecimentos sistematizados e a aquisição de habilidades e hábitos decorrem das exigências e necessidades da vida prática, isto é, preparação dos indivíduos para o mundo do trabalho, para a cidadania, para a participação nos vários setores da vida social. Dominar conhecimentos e habilidades é saber aplicá-los, tanto nas tarefas escolares como nas tarefas da vida prática. Os conhecimentos, portanto, servem não só para explicar os fatos, acontecimentos e processos que ocorrem na natureza, na sociedade e no pensamento humano, mas também para transformá-los.

A ligação entre teoria e prática, no processo de ensino, ocorre em vários momentos do trabalho docente: a verificação dos conhecimentos e experiências dos alunos em relação ao conteúdo novo, para tomá-los como ponto de partida; a comprovação de que os alunos dominaram os conhecimentos, aplicando-se em situações novas; a demonstração do valor prático dos conhecimentos; a ligação dos problemas concretos do meio ao conhecimento científico. Isso significa que, nas aulas, às vezes se vai da prática para a teoria, outras vezes se vai da teoria para a prática.

Não podemos confundir, entretanto, a ligação entre os conhecimentos e a prática com ministrar somente "conhecimentos práticos". Muitos professores entendem que ligar o ensino com a realidade significa ensinar apenas coisas práticas. Não é bem assim. Há conhecimentos (por exemplo, alguns conteúdos de Matemática e História) cujo vínculo com a prática é indireto; entretanto, contribuem para desenvolver o pensamento e o raciocínio, ampliam nossas capacidades e habilidades e, com isso, enriquecem nossa atuação na vida prática.

Algumas recomendações práticas para atender a este princípio:

- estabelecer, sistematicamente, vínculos entre os conteúdos escolares, as experiências e os problemas da vida prática;
- exigir dos alunos que fundamentem, com o conhecimento sistematizado, aquilo que realizam na prática;
- mostrar como os conhecimentos de hoje são resultado da experiência das gerações anteriores em atender necessidades práticas da humanidade e como servem para criar novos conhecimentos para novos problemas.

Assentar-se na unidade ensino-aprendizagem

A direção pedagógica do professor consiste em planejar, organizar e controlar as atividades de ensino, de modo que sejam criadas as condições em que os alunos dominem conscientemente os conhecimentos e métodos da sua aplicação e desenvolvam a iniciativa, a independência de pensamento e a criatividade.

Este princípio deve ser muito bem compreendido pelo futuro professor. Quando falamos em "direção pedagógica" não significa "direção autoritária" ou um excessivo controle, mas uma ação decidida do professor no sentido de estimular nos alunos qualidades e atitudes necessárias ao estudo ativo e independente, como curiosidade científica, atenção, constância, disciplina, interesses etc., bem como de criar as condições favoráveis para o processo de transmissão/assimilação de conhecimentos. Por outro lado, quando falamos em atividade autônoma e independente do aluno, não significa que devemos organizar o trabalho docente somente com base nos interesses e necessidades atuais dos alunos ou deixá-los trabalhando sozinhos. A autonomia e atividade dos alunos se manifestam quando cooperam ativa e conscientemente no processo de ensino, mesmo quando se trata, por exemplo, de exposição oral do professor. Atividade não quer dizer "manter os alunos ocupados", mas criar situações didáticas que ativem as potencialidades cognoscitivas dos alunos, de modo que dominem métodos de pensamento, saibam usar os conceitos aprendidos em situações novas.

Quando o professor aplica métodos ativos de ensino (solução de problemas, pesquisa, estudo dirigido, manipulação de objetos etc.), deve ter clareza de que somente são válidos se estimulam a atividade mental dos alunos. Em vez de adotar a máxima "Aprender fazendo", deve adotar esta outra: "Aprender pensando naquilo que faz".

A esse respeito, escreveu o pedagogo G. Mialaret (1977, p. 92): "A ação e o pensamento estão ligados. Fazendo agir, favorecemos o desenvolvimento e o exercício do pensamento. Por outro lado, um pensamento firme e sólido dirige melhor a ação, tornando-a mais eficaz".

Algumas recomendações práticas em relação a este princípio:

- esclarecer os alunos sobre os objetivos da aula e sobre a importância dos novos conhecimentos para a sequência dos estudos, ou para atender necessidades futuras;

- provocar a explicitação da contradição entre ideias e experiências que os alunos possuem sobre um fato ou objeto de estudo e o conhecimento científico sobre esse fato ou objeto de estudo;

- criar condições didáticas nas quais os alunos possam desenvolver métodos próprios de compreensão e assimilação de conceitos e habilidades (explicar como resolveu um problema, tirar conclusões sobre dados da realidade, fundamentar uma opinião, seguir regras para desempenhar uma tarefa etc.);
- estimular os alunos a expor e defender pontos de vista, conclusões sobre uma observação ou experimento e a confrontá-los com outras opiniões;
- formular perguntas ou propor tarefas que requeiram a exercitação do pensamento e soluções criativas;
- criar situações didáticas (discussões, exercícios, provas, conversação dirigida etc.) em que os alunos possam aplicar conteúdos a situações novas ou a problemas do meio social;
- desenvolver formas didáticas variadas de aplicação do método de solução de problemas.

Garantir a solidez dos conhecimentos

Este princípio se apoia na afirmação de que o desenvolvimento das capacidades mentais e modos de ação é o principal objetivo do processo de ensino e de que é alcançado no próprio processo de assimilação de conhecimentos, habilidades e hábitos. A assimilação de conhecimentos não é conseguida se os alunos não demonstram resultados sólidos e estáveis por um período mais ou menos longo. O atendimento deste princípio exige do professor frequente recapitulação da matéria, exercícios de fixação, tarefas individualizadas a alunos que apresentem dificuldades e sistematização dos conceitos básicos da matéria.

Levar à vinculação trabalho coletivo — particularidades individuais

O trabalho docente deve ser organizado e orientado para educar a todos os alunos da classe coletivamente. O professor deve empenhar-se para que os alunos aprendam a comportar-se tendo em vista o interesse de todos, ao mesmo tempo que presta atenção às diferenças individuais e às peculiaridades de aproveitamento escolar.

Para isso, podem ser adotadas as seguintes medidas:

- explicar com clareza os objetivos da atividade docente, as expectativas em relação aos resultados esperados e as tarefas em que os alunos estarão envolvidos;

- desenvolver um ritmo de trabalho de acordo com o nível máximo de exigências que se podem fazer para aquele grupo de alunos;

- prevenir a influência de particularidades desfavoráveis ao trabalho escolar (colocar nas primeiras carteiras os alunos com problemas de visão ou audição, dirigir-se com mais frequência a alunos distraídos, dar mais detalhes de uma tarefa a alunos mais lentos);

- considerar que a capacidade de assimilação da matéria, a motivação para o estudo e os critérios de valorização das coisas não são iguais para todos os alunos: tais particularidades requerem uma atenção especial do professor a fim de colocar os alunos isolados em condições de participar do trabalho coletivo.

Classificação dos métodos de ensino

No trabalho docente, o professor seleciona e organiza vários métodos de ensino e vários procedimentos didáticos em função das características de cada matéria. Sendo assim, tratamos neste tópico dos métodos gerais de ensino, cuja utilização depende dos objetivos-conteúdos-métodos das matérias, das peculiaridades dos alunos e do trabalho criativo do professor.

Há muitas classificações de métodos de ensino, conforme os critérios de cada autor. Dentro da concepção de processo de ensino que temos estudado, os métodos de ensino são considerados em estreita relação com os métodos de aprendizagem (ou métodos de assimilação, ativa); ou seja, os métodos de ensino fazem parte do papel de direção do processo de ensino por parte do professor tendo em vista a aprendizagem dos alunos. Nesse sentido, o critério de classificação dos métodos de ensino resulta da relação existente entre ensino e aprendizagem, concretizada pelas atividades do professor e alunos no processo de ensino.

De acordo com esse critério, o eixo do processo de ensino é a relação cognoscitiva entre o aluno e a matéria. Os métodos de ensino consistem na mediação escolar tendo em vista ativar as forças mentais dos alunos para a assimilação da matéria.

O processo de ensino tem um aspecto externo (os conteúdos de ensino) e um aspecto interno (as condições mentais e físicas dos alunos para assimilação dos conteúdos) que se relacionam mutuamente: de um lado há a matéria a ser ensinada de forma assimilável pelo aluno; de outro, há um aluno a ser "preparado" para assimilar a matéria, partindo das suas disposições internas.

Há, portanto, métodos de ensino de acordo com aspecto externo, que indica procedimentos e formas de dirigir o processo de ensino, ou seja, as relações professor-aluno-matéria; e de acordo com o seu aspecto interno, que indica as funções ou passos didáticos e procedimentos e ações de assimilação ativa da parte do aluno. Isto quer dizer que métodos de ensino se ligam aos métodos de aprendizagem.

Em função desse critério básico, no qual a direção do ensino se orienta para a ativação das forças cognoscitivas do aluno, podemos classificar os métodos de ensino segundo os seus aspectos externos — método de exposição pelo professor, método de trabalho relativamente independente do aluno, método de elaboração conjunta (ou de conversação) e método de trabalho em grupos — e seus aspectos internos — passos ou funções didáticas e procedimentos lógicos e psicológicos de assimilação da matéria.

1. Método de exposição pelo professor

Neste método, os conhecimentos, habilidades e tarefas são apresentados, explicados ou demonstrados pelo professor. A atividade dos alunos é receptiva, embora não necessariamente passiva. O método expositivo é bastante utilizado em nossas escolas, apesar das críticas que lhe são feitas, principalmente por não levar em conta o princípio da atividade do aluno. Entretanto, se for superada esta limitação, é um importante meio de obter conhecimentos. A exposição lógica da matéria continua sendo, pois, um procedimento necessário, desde que o professor consiga mobilizar a atividade interna do aluno de concentrar-se e de pensar, e a combine com outros procedimentos, como o trabalho independente, a conversação e o trabalho em grupo.

Entre as formas de exposição, mencionamos a exposição verbal, a demonstração, a ilustração e a exemplificação. Essas formas, em geral, podem ser conjugadas, possibilitando o enriquecimento da aula expositiva.

A *exposição verbal* ocorre em circunstâncias em que não é possível prover a relação direta do aluno com o material de estudo. Sua função principal é explicar de modo sistematizado quando o assunto é desconhecido ou quando as ideias que os alunos trazem são insuficientes ou imprecisas. A palavra do professor, em muitos casos, serve também como força estimuladora para despertar nos alunos uma disposição motivadora para o assunto em questão. Nesse caso, o professor estimula sentimentos, instiga a curiosidade, relata de forma sugestiva um acontecimento, descreve com vivacidade uma situação real, faz uma leitura expressiva de um texto etc.

A explicação da matéria deve levar em conta dois aspectos: proporcionar conhecimentos e habilidades que facilitem a sua assimilação ativa e desenvolver capacidades para que o aluno se beneficie da exposição de modo receptivo-ativo.

A exposição do professor pode conjugar-se com a exposição do aluno, a partir de um certo momento da escolarização. A exposição ou relato de conhecimentos adquiridos ou de experiências vividas é um exercício útil para desenvolver a relação entre o pensamento e a linguagem, a coordenação de ideias e a sistematização de conhecimentos.

A *demonstração* é uma forma de representar fenômenos e processos que ocorrem na realidade. Ela se dá seja através de explicações em um estudo do meio (excursão), seja através de explicação coletiva de um fenômeno por meio de um experimento simples, uma projeção de *slides*. Por exemplo, explicar o processo de germinação de uma planta mostrando por que e como se desenvolveu um grão de feijão.

A *ilustração* é uma forma de apresentação gráfica de fatos e fenômenos da realidade, por meio de gráficos, mapas, esquemas, gravuras etc., a partir dos quais o professor enriquece a explicação da matéria. Aqui, como na demonstração, é importante que os alunos desenvolvam a capacidade de concentração e de observação.

A *exemplificação* é um importante meio auxiliar da exposição verbal, principalmente nas séries iniciais do ensino de 1° grau. Ocorre quando o professor faz uma leitura em voz alta, quando escreve ou fala uma palavra, para que os alunos observem e depois repitam. Ocorre, também, quando ensina o modo correto de realizar uma tarefa: usar o dicionário, consultar o livro-texto, organizar os cadernos, preparar-se para uma prova, observar um fato de acordo com normas e tirar conclusões, fazer relações entre fatos e acontecimentos etc.

O método de exposição verbal ou aula expositiva, do modo como o descrevemos, é um procedimento didático valioso para a assimilação de conhecimentos. Se o conteúdo da aula é suficientemente significativo para canalizar o interesse das crianças, se vincula-se com conhecimentos e experiências que os alunos trazem, se os alunos assumem uma atitude receptivo-ativa, a exposição verbal deixa de ser simplesmente um repasse de informações.

Entretanto, sendo a aula expositiva um método muito difundido em nossas escolas, torna-se necessário alertar sobre práticas didaticamente incorretas, tais como: conduzir os alunos a uma aprendizagem mecânica, fazendo-os apenas memorizar e decorar fatos, regras, definições, sem ter garantido uma sólida compreensão do assunto; usar linguagem e termos inadequados, distantes da linguagem usual das crianças e dos seus interesses; usar palavras que não têm correspondência com o vocabulário das crianças; apresentar noções, fatos, assuntos sem ligação com a matéria anterior, isto é, sem um plano sistemático de unidades de ensino com objetivos, conteúdos sequenciais, atividades coerentes com os conteúdos e obedecendo a uma certa ordem; expor a matéria sem antes despertar a atenção e a concentração dos alunos; expor a matéria sem a preocupação de atingir cada aluno individualmente, mesmo se dirigindo à classe como um todo; exigir silêncio com ameaças e intimidações, transformando a aula em desprazer para o aluno, usar métodos de avaliação que apenas exijam respostas decoradas ou repetidas exatamente na forma transmitida pelo professor ou pelo livro didático.

2. Método de trabalho independente

O método de trabalho independente dos alunos consiste de tarefas, dirigidas e orientadas pelo professor, para que os alunos as resolvam de modo relativamente independente e criador. O trabalho independente pressupõe determinados conhecimentos, compreensão da tarefa e do seu objetivo, o domínio do método de solução, de modo que os alunos possam aplicar conhecimentos e habilidades sem a orientação direta do professor.

O aspecto mais importante do trabalho independente é a atividade mental dos alunos, qualquer que seja a modalidade de tarefa planejada pelo professor para estudo individual. Em muitas escolas onde, numa mesma classe, estão alunos de várias séries, os professores são obrigados a dar tarefas de estudo independente para uma turma enquanto dão aula expositiva para outra. O que tem acontecido, porém, é que esse trabalho individual e silencioso tem sido usado mais para manter os alunos "ocupados" do que para garantir melhor assimilação da matéria, aprimoramento de métodos independentes de estudo e solução criativa de problemas ou tarefas. Além disso, ocorre na mesma sala onde o professor dá a aula, prejudicando a atenção e a concentração dos que trabalham individualmente. Para que o trabalho independente seja, de fato, um método *pedagógico*, é preciso que seja planejado em correspondência com os objetivos, conteúdos e outros procedimentos metodológicos.

O trabalho independente pode ser adotado em qualquer momento da sequência da unidade didática ou aula, como tarefa preparatória, tarefa de assimilação do conteúdo ou como tarefa de elaboração pessoal.

Na *tarefa preparatória*, os alunos escrevem o que pensam sobre o assunto que será tratado, colhem dados e observações, respondem um breve questionário ou teste, fazem uma redação sobre um tema. Essa tarefa serve para verificar as condições prévias dos alunos, levantar problemas que depois serão aprofundados, despertar o interesse pelo assunto, provocar uma atitude interrogativa do aluno etc.

As *tarefas de assimilação do conteúdo* são exercícios de aprofundamento e aplicação dos temas já tratados, estudo dirigido, solução de problemas, pesquisa com base em um problema novo, leitura do texto do livro, desenho de mapas depois de uma aula de Geografia etc. Tarefas desse tipo podem ser intercaladas no decorrer da aula expositiva ou aula de conversação: o professor interrompe a aula e intercala alguns minutos de trabalho individual ou em duplas de alunos. Os resultados desta tarefa podem não ser perfeitos ou corretos, mas mesmo os erros cometidos e as soluções incorretas servem para preparar os alunos para revisar conhecimentos e assimilar a solução correta.

As *tarefas de elaboração pessoal* são exercícios nos quais os alunos produzem respostas surgidas do seu próprio pensamento. O modo prático de solicitar esse tipo de tarefa é fazer uma pergunta ao aluno que o leve a pensar: o que aconteceria se..., o que devemos fazer quando..., para que serve... O aluno também pode relatar o que viu ou observou (uma planta, um animal, uma experiência, uma visita, um estudo do meio) ou contar o que aprendeu.

Para que o trabalho independente cumpra a sua função didática são necessárias condições prévias. O professor precisa:

- dar tarefas claras, compreensíveis e adequadas, à altura dos conhecimentos e da capacidade de raciocínio dos alunos;
- assegurar condições de trabalho (local, silêncio, material disponível etc.);
- acompanhar de perto (às vezes individualmente) o trabalho;
- aproveitar o resultado das tarefas para toda a classe.

Os alunos, por sua vez, devem:

- saber precisamente o que fazer e como trabalhar;
- dominar as técnicas do trabalho (como fazer a leitura de um texto, como utilizar o dicionário ou a enciclopédia, como utilizar o atlas, como fazer observação ou experimento de um fenômeno, como fazer um esquema ou resumo, como destacar ideias principais e ideias secundárias etc.);
- desenvolver atitudes de ajuda mútua não apenas para assegurar o clima de trabalho na classe, mas também para pedir ou receber auxilio dos colegas.

Uma das formas didáticas mais comuns para pôr em prática o trabalho independente e auxiliar no desenvolvimento mental dos alunos é o *estudo dirigido* individual ou em duplas de alunos. Ele se cumpre basicamente por meio de duas funções: a realização de exercícios e tarefas de reprodução de conhecimentos e habilidades que se seguem à explicação do professor; e a elaboração pessoal de novos conhecimentos, a partir de questões sobre problemas diferentes daqueles resolvidos em classe.

O estudo dirigido procura:

- desenvolver habilidades e hábitos de trabalho independente e criativo;
- sistematizar e consolidar conhecimentos, habilidades e hábitos;
- possibilitar a cada aluno, individualmente, resolver problemas, vencer dificuldades e desenvolver métodos próprios de aprendizagem;
- possibilitar aos alunos o desenvolvimento da capacidade de trabalhar, de forma livre e criativa, com os conhecimentos adquiridos, aplicando-os a situações novas, referentes a problemas cotidianos da sua vivência e a problemas mais amplos da vida social;
- possibilitar ao professor a observação de cada aluno em suas dificuldades e progressos, bem como a verificação da eficácia do seu próprio trabalho na condução do ensino.

A primeira função do estudo dirigido é a realização de exercícios e tarefas de reprodução de conhecimentos e habilidades, seguindo-se à exposição verbal, demonstração, ilustração ou exemplificação, que são formas didáticas do método expositivo. A combinação da explicação do professor com exercícios é um recurso necessário para uma boa consolidação dos conhecimentos.

Antes, portanto, de o aluno realizar uma atividade de reprodução do material assimilado (por exemplo, separar as partes de uma planta), são necessários conhecimentos já organizados sobre a planta e suas partes, bem como sobre o modo de proceder na análise e descrição das funções de cada planta. Evidentemente, na fase de explicação verbal o professor já possibilita a atividade cognoscitiva dos alunos, explorando os seus conhecimentos prévios e a sua vivência em relação às plantas, bem como os fatos sociais que envolvem esse assunto. Mas o estudo dirigido, para levar à elaboração pessoal do aluno por meio de exercícios e tarefas de classe ou de casa, supõe uma sistematização prévia de conhecimentos.

O mesmo procedimento deve ser aplicado em relação a tarefas na forma de testes que são colocados, frequentemente, nos livros didáticos atuais. Esse tipo de exercício pode ser útil para combinar a exposição verbal do professor e a atividade dos alunos, mas supõe uma sólida compreensão e assimilação do assunto, sem o que as respostas ficam mecânicas, sem levar à consolidação dos conhecimentos.

A segunda função do estudo dirigido é a proposição de questões que os alunos possam resolver criativamente, de modo que assimilem o processo de busca de soluções de problemas. Esse tipo de estudo dirigido consiste de uma tarefa cuja solução e cujo resultado são desconhecidos para o aluno; mas, dispondo de conhecimentos e habilidades já assimilados, ele pode buscar a sua solução. As questões ou problemas devem, pois, ser compatíveis com as capacidades e possibilidades dos alunos.

O procedimento de *investigação e solução de problemas* contém os seguintes elementos: colocação do problema; coleta de dados e informações para torná-lo bem caracterizado; identificação de possíveis soluções; e escolha de soluções viáveis em face das condições existentes (conhecimentos e tecnologia disponíveis, possibilidades concretas de atuação sobre o problema).

O uso desta técnica visa não apenas a aplicação de conhecimentos a situações novas no âmbito da matéria, mas também a situações da vida prática. Favorece o desenvolvimento das capacidades criadoras e incentiva a atitude de participação dos alunos na problemática que afeta a vida coletiva e estimula o comportamento crítico perante os fatos da realidade social.

A aplicação deste procedimento no decorrer das aulas, seja individualmente ou em grupos, requer a colocação de tarefas simples que possam ser resolvidas em curto espaço de tempo. Tratando-se de problemas ou tarefas mais complexas, devem ser realizados no decorrer de um bimestre ou semestre, em grupos, e desenvolvidos paralelamente à programação normal das aulas.

Qualquer que seja a forma do estudo dirigido, devem ser observados alguns requisitos: ter claros os objetivos e os resultados esperados; corresponder aos conteúdos da matéria; observar o tempo disponível; ter os meios de trabalho à mão (livros, mapas, ilustrações, dicionários, atlas etc.); utilizar os resultados obtidos no trabalho de cada aluno para a classe toda.

O estudo dirigido deve começar, sempre, com uma orientação da tarefa (guia de leitura de um texto, questões de compreensão de texto, exercícios de fixação de conhecimentos através de questões, resumo ou esquema de um texto etc.). O guia de estudo deve conter instruções claras (descreva, classifique, consulte, escreva etc.) e questões ou perguntas enunciadas com clareza e precisão (o que é, por quê, quando, onde, como etc.). Preferentemente, a orientação da tarefa deve ser escrita (mimeografada), salvo quando se trata de tarefas mais curtas, quando é suficiente uma orientação verbal.

Os alunos realizarão a tarefa silenciosamente (às vezes pode ser feita em duplas). O professor percorre a classe observando como cada aluno está resolvendo as questões. Pode dar algum esclarecimento, mas deve deixar o aluno buscar as soluções sozinho, mesmo que saiam respostas erradas. Após o término da tarefa, é necessário retomar a tarefa, identificar os erros e corrigi-los. Às vezes a matéria deve ser revisada, para consolidar os conhecimentos.

Outras formas de trabalho independente são as chamadas fichas didáticas, a pesquisa escolar (resposta a questões com consulta a livros ou enciclopédias) e a instrução programada. As duas últimas são modalidades que podem ser compatibilizadas com a técnica do estudo dirigido.

As *fichas didáticas* englobam fichas de noções, de exercícios e de correção. Cada tema estudado recebe uma numeração, de acordo com a sequência do programa. Os alunos vão estudando os conteúdos, resolvendo os exercícios e comparando as suas respostas com as que estão contidas nas fichas de correção.

3. Método de elaboração conjunta

A elaboração conjunta é uma forma de interação ativa entre o professor e os alunos visando a obtenção de novos conhecimentos, habilidades, atitudes e convicções, bem como a fixação e consolidação de conhecimentos e convicções já adquiridos. O método de elaboração conjunta faz parte do conjunto das opções metodológicas das quais pode servir-se o professor. Aplica-se em vários momentos do desenvolvimento da unidade didática, seja na fase inicial de introdução e preparação para estudo do conteúdo, seja no decorrer da fase de organização e sistematização, seja ainda na fase de fixação, consolidação e aplicação.

A elaboração conjunta supõe um conjunto de condições prévias: a incorporação pelos alunos dos objetivos a atingir, o domínio de conhecimentos básicos ou a disponibilidade pelos alunos de conhecimentos e experiências que, mesmo não sistematizados, são pontos de partida para o trabalho de elaboração conjunta.

O caráter pedagógico-didático da elaboração conjunta está no fato de que tem como referência um tema de estudo determinado, supondo-se que os alunos estejam aptos a conversar sobre ele. Não se trata, pois, de começar do zero, nem se trata de uma atividade baseada apenas naquilo que interessa, momentaneamente, aos alunos.

A forma mais típica do método de elaboração conjunta é a conversação didática. Às vezes denomina-se, também, aula dialogada, mas a conversação é algo mais. Não consiste meramente em respostas dos alunos às perguntas do professor, em uma conversa "fechada" em que os alunos pensem e falem o que o professor já pensou e falou, como uma aula de catecismo. A conversação didática é "aberta" e o resultado que dela decorre supõe a contribuição conjunta do professor e dos alunos.

O professor traz conhecimentos e experiências mais ricos e organizados; com o auxílio do professor, a conversação visa levar os alunos a se aproximarem gradativamente da organização lógica dos conhecimentos e a dominarem métodos de elaborar as suas ideias de maneira independente.

A conversação didática atinge os seus objetivos quando os temas da matéria se tornam atividade de pensamento dos alunos e meios de desenvolvimento das suas capacidades mentais. A conversação tem um grande valor didático, pois desenvolve nos alunos as habilidades de expressar opiniões fundamentadas, e verbalizar a sua própria experiência, de discutir, argumentar e refutar opiniões dos outros, de aprender a escutar, contar fatos, interpretar etc. além, evidentemente, de proporcionar a aquisição de novos conhecimentos.

A forma mais usual de organizar a conversação didática é a *pergunta*, tanto do professor quanto dos alunos. Não se trata de um interrogatório do tipo pingue-pongue, sim e não, pois isto retira o caráter de elaboração da resposta. A pergunta é um estímulo para o raciocínio, incita os alunos a observarem, pensarem, duvidarem, tomarem partido. É, também, um indício de que os alunos estão compreendendo a matéria, na medida em que vão aprendendo a formular respostas pensadas e corretamente articuladas.

A conversação didática com base em perguntas pode ser feita sobre a condução direta do professor, quando conversa com a classe toda, ou na forma de discussão entre grupos, com a condução indireta do professor.

As perguntas podem referir-se a conhecimentos de fatos isolados, reconhecimento de relações entre fatos ou processos, colocação de problemas. Mas existem recomendações sobre a elaboração de perguntas e a condução metodológica da conversação. Eis algumas:

- a pergunta deve ser preparada cuidadosamente para que seja compreendida pelo aluno;
- deve ser iniciada por um pronome interrogativo correto (o quê, quando, quanto, por quê etc.);
- deve estimular uma resposta pensada e não simplesmente sim ou não ou uma palavra isolada.

Exemplo de *pergunta inadequada*: "Os animais que possuem bico, penas e pés chamam-se....................."; "O cavalo é mamífero?" *Adequada*: "Como podemos distinguir as aves dos mamíferos?". *Pergunta inadequada*: "As plantas precisam de água para germinar?" *Adequadas*: "Por que uma planta germina e cresce?"; "Por que a cor das folhas é verde?"; "Observe bem esta planta e vá dizendo quais são suas partes e suas funções".

Convém que a formulação da pergunta possibilite uma resposta do aluno que mostre a compreensão de um conceito ou fato a partir da sua própria experiência. Exemplos: "Por que em nossa região chove pouco?"; "Quais as causas das enchentes em nosso bairro?"; "Por quais órgãos do nosso corpo passam os alimentos que comemos?"; "Calcule a distância entre sua casa e a escola".

O professor deve dar um tempo para que os alunos entendam a pergunta e reflitam. Ela deve ter, como regra geral, apenas uma formulação, evitando expressar as mesmas ideias de forma diferente, pois isso gera confusão na cabeça do aluno.

O professor deve evitar reações nervosas e impacientes, para que os alunos não se sintam atemorizados e nem precipitem a resposta. Não pode, por exemplo, ficar dizendo: "Será que vocês não entenderam?"; "Essa resposta devia estar na ponta da língua"; "Acho que vocês não estudaram"; "Até quando terei de esperar?". Às vezes é conveniente ajudar as respostas: "Explique melhor"; "Está indo bem, continue"; "Lembrem-se da experiência que fizemos ontem" etc.

A conversação didática é, portanto, um excelente procedimento de promover a assimilação ativa dos conteúdos, suscitando a atividade mental dos alunos e não simplesmente a atitude receptiva. O essencial da conversação é obter respostas pensadas sobre as causas de determinados fenômenos e acontecimentos, reconhecimento de relações entre as coisas e acontecimentos, a avaliação crítica de uma situação, a busca de novos caminhos de solução de problemas.

O professor deve ter sempre uma atitude positiva frente às respostas dos alunos. Elas podem ser incompletas, mas contêm uma parte correta; o rendimento insatistatório é motivo de incentivar os alunos para que estudem mais. Mesmo as respostas incorretas dever ser transformadas em ponto de partida para revisões ou novas explicações, pois permitem ao professor conhecer melhor as dificuldades dos alunos.

4. Método de trabalho em grupo

O método de trabalho em grupos ou aprendizagem em grupo consiste basicamente em distribuir temas de estudo iguais ou diferentes a grupos fixos ou variáveis, compostos de três a cinco alunos. O trabalho em grupo tem sempre um caráter transitório, ou seja, deve ser empregado eventualmente, conjugado com outros métodos de exposição e de trabalho independente. Dificilmente será bem-sucedido se não tiver uma ligação orgânica entre a fase de preparação e organização dos conteúdos e a comunicação dos seus resultados para a classe toda.

A finalidade principal do trabalho em grupo é obter a cooperação dos alunos entre si na realização de uma tarefa. Para que cada membro do grupo possa contribuir na aprendizagem comum, é necessário que todos estejam familiarizados com o tema em estudo. Por essa razão, exige-se que a atividade grupal seja precedida de uma exposição, conversação introdutória ou trabalho individual.

Como regra geral, organizam-se grupos de três a cinco alunos por indicação do professor, usando o critério de misturar alunos de diferente rendimento escolar. Cada grupo deverá ter um coordenador, preferentemente indicado pelo professor, cuidando para que todos os membros do grupo tenham oportunidade de exercer essa atribuição a cada vez que se estuda em grupo. É recomendável que a sala de aula seja arranjada (deslocamento de carteiras) antes do início da aula, para ganhar tempo e evitar bagunça.

Colocadas as questões e organizados os meios de trabalho (folhas de exercícios, mapas, ilustrações etc.) os alunos desenvolvem a tarefa. Uma vez concluída, um aluno do grupo informa a classe dos resultados e passa-se a uma conversação dirigida pelo professor.

Além dessa forma de organização dos grupos, há muitas outras, entre as quais as seguintes:

- *Debate* — São indicados alguns alunos para discutir, perante a classe, um tema polêmico, cada qual defendendo uma posição.

- *Philips 66* — Seis grupos de seis elementos discutem uma questão em poucos minutos para apresentar depois as suas conclusões. Podem ser, também, cinco grupos de cinco alunos, ou ainda duplas de alunos. O essencial desta técnica é poder verificar, rapidamente, o nível de conhecimentos da classe sobre um determinado tema no início da aula ou após a explicação do assunto.

- *Tempestade mental* — Dado um tema, os alunos dizem o que lhes vem à cabeça, sem preocupação de censura a ideias. Estas são anotadas no quadro-negro. Em seguida, faz-se a seleção do que for relevante para prosseguir a aula.

- *Grupo de verbalização-grupo de observação* (GV-GO) — Uma parte da classe forma um círculo central (GV) para discutir um tema, enquanto os demais formam um círculo em volta, para observar (GO). O GO deve observar, por exemplo, se os conceitos empregados na discussão são corretos, se os colegas estão sabendo ligar a matéria nova com a matéria velha, se todos estão participando etc. Depois, os grupos são trocados na mesma ou em outra aula.

- *Seminário* — Um aluno ou grupo de alunos prepara um tema para apresentá-lo à classe. É uma modalidade de aula expositiva ou conversação realizada pelos alunos.

Qualquer que seja o procedimento em grupo, ele deve procurar desenvolver as habilidades de trabalho coletivo responsável e a capacidade de verbalização, para que os alunos aprendam a expressar-se e a defender os seus pontos de vista. Deve também possibilitar manifestações individuais dos alunos, a observação do seu desempenho, o encontro direto entre aluno e matéria de estudo e a relação de ajuda recíproca entre os membros do grupo.

5. Atividades especiais

Denominamos de *atividades especiais* aquelas que complementam os métodos de ensino e que concorrem para a assimilação ativa dos conteúdos. São, por exemplo, o estudo do meio, o jornal escolar, a assembleia de alunos, o museu escolar, o teatro, a biblioteca escolar etc. Essas atividades são descritas nos manuais de Didática. Destacaremos aqui, pela sua importância didática, o estudo do meio.

O *estudo do meio*, mais do que uma técnica didática, é um componente do processo de ensino pelo qual a matéria de ensino (fatos, acontecimentos, problemas, ideias) é estudada no seu relacionamento com fatos sociais a ela conexos. O estudo do meio não se restringe a visitas, passeios ou excursões, mas se refere a todos os procedimentos que possibilitam o levantamento, a discussão e a compreensão de problemas concretos do cotidiano do aluno, da sua família, do seu trabalho, da sua cidade, região ou país. Sendo possível, em função das condições da escola, será vivamente enriquecido com visitas a locais determinados (órgãos públicos, museus, fábricas, universidades, fazendas ou sítios etc.).

Segundo o professor Newton César Balzan (in Castro, 1976), o estudo do meio é um instrumento metodológico que leva o aluno a tomar contato com o complexo vivo, com o conjunto significativo que é o próprio meio físico e social. É uma atividade não apenas física, mas principalmente mental, de elaboração, que apela para conhecimentos e habilidades já adquiridos e os enriquece, de modo que o aluno volte à escola modificado, mais rico em conhecimentos e experiências.

Seguindo de perto as sugestões do professor Balzan, para realizar um estudo do meio são necessárias as fases de planejamento, execução, exploração dos resultados e avaliação.

Planejamento — Na sala de aula, o professor fará junto com os alunos um levantamento prévio dos fatos sociais que envolvem o tema de estudo; estuda-se o conteúdo e a partir daí são feitas questões para orientar os aspectos a serem observados e perguntas a serem feitas a pessoas do local a ser visitado. Para esta preparação prévia, o professor (ou grupo de professores, se a tarefa for promovida por várias matérias) deve visitar o local antes e colher as informações necessárias. Deve-se providenciar, também, o meio de locomoção, autorizações, bem como normas de procedimento dos alunos durante a visita.

Execução — No local, com a orientação do professor, os alunos vão observando, tomando notas. Se é uma indústria, observam o que se produz, o funcionamento das máquinas, as tarefas dos trabalhadores; conversam com as pessoas, perguntam o que fazem, como fazem, quanto ganham, quais as dificuldades do seu trabalho; identificam o que se produz, como se produz, para onde vão os produtos, quem os consome. Se é uma localidade, identificam a paisagem rural ou urbana, tipo de solo e vegetação, o estilo das casas, da igreja, a atividade dos moradores; conversam com as pessoas; colhem amostras de solo e vegetação etc. Evidentemente, o tipo de atividade depende dos objetivos do estudo do meio em relação à tarefa.

Exploração dos resultados e avaliação — Os alunos farão um relatório da visita, contando o que aconteceu, o que viram, o que aprenderam, que conclusões tiraram. Pode-se pedir, em vez de relatório, a redação de um tema ou a discussão de problemas encontrados. O professor aproveita para discutir com a classe os resultados da visita, tirar conclusões e sistematizar os conteúdos, aprofundando mais a assimilação de conceitos, se necessário. Os resultados servirão para elaboração de provas escritas. Além disso, servirão para avaliar os objetivos do professor: houve enriquecimento cultural? Os alunos modificaram as suas percepções anteriores? A tarefa foi bem organizada? Os alunos tiveram uma atitude adequada no decorrer da visita? O estudo do meio serviu para formar convicções em relação a problemas constatados?

Meios de ensino

Por *meios de ensino* designamos todos os meios e recursos materiais utilizados pelo professor e pelos alunos para a organização e condução metódica do processo de ensino e aprendizagem.

Equipamentos são meios de ensino gerais, necessários para todas as matérias, cuja relação com o ensino é indireta. São carteiras ou mesas, quadro-negro, projetor de *slides* ou filmes, toca-disco, gravador e toca-fitas, flanelógrafo etc. Cada disciplina exige também seu material específico, como ilustrações e gravuras, filmes, mapas e globo terrestre, discos e fitas, livros, enciclopédias, dicionários, revistas, álbum seriado, cartazes, gráficos etc. Alguns autores classificam ainda, como meios de ensino, manuais e livros didáticos; rádio, cinema, televisão; recursos naturais (objetos e fenômenos da natureza); recursos da localidade (biblioteca, museu, indústria etc.); excursões escolares; modelos de objetos e situações (amostras, aquário, dramatizações etc.).

Os professores precisam dominar, com segurança, esses meios auxiliares de ensino, conhecendo-os e aprendendo a utilizá-los. O momento didático mais adequado de utilizá-los vai depender do trabalho docente prático, no qual se adquirirá o efeito traquejo na manipulação do material didático. Há nas livrarias manuais de Didática e/ou Prática de Ensino que descrevem pormenorizadamente os meios auxiliares de ensino, aos quais se pode recorrer por ocasião da elaboração do plano de ensino e plano de aula.

Sugestões para tarefas de estudo

Perguntas para o trabalho independente dos alunos

- Conforme o texto, sob que diferentes sentidos se pode dizer que um professor "tem método"?
- Estabelecer a relação entre métodos e objetivos-conteúdos.
- Explicar cada um dos fatores que devem ser levados em conta na seleção dos métodos de ensino.
- Por que não pode existir um método único de ensino?

- Com base no que foi estudado nos capítulos anteriores, detalhar mais o princípio da cientificidade e da sistematização do ensino.
- Fazer uma relação entre o princípio da sistematização do ensino e sua vinculação com a prática.
- Explicar o princípio da atividade consciente e autônoma do aluno e o papel dirigente do professor.
- Qual é o princípio que serve de base para a classificação dos métodos de ensino? Justificá-lo.
- Quais são as diferenças entre métodos de ensino e métodos de assimilação da matéria? (Consultar Capítulo 4)
- Descrever as funções de cada método e o seu objetivo conforme o que já estudamos sobre as características do processo de ensino.
- Por meio de consultas a outros textos, explicar em que consiste o método de solução de problemas e sua aplicação no ensino.
- Qual é a função dos meios auxiliares de ensino?

Temas de aprofundamento do estudo

- Assistir a aulas em escolas da cidade para observar os métodos de ensino usados pelo professor e os passos seguidos no decorrer da aula.
- Com base nesses dados, tomar o mesmo assunto da aula para fazer um novo plano de aula, utilizando um ou mais métodos estudados em classe.
- Fazer uma pesquisa em livros indicados pelo professor e preparar seminários sobre: método Montessori, método de Centros de Interesse, método de Projetos e método de Problemas.

Temas para redação

- Métodos de ensino e os momentos do processo de assimilação ativa.

- A função da conversação didática no processo de ensino.
- Formas de aplicação de conhecimentos e habilidades.
- O método de exposição da matéria e a assimilação ativa.
- A unidade objetivos-conteúdos-métodos no processo de ensino.

Exercícios de aplicação

- Tomar uma unidade de um livro didático (de qualquer matéria) e indicar os métodos e técnicas que podem ser empregados para melhor assimilação dos alunos.
- Escolher uma sequência de *slides* sobre um tema, organizar seu conteúdo e propor os métodos que podem ser empregados para a assimilação do tema.
- Preparar um estudo dirigido sobre um tema, para o trabalho independente.
- Preparar um estudo do meio.
- Preparar uma exposição na forma de problemas.
- Tomar um tema qualquer e elaborar um número grande de perguntas que sirvam à conversação dirigida ou ao trabalho em grupo.
- Utilizar qualquer um destes exercícios na própria classe, pedindo o auxilio do professor.

Bibliografia complementar

BALZAN, Newton C. Estudo do meio. In: CASTRO, Amélia D. (org.). *Didática para a escola de 1° e 2° graus*. São Paulo: Pioneira/INL, 1976.

BRASIL. Universidade Federal do Rio Grande do Norte. *Projeto Ensino de Ciências a Partir de Problemas da Comunidade* — Departamento de Educação (Material de Apoio às Professoras). Natal, 1985. (Mimeo).

CASTRO, Amélia D. O trabalho dirigido. In: CASTRO, Amélia D. (org.). *Didática para a escola de 1° e 2° graus*. São Paulo: Pioneira/INL, 1976.

KLINGBERG, Lothar. *Introducción a la didáctica general*. Havana: Editorial Pueblo y Educación, 1972.

LIBÂNEO, José C. Os conteúdos escolares e sua dimensão crítico-social. *Revista da Ande*, São Paulo, n. 11, 1986, p. 5-13.

MARTINS, José do Prado. *Didática geral*. São Paulo: Ática, 1986.

MIALARET, Gaston. *Introdução à pedagogia*. São Paulo: Atlas, 1977.

NERICI, Imídeo. *Didática*: uma introdução. São Paulo: Atlas, 1986.

NIDELCOFF, Maria T. *Ciências sociais na escola*. São Paulo: Brasiliense, 1987.

PETEROSSI, Helena G.; FAZENDA, I. C. A. *Anotações sobre metodologia e prática de ensino na escola de 1° grau*. São Paulo: Loyola, 1983.

PILETTI, Claudino. *Didática geral*. São Paulo: Ática, 1986.

RONCA, Antônio C. C.; ESCOBAR, V. F. *Técnicas pedagógicas*: domesticação ou desafio à participação? Petrópolis: Vozes, 1987.

SÃO PAULO. Secretaria Municipal de Educação — Departamento de Planejamento e Orientação. *Programa de 1° Grau*. São Paulo, 1985.

VEIGA, Ilma P.A. (org.). *Repensando a didática*. Campinas: Papirus, 1988.

Capítulo 8

A aula como forma de organização do ensino

Na escola, a aula é a forma predominante de organização do processo de ensino. Na aula se criam, se desenvolvem e se transformam as condições necessárias para que os alunos assimilem conhecimentos, habilidades, atitudes e convicções e, assim, desenvolvem suas capacidades cognoscitivas.

A ideia mais comum que nos vem à mente quando se fala de *aula* é a de um professor expondo um tema perante uma classe silenciosa. É a conhecida aula expositiva, tão criticada por todos e, apesar disso, amplamente empregada nas nossas escolas. O estudo que realizamos anteriormente sobre os métodos de ensino mostrou que não devemos deixar de lado o método expositivo, mas devemos considerá-lo no conjunto das formas didáticas de condução da aula e como uma etapa no processo de estimulação e direção da atividade independente dos alunos.

Devemos entender a aula como o conjunto dos meios e condições pelos quais o professor dirige e estimula o processo de ensino em função da atividade própria do aluno no processo da aprendizagem escolar, ou seja, a assimilação consciente e ativa dos conteúdos. Em outras palavras, o processo de ensino, através das aulas, possibilita o encontro entre os alunos e a matéria de ensino, preparada didaticamente no plano de ensino e nos planos de aula.

A realização de uma aula ou conjunto de aulas requer uma estruturação didática, isto é, etapas ou passos mais ou menos constantes que estabelecem a sequência do ensino de acordo com a matéria ensinada, características do grupo de alunos e de cada aluno e situações didáticas específicas.

Nas aulas se conjugam diversas formas didáticas, por meio das quais é estabelecida a correspondência entre tipos de aulas e métodos de ensino.

Neste capítulo serão trabalhados os seguintes temas:

- características gerais da aula;
- estruturação didática da aula;
- tipos de aula e métodos de ensino.

Características gerais da aula

Se considerarmos o processo de ensino como uma ação conjunta do professor e dos alunos, na qual o professor estimula e dirige atividades em função da aprendizagem dos alunos, podemos dizer que a aula é a forma didática básica de organização do processo de ensino. Cada aula é uma situação didática específica, na qual objetivos e conteúdos se combinam com métodos e formas didáticas, visando fundamentalmente propiciar a assimilação ativa de conhecimentos e habilidades pelos alunos. Na aula se realiza, assim, a unidade entre ensino e estudo, como que convergindo nela os elementos constitutivos do processo didático.

De acordo com esse entendimento, o termo aula não se aplica somente à aula expositiva, mas a todas as formas didáticas organizadas e dirigidas direta ou indiretamente pelo professor, tendo em vista realizar o ensino e a aprendizagem. Em outras palavras, a aula é toda situação didática na qual se põem objetivos, conhecimentos, problemas, desafios, com fins instrutivos e formativos, que incitam as crianças e jovens a aprender.

Consideremos, pois, que, na maior parte das vezes, não temos uma aula, mas um conjunto de aulas, visto que os resultados do processo de ensino não são obtidos instantaneamente, e sim pelo trabalho contínuo do professor, estruturado no plano de ensino e nos planos de aulas.

Em correspondência com as finalidades, princípios, elementos constitutivos e meios da educação escolar — objetos de estudo deste livro — as aulas devem cumprir as seguintes exigências:

- ampliação do nível cultural e científico dos alunos, assegurando profundidade e solidez aos conhecimentos assimilados;
- seleção e organização de atividades dos alunos que possibilitem desenvolver sua independência de pensamento, a criatividade e o gosto pelo estudo;
- empenho permanente na formação de métodos e hábitos de estudo;
- formação de habilidades e hábitos, atitudes e convicções, que permitam a aplicação de conhecimentos na solução de problemas em situações da vida prática;
- desenvolvimento das possibilidades de aproveitamento escolar de todos os alunos, diferenciando e individualizando o ensino para atingir níveis relativamente iguais de assimilação da matéria;
- valorização da sala de aula como meio educativo, para formar as qualidades positivas de personalidade dos alunos;
- condução do trabalho docente na classe, tendo em vista a formação do espírito de coletividade, solidariedade e ajuda mútua, sem prejuízo da atenção às peculiaridades de cada aluno.

Estruturação didática da aula

O trabalho docente, sendo uma atividade intencional e planejada, requer estruturação e organização, a fim de que sejam atingidos os objetivos do ensino. A indicação de etapas do desenvolvimento da aula não significa que todas as aulas devam seguir um esquema rígido. A opção por qual etapa ou passo didático é mais adequado para iniciar a aula ou a conjugação de vários passos numa mesma aula ou conjunto de aulas depende dos objetivos e conteúdos da matéria, das características do grupo de alunos, dos recursos didáticos disponíveis, das informações obtidas na avaliação diagnóstica etc. Por causa disso, ao estudarmos os passos didáticos, é importante assinalar que a estruturação da aula é um processo que implica criatividade e flexibilidade do professor, isto é, a perspicácia de saber o que fazer frente a situações didáticas específicas, cujo rumo nem sempre é previsível.

Devemos entender, portanto, as etapas ou passos didáticos como tarefas do processo de ensino relativamente constantes e comuns a todas as matérias, considerando-se que não há entre elas uma sequência necessariamente fixa, e que dentro de uma etapa se realizam simultaneamente outras.

Os passos didáticos são os seguintes: preparação e introdução da matéria; tratamento didático da matéria nova; consolidação e aprimoramento dos conhecimentos e habilidades; aplicação; controle e avaliação.

Esquema das fases coordenadas do processo de ensino

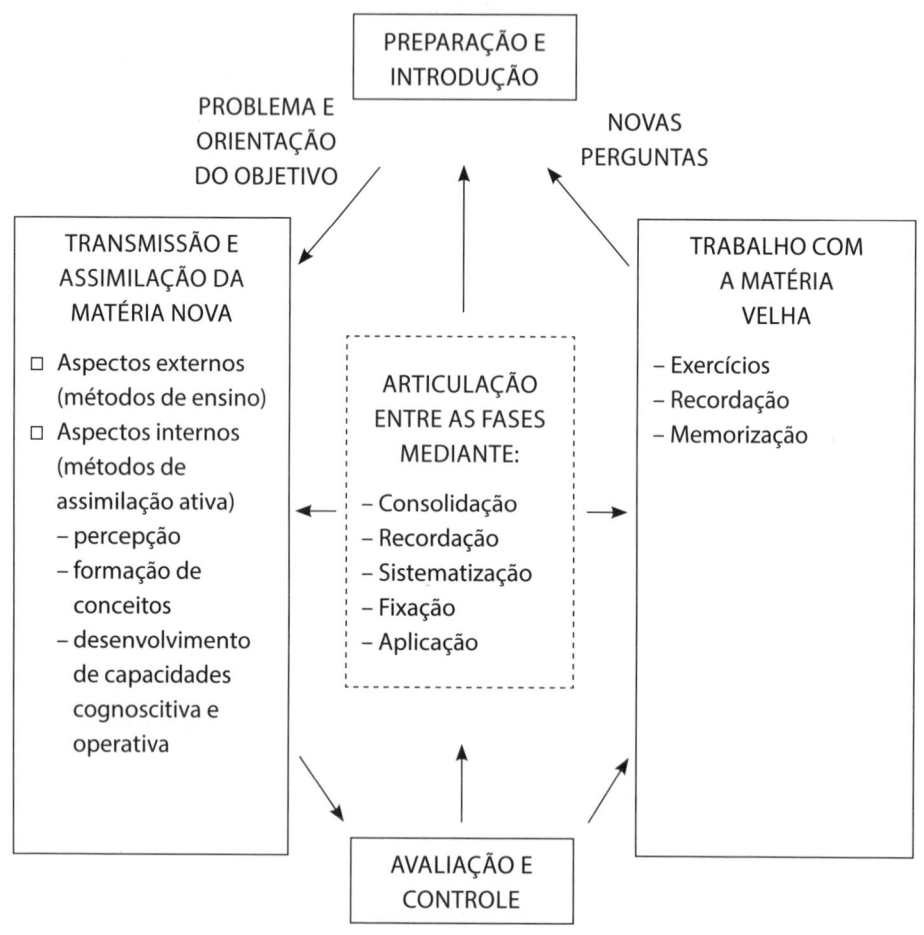

(Adaptação de esquema desenvolvido por L. Klingberg, 1978)

O esquema mostra a dinâmica e a interdependência entre as fases do processo de ensino. A preparação e a introdução implicam o entrelaçamento com os conhecimentos anteriores (matéria velha), demarcando o movimento do conhecimento velho ao novo, do novo ao velho; já há aqui enlaçamentos também com outras funções didáticas do processo de transmissão/assimilação: a consolidação, a recordação, a fixação etc. A transição para a matéria nova implica a orientação didática para os objetivos, que consiste em ajudar os alunos a tomarem consciência das tarefas que terão pela frente e dos resultados gradativos esperados deles. A matéria nova, por sua vez, implica a consolidação, recordação, sistematização, fixação da matéria anterior. A aplicação, na qual os alunos mostram capacidade de utilizar autonomamente conhecimentos e habilidades adquiridos, também assegura o enlace entre matéria velha e matéria nova; já que tem por função a ligação dos conhecimentos com a prática, é momento de culminância parcial do processo de ensino. A avaliação se conecta a todas as demais fases, pois lhe cabe verificar e qualificar o grau em que estão sendo alcançados os objetivos; todavia, é também um momento relativamente conclusivo da fase terminal do tratamento da matéria nova.

Vejamos algumas indicações para o desenvolvimento das fases ou passos didáticos:

1. Preparação e introdução da matéria

Esta fase corresponde especificamente ao momento inicial de preparação para o estudo de matéria nova. Compreende atividades interligadas: a preparação prévia do professor, a preparação dos alunos, a introdução da matéria e a colocação didática dos objetivos. Embora venham tratadas separadamente, isso não significa que devam ser tomadas numa sequência rígida.

Antes de entrar na classe e iniciar a aula, o professor precisa preparar-se através de um planejamento sistemático de uma aula ou conjunto de aulas. A preparação sistemática das aulas assegura a dosagem da matéria e do tempo, o esclarecimento dos objetivos a atingir e das atividades que serão realizadas, a preparação de recursos auxiliares do ensino.

No início da aula, *a preparação dos alunos* visa criar condições de estudo: mobilização da atenção para criar uma atitude favorável ao estudo, organização do ambiente, suscitamento do interesse e ligação da matéria nova em relação à anterior. Os professores mais experientes confirmam a importância de incitar os alunos para o estudo:

> "Acho que não se deve iniciar uma aula abruptamente, mas com um papo inicial para que os alunos se descontraiam. Se é uma aula de Análise Sintática, em vez de chegar ao quadro-negro e colocar, de chofre, a teoria e os exemplos, a gente começa conversando, pede à classe para formar uma frase. É necessário partir de um ponto em que os alunos participem, para não ficarem naquela atitude passiva."

> "Cada aula minha tem muito a ver com a aula anterior, mostro onde paramos, pergunto aos alunos se a gente segue em frente ou não. Eu gosto de situar os alunos naquilo que foi visto antes e que será visto hoje". (Libâneo, 1984, p. 152)

A motivação inicial inclui perguntas para averiguar se os conhecimentos anteriores estão efetivamente disponíveis e prontos para o conhecimento novo. Aqui o empenho do professor está em estimular o raciocínio dos alunos, instigá-los a emitir opiniões próprias sobre o que aprenderam, fazê-los ligar os conteúdos a coisas ou eventos do cotidiano. A correção de tarefas de casa pode tornar-se importante fator de reforço e consolidação. Às vezes haverá necessidade de uma breve revisão (recapitulação) da matéria, ou a retificação de conceitos ou habilidades insuficientemente assimilados. Como se vê, a preparação dos alunos é uma atividade de sondagem das condições escolares prévias dos alunos para enfrentarem o assunto novo.

A *introdução* do assunto, que obviamente já se iniciou, é a concatenação da matéria velha com a matéria nova. Não é ainda a apresentação da matéria, "dar o ponto", como se diz, mas a ligação entre noções que os alunos já possuam em relação à matéria nova, bem como o estabelecimento de vínculos entre a prática cotidiana e o assunto. O melhor procedimento para isso é apresentar a matéria como um problema a ser resolvido, embora nem todos os assuntos se prestem a isso. Mediante perguntas, trocas de experiências, colocação de possíveis soluções, estabelecimento de relações causa-efeito, os problemas atinentes ao tema vão se encaminhando para tornar-se também problemas para os alunos em sua vida prática. Com isso vão sendo apontados conhecimentos que são necessários dominar e as atividades de aprendizagem correspondentes. O professor fará, então, a *colocação didática dos objetivos*, uma vez que é o estudo da nova matéria que possibilitará o encontro de soluções. Os objetivos indicam o rumo do trabalho docente, ajudam os alunos a terem clareza dos resultados a atingir. Trata-se, evidentemente, de objetivos viáveis, possíveis de serem atingidos. Além disso, vale muito aqui a consciência social e política do professor no sentido de propor objetivos, conteúdos e tarefas que tenham significado real para a experiência social dos alunos. Os objetivos dão o tom educativo da instrução, pois que excedem o simples domínio de conhecimentos, determinando a orientação para o desenvolvimento da personalidade do aluno na sua relação ativa com a realidade. Uma professora de Português diz a esse respeito:

> "Eu começo discutindo com os alunos a importância da língua para a história dos homens, a importância da expressão humana. Mesmo durante o ano eu volto a falar sobre isso. Outra coisa é que eu só consigo o interesse da turma quando eles sabem o 'para que' estão fazendo aquilo."

Na mesma linha escreve uma professora de História:

> "Por mais teórico que seja um trabalho na sala de aula, os alunos conseguem acompanhar, colaborar, interessar-se, desde que entendam duas perspectivas: a utilidade do conhecimento e o exercício mental decorrente desse conhecimento. Atrás desse exercício tem uma vivência, uma experiência, um conhecimento. Eu acredito que, mesmo aquelas matérias mais teóricas conseguem atrair os alunos, se a gente consegue fazê-los sentir a importância do exercício de reflexão, e compreenderem que aquele conhecimento é útil, embora não de imediato". (Libâneo, 1984, p. 159 e 164)

Dada a suma importância dos objetivos da direção e controle da atividade do professor e dos alunos, eles devem ser recordados em todas as etapas do ensino. Esse cuidado auxilia a avaliação diagnóstica, assim como evita a dispersão, impedindo que aspectos secundários tomem conta do essencial no desenvolvimento do plano de unidade.

A duração desta etapa depende da matéria, do tipo de aula, do preparo prévio ou do nível de assimilação dos alunos para enfrentarem o assunto novo. Evidentemente, se é início de uma unidade de ensino, o tempo será maior.

2. Tratamento didático da matéria nova

Dissemos anteriormente que os passos do ensino não são mais que funções didáticas estreitamente relacionadas, de modo que o tratamento didático da matéria já se encontra em andamento. Mas aqui há o propósito de maior sistematização, envolvendo o nexo transmissão/assimilação ativa dos conhecimentos. Nesta etapa se realiza a percepção dos objetos e fenômenos ligados ao tema, a formação de conceitos, o desenvolvimento das capacidades cognoscitivas de observação, imaginação e de raciocínio dos alunos. Na transmissão prevalecem as formas de estruturação e organização lógica e didática dos conteúdos. Na assimilação, importam os processos da cognição mediante a assimilação ativa e interiorização de conhecimentos, habilidades, convicções. Como são momentos interdependentes, há aí uma relação recíproca entre métodos de ensino e métodos de assimilação, ou seja, entre aspectos externos e internos do método. Os aspectos externos são a exposição do professor, a atividade relativamente independente dos alunos, a elaboração conjunta (conversação). Os aspectos internos compreendem as funções mentais que se desenvolvem no processo da cognição, tais como a percepção, as representações, o pensamento abstrato, mobilizados pelas funções ou fases didáticas.

Os aspectos externos do método não são suficientes para se obter a realização dos objetivos do ensino. Se fosse assim, o ensino meramente expositivo e verbalista seria justificado. Mas, como se trata de assegurar a iniciativa, a assimilação consciente e o desenvolvimento das potencialidades intelectuais do aluno são os aspectos internos do método que vão determinar a escolha e diferenciação dos aspectos externos. Podemos dizer, por outras palavras, que o que determina a forma externa de estruturar o ensino é o processo de conhecimento que o aluno realiza, no qual ativa as suas habilidades e capacidades e desenvolve os seus processos mentais.

Conhecer e compreender os aspectos internos do método é uma tarefa indispensável ao professor; para isso, precisa dominar conhecimentos da Psicologia da Educação.

Comecemos por entender o processo de transmissão/assimilação como um caminho que vai do não-saber para o saber, admitindo-se que o ensino consiste no domínio do saber sistematizado e não de qualquer saber. Entretanto, não existe o não-saber absoluto, pois os alunos são portadores de conhecimentos e experiências, seja da sua prática cotidiana, seja aqueles obtidos no processo de aprendizagem escolar. Essa constatação nos leva à ideia de que esse processo se desenvolve em níveis crescentes de complexidade. Vejamos como isso se dá.

A assimilação de boa parte dos conhecimentos que compõem o ensino de 1º grau se inicia pela percepção ativa da realidade. A percepção é uma qualidade da nossa mente que permite o conhecimento ou a tomada de contato com as coisas e fenômenos da realidade, por meio dos sentidos. A assimilação consciente dos conhecimentos começa com a percepção ativa dos objetos de estudo com os quais o aluno se defronta pela primeira vez ou temas já conhecidos que são enfocados de um novo ponto de vista ou de uma forma mais organizada.

A percepção, que é um processo de trazer coisas, fenômenos e relações para a nossa consciência, é a primeira familiarização do aluno com a matéria, formando na sua mente noções concretas e mais claras e ligando os conhecimentos já disponíveis com os que estão sendo assimilados. Os alunos são orientados para perceber objetos reais, assimilar as explicações do professor, reavivar percepções anteriores, observar objetos e fenômenos no seu conjunto e novas relações com outros objetos e fenômenos, confrontar noções do senso comum com os fatos reais. Enfim, trata-se de trazer à mente dos alunos uma grande quantidade de dados concretos, levá-los a expressar opiniões, formando na sua mente noções concretas e mais claras dos fatos e fenômenos ligados à matéria, para chegar à elaboração sistematizada na forma de conhecimentos científicos.

Algumas atividades que preparam os alunos para a perceção ativa são as seguintes: pedir aos alunos que digam o que sabem sobre o assunto; levá-los a observar objetos e fenômenos e a verbalizar o que estão vendo ou manipulando; colocar um problema prático cuja solução seja possível com os conhecimentos da matéria nova; fazer uma demonstração prática que suscite a curiosidade e o interesse; registrar no quadro-negro as informações que os alunos vão dando, de forma a ir sistematizando essas informações.

A percepção pode ser direta ou indireta. Pela via direta, há um confronto com as coisas, fenômenos e processos da realidade estudada por meio de experimentos simples, estudo do meio, demonstração. Pela via indireta, o professor recorre à explicação da matéria, estudo independente dos alunos, conversação dirigida, a fim de que o aluno vá formando noções; para isso utiliza-se de ilustrações, desenhos, mapas e a própria representação verbal dos objetos de estudo.

As duas vias devem ser empregadas na percepção e assimilação de conhecimentos novos. Cabe ao professor, conforme os objetivos, as condições e meios didáticos disponíveis, a natureza do assunto e a especificidade de cada matéria, escolher ou combinar as vias pelas quais os alunos travam o primeiro contato com a matéria nova. A via direta é, certamente, mais rica e mais suscetível de gerar boas representações. Entretanto, a via indireta é a mais frequente na sala de aula, o que requer do professor cuidados especiais com a linguagem (expressar-se com clareza, usar vocabulário acessível etc.), pois a explicação visa obter a ligação da percepção sensorial e do pensamento na mente dos alunos. A primeira compreensão que os alunos adquirem da matéria determina a qualidade, a clareza e a precisão dos conceitos que vão sendo formados.

Mas isto não quer dizer que haja separação entre percepção e assimilação, entre conhecimento sensorial e conhecimento racional — um prático, outro teórico. Por um lado, o conhecimento racional se assenta no conhecimento sensorial, pois a matéria-prima do pensamento são os fatos, objetos, acontecimentos do mundo real; por outro, o conhecimento sensorial já implica um conhecimento racional, pois quando observamos um fato (por exemplo, a chuva) já temos certas ideias sobre ele.

Um psicólogo norte-americano, David Ausubel, escreveu que um dos traços mais típicos da aprendizagem significativa é justamente o fato de o conhecimento novo a ser internalizado estar logicamente relacionado com os conhecimentos mais antigos existentes na mente do aluno. Ele diz que os conhecimentos antigos (ou velhos) são como "âncoras" (que se usam para manter os barcos parados na correnteza), com base nas quais são assimilados conhecimentos novos.

A percepção ativa, sensorial, dos fatos e fenômenos corresponde ao que observamos no mundo exterior; porém, a compreensão e a reflexão de suas propriedades essenciais ultrapassam as possibilidades do conhecimento sensorial. No processo de assimilação ativa, ao conhecimento sensorial se integra a atividade do pensamento abstrato que implica a formação de conceitos. Considere-se que os processos de análise, síntese, abstração e generalização, próprios das formas superiores do conhecimento, não apenas contêm elementos sensoriais, como também estes implicam aqueles, evidentemente dentro do nível de desenvolvimento cognoscitivo alcançado pelo aluno.

Essa interpenetração entre conhecimento sensorial e conhecimento racional significa que, no processo didático, há um constante vaivém entre conhecimento novo e conhecimento velho, entre o concreto e o abstrato. A assimilação da matéria nova é um processo de interligação entre percepção ativa, compreensão e reflexão, de modo a culminar com a formação de conceitos científicos que são fixados na consciência e tornados disponíveis para a aplicação.

Convém assinalar um aspecto fundamental da percepção ativa conduzida didaticamente. A percepção sensível de objetos, fenômenos e processos da natureza e da sociedade é o tipo da conhecimento pelo qual se inicia o tratamento científico da realidade. Ao se observar a ligação entre objetos e fenômenos, suas propriedades essenciais, também se analisa a intervenção da prática social, a história da ligação da atividade humana com o objeto de estudo para satisfazer necessidades humanas. Na medida em que o processo educativo é indissociável da vida prática, a percepção é condicionada a essa atividade prática, que evidentemente tem a ver com a vida material e social dos alunos. Assim, as tarefas docentes de orientação da percepção ativa devem convergir para incrementar capacidades cognoscitivas, operativas e a capacidade crítica, simultaneamente. Assim, no estudo de um tema é fundamental que o professor oriente os alunos no confronto entre as noções sobre os fatos e os fatos mesmos, uma vez que se trata de formá-las em concordância com eles. No processo de aproximação das noções científicas (por exemplo, características e propriedades do ar) é necessário estabelecer nexos sociais implícitos nessas noções, pois o conhecimento tem sua origem e sua destinação na prática social. O ar é um elemento constante da natureza e da vida humana. Ele não é apenas uma substância química da atmosfera, mas está na fábrica, em casa, na cidade, no campo. É um conhecimento científico saber que, por exemplo, sob determinadas condições do processo de produção, o ar é prejudicial às pessoas e que essas condições podem ser alteradas pela ação humana.

Cumpre ressaltar, assim, que na formação de conceitos também está implícita a atividade do sujeito na prática social, porquanto o aluno se reconhece nos conceitos que lhe são significativos. Os processos de apreensão das qualidades e características de objetos e fenômenos (matéria de estudo) e a formação dos correspondentes conceitos científicos estão vinculados à direção da atividade humana, seus objetivos e motivos, à experiência social e cultural do aluno, a seus valores, conhecimentos e atitudes frente ao mundo.

Podemos sintetizar os momentos interligados do processo de transmissão-assimilação, que é a base metodológica para o tratamento didático da matéria nova:

- uma aproximação inicial do objeto de estudo para ir formando as primeiras noções, por meio da atividade perceptiva, sensorial. Isso se faz, na aula, por intermédio da observação direta, conversação didática, explorando a percepção que os alunos têm do tema estudado; deve-se ir gradativamente sistematizando as noções;

- elaboração mental dos dados iniciais, tendo em vista a compreensão mais aprofundada por meio da abstração e generalização, até consolidar conceitos sobre os objetos de estudo;

- sistematização das ideias e conceitos de um modo que seja possível operar mentalmente com eles em tarefas teóricas e práticas, em função da matéria seguinte e em função da solução de problemas novos da matéria e da vida prática.

Neste processo os conhecimentos vão sendo consolidados, o que exige frequente sistematização da matéria, recapitulação e exercícios. Por isso, o tratamento da matéria nova é inseparável da etapa de preparação e introdução, da etapa de consolidação, da etapa de aplicação e avaliação.

3. Consolidação e aprimoramento dos conhecimentos e habilidades

Nas etapas anteriores, o trabalho docente consistiu em prover as condições e os modos de assimilação e compreensão da matéria pelos alunos, incluindo já exercícios e atividades práticas para solidificar a compreensão.

Entretanto, o processo de ensino não para aí. É preciso que os conhecimentos sejam organizados, aprimorados e fixados na mente dos alunos, a fim de que estejam disponíveis para orientá-los nas situações concretas de estudo e de vida. Do mesmo modo, em paralelo com os conhecimentos e por meio deles, é preciso aprimorar a formação de habilidades e hábitos para a utilização independente e criadora dos conhecimentos. Trata-se, assim, da etapa da consolidação, também conhecida entre os professores como fixação da matéria.

Este importante momento do processo de ensino tem sido reduzido, na escola, à repetição mecânica do ensinado, para o aluno reter a matéria pelo menos até a próxima prova. Os exercícios e tarefas se destinam à aplicação direta, retilínea, de regras decoradas, sem mobilizar a atividade intelectual, o raciocínio, o pensamento independente dos alunos. A consolidação dos conhecimentos e da formação de habilidades e hábitos incluem os exercícios de fixação, a recapitulação da matéria, as tarefas de casa, o estudo dirigido; entretanto, dependem de que os alunos tenham compreendido bem a matéria e de que sirvam de meios para o desenvolvimento do pensamento independente, do raciocínio e da atividade mental dos alunos. Por essa razão, as tarefas de recordação e sistematização, os exercícios e tarefas, devem prover ao aluno oportunidades de estabelecer relações entre o estudado e situações novas, comparar os conhecimentos obtidos com os fatos da vida real, apresentar problemas ou questões diferentemente de como foram tratadas no livro didático, pôr em prática habilidades e hábitos decorrentes do estudo da matéria.

A consolidação pode dar-se em qualquer etapa do processo didático: antes de iniciar matéria nova, recorda-se, sistematiza-se, são realizados exercícios em relação à matéria anterior; no estudo do novo conteúdo, ocorre paralelamente às atividades de assimilação e compreensão. Mas constitui, também, um momento determinado do processo didático, quando é posterior à assimilação inicial e compreensão da matéria.

A consolidação pode ser reprodutiva, de generalização e criativa. A reprodutiva tem um caráter de exercitação, isto é, após compreender a matéria os alunos reproduzem conhecimentos, aplicando-os a uma situação conhecida. A consolidação generalizadora inclui a aplicação de conhecimentos para situações novas, após a sua sistematização; implica a integração de conhecimentos de forma que os alunos estabeleçam relações entre conceitos, analisem os fatos e fenômenos sob vários pontos de vista, façam a ligação dos conhecimentos com novas situações e fatos da prática social. A consolidação criativa se refere a tarefas que levam ao aprimoramento do pensamento independente e criativo, na forma de trabalho independente dos alunos sobre a base das consolidações anteriores.

Os procedimentos de consolidação que mencionamos se interpenetram. Os exercícios levam à fixação e formação de habilidades e hábitos, auxiliando a sistematização. A recapitualção (revisão, recordação) se presta a firmar conhecimentos anteriores e ligá-los aos novos, dando mais eficácia aos exercícios. A sistematização, pela qual se forma a estrutura lógica da matéria na mente do aluno com a ajuda do professor, favorece a recapitulação e dá uma base mais sólida para a realização de exercícios.

4. A aplicação

A aplicação é a culminância relativa do processo de ensino. Ela ocorre em todas as demais etapas, mas aqui se trata de prover oportunidades para os alunos utilizarem de forma mais criativa os conhecimentos, unindo teoria e prática, aplicando conhecimentos, seja na própria prática escolar (inclusive em outras matérias), seja na vida social (nos problemas do cotidiano, na família, no trabalho). O objetivo da aplicação é estabelecer vínculos do conhecimento com a vida, de modo a suscitar independência de pensamento e atitudes críticas e criativas expressando a sua compreensão da prática social. Ou seja, a função pedagógico-didática da aplicação é a de avançar da teoria à prática, é colocar os conhecimentos disponíveis a serviço da interpretação e análise da realidade. Nem sempre será fácil aos alunos expressarem nas provas, nos exercícios, nas tarefas, as ligações, vínculos e relações entre os conhecimentos sistematizados e a vida prática. Entretanto, é na aplicação que os alunos podem ser observados em termos do grau em que conseguem transferir conhecimentos para situações novas, evidenciando a compreensão mais global do objeto de estudo da matéria.

A aplicação de conhecimentos e habilidades supõe o atendimento de determinadas exigências didáticas, de responsabilidade do professor:

- formulação clara de objetivos e adequada seleção de conteúdos que propiciem conhecimentos científicos, noções claras sobre o tema em estudo, sistematização de conceitos básicos que formam a estrutura dos conhecimentos necessários à compreensão de cada tema;

- ligação dos conteúdos da matéria aos fatos e acontecimentos da vida social e aos conhecimentos e experiências da vida cotidiana dos alunos, de modo que a realidade social concreta suscite problemas e perguntas a serem investigados no processo de transmissão/assimilação da matéria e em relação aos quais se dá a aplicação de conhecimentos.

5. Controle e avaliação dos resultados escolares

A verificação e controle do rendimento escolar para efeito de avaliação é uma função didática que percorre todas as etapas do ensino, e abrange a consideração dos vários tipos de atividades do professor e dos alunos no processo de ensino. A avaliação do ensino e da aprendizagem deve ser vista como um processo sistemático e contínuo, no decurso do qual vão sendo obtidas informações e manifestações acerca do desenvolvimento das atividades docentes e discentes, atribuindo-lhes juízos de valor. Os resultados relativos que decorrem desse processo dizem respeito ao grau em que se atingem os objetivos e em que se cumprem exigências do domínio dos conteúdos, a partir de parâmetros de desempenho escolar. Para isso, são empregados procedimentos e instrumentos de mensuração (observação, provas, testes, exercícios teóricos e práticos, tarefas) que proporcionam dados quantitativos e qualitativos.

A avaliação cumpre, ao menos, três funções. A *função pedagógico-didática* se refere aos objetivos gerais e específicos, bem como aos meios e condições de atingi-los, uma vez que estes constituem o ponto de partida e os critérios para as provas e demais procedimentos avaliativos. A *função diagnóstica* se refere à análise sistemática das ações do professor e dos alunos, visando detectar desvios e avanços do trabalho docente em relação aos objetivos, conteúdos e métodos. Por meio desta função, a avaliação permeia todas as fases do ensino, assegurando o seu aprimoramento permanente, possibilitando o cumprimento da função pedagógico-didática. A *função de controle* se refere à comprovação e à qualificação sistemática dos resultados da aprendizagem dos alunos, face a objetivos e conteúdos propostos. Através dessa função, são coletados os dados sobre o aproveitamento escolar que, submetidos a critérios quanto à consecussão de objetivos, levam a expressar juízos de valor, convertidos em notas ou conceitos.

O atendimento dessas três funções evita que avaliação seja considerada como elemento isolado, vista somente pelo seu aspecto quantitativo. Além disso, a função diagnóstica se destaca como meio de propiciar aos alunos o controle da sua própria atividade, uma vez que são participantes ativos e sujeitos do processo de aprendizagem.

Pela importância da avaliação no processo de ensino, dedicamos a ela um capítulo à parte, o Capítulo 9.

Tipos de aulas e métodos de ensino

Na prática, como devem ser conjugados as etapas ou passos da aula? Ocorrem todos em uma aula só ou a cada um correspondem aulas diferentes? Os professores com mais tempo de magistério vão adquirindo, com a experiência, seu sistema próprio de organização e distribuição das aulas conforme a matéria, o conteúdo, o número de aulas semanais, adequando a cada tipo de aula os métodos de ensino. Entretanto, nem sempre escolhem a melhor sequência e nem sempre dão o peso devido a determinados passos, principalmente levando-se em conta que o processo de ensino existe para que os alunos assimilem ativamente os conteúdos escolares e adquiram métodos de estudo ativo e independente.

Em princípio, a programação de aulas correspondentes a cada passo didático ou a utilização de todos os passos numa só aula depende dos objetivos e conteúdos da matéria, das habilidades e capacidades mentais exigidas nas tarefas, do número de aulas semanais e da própria duração da aula, conforme o sistema adotado em cada escola.

Na concepção de ensino que propomos, as tarefas docentes visam organizar a assimilação ativa, o estudo independente dos alunos, a aquisição de métodos de pensamento, a consolidação do aprendido. Isso significa que, sempre de acordo com os objetivos e conteúdos da matéria, as aulas poderão ser previstas em correspondência com as etapas ou passos do processo de ensino. Podemos ter, assim: aulas de preparação e introdução da matéria, no início de uma unidade; aulas de tratamento mais sistematizado da matéria nova; aulas de consolidação (exercícios, recordação, sistematização, aplicação); aulas de verificação da aprendizagem para avaliação diagnóstica ou de controle.

Em qualquer desses tipos, de aulas, entretanto, deve existir a preocupação de verificação das condições prévias, de orientação dos alunos para os objetivos, de consolidação e de avaliação.

Conforme o tipo de aula, a matéria, os objetivos e conteúdos (estudo de assunto novo, formação de habilidades, discussão, exercícios, aplicação de conhecimentos etc.), escolhe-se o método de ensino, dentro das variações de cada um. Nos métodos expositivo e de elaboração conjunta, os alunos estão ocupados ao mesmo tempo com o mesmo assunto. No método de trabalho relativamente independente, a tarefa escolar se concentra no trabalho silencioso dos alunos; a tarefa pode ser igual para todos ou diferenciada para alguns; assegura um acompanhamento mais de perto dos alunos, conforme seu ritmo de aprendizagem. No método de trabalho em grupo, os alunos resolvem em conjunto uma tarefa, possibilitando a orientação e ajuda entre professor e alunos, bem como alunos-alunos.

Para a explicação de um assunto de modo sistemático, principalmente quando há poucas possibilidades de prever um contato direto dos alunos com fatos ou acontecimentos, o melhor método é o expositivo com suas variações. Se o objetivo é desenvolver habilidade de verbalização ou expressão de opiniões, então o melhor método é a elaboração conjunta ou, às vezes, o de discussão em pequenos grupos.

A escolha de métodos compatíveis com o tipo de atividades dos alunos depende, portanto, dos objetivos, dos conteúdos, do tempo disponível, das peculiaridades de cada matéria. Cabe ao professor ter criatividade e flexibilidade para escolher os melhores procedimentos, combiná-los, tendo em vista sempre o que melhor possibilita o desenvolvimento das capacidades cognoscitivas dos alunos.

Não há, pois, um processo de ensino único, mas processos concretos, determinados pela especificidade das matérias e pelas circunstâncias de cada situação concreta. Além disso, os passos didáticos são interdependentes e se penetram mutuamente. A preparação e a introdução do tema no início da aula pode incluir exercícios, recordação da matéria anterior. O tratamento didático da matéria implica a recordação da matéria anterior, a sondagem dos conhecimentos que os alunos já trazem. A orientação para os objetivos, na fase de introdução do tema, bem como a avaliação estão presentes em todos os passos, e assim por diante.

A tarefa de casa

A tarefa para casa é um importante complemento didático para a consolidação, estreitamente ligada ao desenvolvimento das aulas. A tarefa para casa consiste de tarefas de aprendizagem realizadas fora do período escolar. Tanto quanto os exercícios de classe e as verificações parciais de aproveitamento, elas indicam ao professor as dificuldades dos alunos e as deficiências da estruturação didática do seu trabalho. Exercem também uma função social, pois por meio delas os pais tomam contato com o trabalho realizado na escola, na classe dos seus filhos, sendo um importante meio de interação dos pais com os professores e destes com aqueles.

Entre a tarefa de casa e a aula não pode existir separação. Não é correto que as tarefas de casa contenham exercícios cuja matéria não foi devidamente trabalhada em aula. Quando isso acontece, as crianças ficam inseguras e os pais acabam tendo que ocupar o lugar do professor, o que não é certo; mesmo porque a maioria dos pais das crianças da escola pública não dispõe de conhecimentos para auxiliar nas tarefas. A tarefa para casa deve estar relacionada com os objetivos da aula, sendo uma modalidade de trabalho independente; o principal trabalho didático deve, pois, ser realizado na aula.

A tarefa de casa deve ser cuidadosamente planejada pelo próprio professor, explicada aos alunos, e os seus resultados devem ser trabalhados nas aulas seguintes. Nada mais frustrante para os alunos do que empenhar-se nas tarefas e depois receber um mero "visto" do professor.

Para resolver o problema de as crianças não disporem, em casa, de condições objetivas de fazer as tarefas, as escolas deveriam destacar uma sala na escola onde, sob supervisão de um professor, as crianças pudessem permanecer de uma a duas horas, fora do horário de aulas.

As tarefas de casa não devem constituir-se apenas de exercícios; consistem, também, de tarefas preparatórias para a aula (leituras, redações, observações) ou tarefas de aprofundamento da matéria (um estudo dirigido individual, por exemplo).

Sugestões para tarefas de estudo

Perguntas para o trabalho independente dos alunos

- Explicar as funções que deve ter a aula para atingir os objetivos do ensino.
- Por que se prefere chamar de aula um conjunto de aulas e não uma aula isolada?
- Dar a sua própria definição de aula, levando em conta as exigências que as aulas devem cumprir no processo de ensino.
- Descrever cada etapa ou passo didático e explicar o gráfico que mostra a inter-relação entre eles.
- Por que se afirma que o sistema de passos ou etapas não pode ser considerado linearmente?
- Como devem ser combinados os tipos de aula e os métodos de ensino?
- Como podemos justificar, pedagógica e didaticamente, as tarefas de casa?

Temas para aprofundamento do estudo

- Observar um conjunto de aulas em escolas da cidade, mediante um roteiro prévio elaborado em classe.

- Fazer um estudo de semelhanças e diferenças entre a proposta de etapas ou passos didáticos descritos neste livro e as aulas assistidas nas escolas da cidade.
- Entrevistar professores de diferentes séries (1ª a 4ª) para colher informações sobre a sua prática de "dar aulas" e sobre os métodos de assimilação das matérias que eles utilizam comumente.

Exercícios de aplicação

- Tomar unidades de livros didáticos (escolher uma matéria) e formular um plano de aula resumido (para 2 ou 3 aulas).
- Fazer na própria classe simulação de aulas (especialmente em relação aos 1° e 2° passos descritos).
- Havendo possibilidade, assumir uma classe de escola da cidade para desenvolver uma unidade didática completa com os alunos, observando recomendações deste capítulo.

Bibliografia complementar

AUSUBEL, David P. et al. *Psicologia educacional*. Rio de Janeiro: Interamericana, 1980.

BALZAN, Newton C. Sete asserções inaceitáveis sobre inovação educacional. *Educação & Sociedade*, São Paulo, n. (6), jun. 1980, p. 119-139.

DANILOV, M. A. *El proceso de ensenanza en la escuela*. Havana: Editorial de Libros Para la Educación, 1978.

ENRICONE, Délcia et al. *Ensino — Revisão crítica*. Porto Alegre: Sagra, 1988.

KLINGBERG, Lothar. *Introducción a la didáctica general*. Havana: Editorial Pueblo y Educación, 1978.

LIBÂNEO, José C. *A prática pedagógica de professores da escola pública*. Dissertação (Mestrado). São Paulo: PUC, 1985. (Mimeo.)

MATTOS, Luiz Alves de. *Sumário de didática geral.* Rio de Janeiro: Gráfica Editora Aurora, 1967, p. 197-362.

RONCA, Antônio C. C.; ESCOBAR, V. F. *Técnicas pedagógicas*: domesticação ou desafio à participação? Petrópolis: Vozes, 1987.

SAVIANI, Dermeval. *Escola e democracia.* São Paulo: Cortez/Autores Associados, 1986.

VEIGA, Ilma P. A. (org.). *Repensando a didática.* São Paulo: Papirus, 1988.

Capítulo 9

A avaliação escolar

A avaliação é uma tarefa didática necessária e permanente do trabalho docente, que deve acompanhar passo a passo o processo de ensino e aprendizagem. Por meio dela, os resultados que vão sendo obtidos no decorrer do trabalho conjunto do professor e dos alunos são comparados com os objetivos propostos, a fim de constatar progressos, dificuldades, e reorientar o trabalho para as correções necessárias. A avaliação é uma reflexão sobre o nível de qualidade do trabalho escolar tanto do professor como dos alunos. Os dados coletados no decurso do processo de ensino, quantitativos ou qualitativos, são interpretados em relação a um padrão de desempenho e expressos em juízos de valor (muito bom, bom, satisfatório etc.) acerca do aproveitamento escolar.

A avaliação é uma tarefa complexa que não se resume à realização de provas e atribuição de notas. A mensuração apenas proporciona dados que devem ser submetidos a uma apreciação qualitativa. A avaliação, assim, cumpre funções pedagógico-didáticas, de diagnóstico e de controle em relação às quais se recorre a instrumentos de verificação do rendimento escolar.

Neste capítulo serão tratados os seguintes temas:

- uma definição de avaliação escolar;
- avaliação na prática escolar;
- as características da avaliação escolar;
- instrumentos de verificação do rendimento escolar;
- atribuição de notas e conceitos.

Uma definição de avaliação escolar

Segundo o professor Cipriano Carlos Luckesi, a avaliação é uma apreciação qualitativa sobre dados relevantes do processo de ensino e aprendizagem que auxilia o professor a tomar decisões sobre o seu trabalho. Os *dados relevantes* se referem às várias manifestações das situações didáticas, nas quais o professor e os alunos estão empenhados em atingir os objetivos do ensino. A apreciação qualitativa desses dados, por meio da análise de provas, exercícios, respostas dos alunos, realização de tarefas etc., permite uma *tomada de decisão* para o que deve ser feito em seguida.

Podemos, então, definir a avaliação escolar como um componente do processo de ensino que visa, através da verificação e qualificação dos resultados obtidos, determinar a correspondência destes com os objetivos propostos e, daí, orientar a tomada de decisões em relação às atividades didáticas seguintes.

Nos diversos momentos do processo de ensino, são tarefas de avaliação: a verificação, a qualificação e a apreciação qualitativa.

- *Verificação*: coleta de dados sobre o aproveitamento dos alunos, por meio de provas, exercícios e tarefas ou de meios auxiliares, como observação de desempenho, entrevistas etc.
- *Qualificação*: comprovação dos resultados alcançados em relação aos objetivos e, conforme o caso, atribuição de notas ou conceitos.
- *Apreciação qualitativa*: avaliação propriamente dita dos resultados, referindo-os a padrões de desempenho esperados.

A avaliação escolar cumpre pelo menos três funções: pedagógico--didática, de diagnóstico e de controle.

A função pedagógico-didática se refere ao papel da avaliação no cumprimento dos objetivos gerais e específicos da educação escolar. Ao se comprovar sistematicamente os resultados do processo de ensino, evidencia-se ou não o atendimento das finalidades sociais do ensino, de preparação dos alunos para enfrentarem as exigências da sociedade, de inseri-los no processo global de transformação social e de propiciar meios culturais de participação ativa nas diversas esferas da vida social. Ao mesmo tempo, favorece uma atitude mais responsável do aluno em relação ao estudo, assumindo-o como um dever social. Cumprindo sua função didática, a avaliação contribui para a assimilação e fixação, pois a correção dos erros cometidos possibilita o aprimoramento, a ampliação e o aprofundamento de conhecimentos e habilidades e, desta forma, o desenvolvimento das capacidades cognoscitivas.

A função de *diagnóstico* permite identificar progressos e dificuldades dos alunos e a atuação do professor que, por sua vez, determinam modificações do processo de ensino para melhor cumprir as exigências dos objetivos. Na prática escolar cotidiana, a função de diagnóstico é mais importante porque é a que possibilita a avaliação do cumprimento da função pedagógico-didática e a que dá sentido pedagógico à função de controle. A avaliação diagnóstica ocorre no início, durante e no final do desenvolvimento das aulas ou unidades didáticas. *No início*, verificam-se as condições prévias dos alunos de modo a prepará-los para o estudo da matéria nova. Esta etapa inicial é de sondagem de conhecimentos e de experiências já disponíveis bem como de provimento dos pré-requisitos para a sequência da unidade didática. *Durante* o processo de transmissão e assimilação é feito o acompanhamento do progresso dos alunos, apreciando os resultados, corrigindo falhas, esclarecendo dúvidas, estimulando-os a continuarem trabalhando até que alcancem resultados positivos. Ao mesmo tempo, essa avaliação fornece ao professor informações sobre como ele está conduzindo o seu trabalho: andamento da matéria, adequação de métodos e materiais, comunicação com os alunos, adequabilidade da sua linguagem etc. Finalmente, é necessário avaliar os resultados da aprendizagem *no final* de uma unidade didática, do bimestre ou do ano letivo. A avaliação global de um determinado período de trabalho também cumpre a função de realimentação do processo de ensino.

A função de *controle* se refere aos meios e à frequência das verificações e de qualificação dos resultados escolares, possibilitando o diagnóstico das situações didáticas. Há um controle sistemático e contínuo que ocorre no processo de interação professor-alunos no decorrer das aulas, através de uma variedade de atividades, que permite ao professor observar como os alunos estão conduzindo-se na assimilação de conhecimentos e habilidades e no desenvolvimento das capacidades mentais. Neste caso, não se deve quantificar os resultados. O controle parcial e final se refere a verificações efetuadas durante o bimestre, no final do bimestre e no final do semestre ou ano, caso a escola exija o exame final.

Essas funções atuam de forma interdependente, não podendo ser consideradas isoladamente. A função pedagógico-didática está referida aos próprios objetivos do processo de ensino e diretamente vinculada às funções de diagnóstico e de controle. A função diagnóstica se torna esvaziada se não estiver referida à função pedagógico-didática e se não for suprida de dados e alimentada pelo acompanhamento do processo de ensino que ocorre na função de controle. A função de controle, sem a função de diagnóstico e sem o seu significado pedagógico-didático, fica restringida à simples tarefa de atribuição de notas e classificação.

Avaliação na prática escolar

A prática da avaliação em nossas escolas tem sido criticada sobretudo por reduzir-se à sua função de controle, mediante a qual se faz uma classificação quantitativa dos alunos relativa às notas que obtiveram nas provas. Os professores não têm conseguido usar os procedimentos de avaliação — que, sem dúvida, implicam o levantamento de dados por meio de testes, trabalhos escritos etc. — para atender a sua função educativa. Em relação aos objetivos, funções e papel da avaliação na melhoria das atividades escolares e educativas, têm-se verificado na prática escolar alguns equívocos que convém explicitar.

O mais comum é tomar a avaliação unicamente como o ato de aplicar provas, atribuir notas e classificar os alunos. O professor reduz a avaliação à cobrança daquilo que o aluno memorizou e usa a nota somente como instrumento de controle. Ainda hoje há professores que se vangloriam por deter o poder de aprovar ou reprovar. Quantas vezes se ouvem afirmações inteiramente falsas sobre o que deve ser um trabalho docente de qualidade, como por exemplo: "O professor X é excelente, reprova mais da metade da classe", "O ensino naquela escola é muito puxado, poucos alunos conseguem aprovação". Tal ideia é descabida, primeiro porque a atribuição de notas visa apenas o controle formal, com objetivo classificatório e não educativo; segundo, porque o que importa é o veredicto do professor sobre o grau de adequação e conformidade do aluno ao conteúdo que transmite. Essa atitude ignora a complexidade de fatores que envolve o ensino, tais como os objetivos de formação, os métodos e procedimentos do professor, a situação social dos alunos, as condições e meios de organização do ensino, os requisitos prévios que têm os alunos para assimilar matéria nova, as diferenças individuais, o nível de desenvolvimento intelectual, as dificuldades de assimilação devidas a condições sociais, econômicas, culturais adversas dos alunos. Ao fixar critérios de desempenho unilaterais, o professor avalia os alunos pelo seu mérito individual, pela sua capacidade de se ajustarem aos seus objetivos, independentemente das condições do ensino e dos alunos e dos fatores externos e internos que interferem no rendimento escolar.

O outro equívoco é utilizar a avaliação como recompensa aos "bons" alunos e punição para os desinteressados ou indisciplinados. As notas se transformam em armas de intimidação e ameaça para uns e prêmios para outros. É comum a prática de dar e tirar "ponto" conforme o comportamento do aluno, ou a preocupação excessiva pela exatidão da nota, às vezes reprovando alunos por causa de décimos. Nestas circunstâncias, o professor exclui o seu papel de docente, isto é, o de assegurar as condições e meios pedagógico-didáticos para que os alunos sejam estimulados e aprendam sem necessidade de intimidação.

O terceiro equívoco é o dos professores que, por confiarem demais em seu "olho clínico", dispensam verificações parciais no decorrer das aulas. Nesse caso, o prejuízo dos alunos é grande, uma vez que o seu destino costuma ser traçado logo nos primeiros meses do ano letivo, quando o professor estabelece quem passa e quem não passa de ano. Os condenados à repetência são isolados no canto da sala de aula e, não raro, abandonam a escola.

O quarto equívoco é daqueles professores que rejeitam as medidas quantitativas de aprendizagem em favor de dados qualitativos. Consideram que as provas de escolaridade são prejudiciais ao desenvolvimento autônomo das potencialidades e da criatividade dos alunos. Acreditam que, sendo a aprendizagem decorrente preponderantemente da motivação interna do aluno, toda situação de prova leva à ansiedade, à inibição e ao cerceamento do crescimento pessoal. Por isso, recusam qualquer quantificação dos resultados.

Os equívocos aqui apontados mostram duas posições extremas em relação à avaliação escolar: considerar apenas os aspectos quantitativos ou apenas os qualitativos. No primeiro caso, a avaliação é vista apenas como *medida* e, ainda assim, mal utilizada. No segundo caso, a avaliação se perde na subjetividade de professores e alunos, além de ser uma atitude muito fantasiosa quanto aos objetivos da escola e à natureza das relações pedagógicas.

O entendimento correto da avaliação consiste em considerar a relação mútua entre os aspectos quantitativos e qualitativos. A escola cumpre uma função determinada socialmente, a de introduzir as crianças e jovens no mundo da cultura e do trabalho; tal objetivo social não surge espontaneamente na experiência das crianças jovens, mas supõe as perspectivas traçadas pela sociedade e um controle por parte do professor. Por outro lado, a relação pedagógica requer a interdependência entre influências externas e condições internas dos alunos; o professor deve organizar o ensino, mas o seu objetivo é o desenvolvimento autônomo e independente dos alunos. Desse modo, a quantificação deve transformar-se em qualificação, isto é, numa apreciação qualitativa dos resultados verificados.

É verdade que a atitude de dar notas somente com base em provas escritas tem limitações. As provas frequentemente são empregadas apenas para medir capacidade de memorização. Os livros didáticos e as tarefas dadas pelos professores estão repletos de exercícios desse tipo. Os professores, por sua vez, têm dificuldades em avaliar resultados mais importantes do processo de ensino, como a compreensão, a originalidade, a capacidade de resolver problemas, a capacidade de fazer relações entre fatos e ideias etc.

Entretanto, as provas escritas e outros instrumentos de verificação são meios necessários de obtenção de informação sobre o rendimento dos alunos. A escola, os professores, os alunos e os pais necessitam da comprovação quantitativa e qualitativa dos resultados do ensino e da aprendizagem para analisar e avaliar o trabalho desenvolvido. Além disso, por mais que o professor se empenhe na motivação interna dos alunos, nem sempre conseguirá deles o desejo espontâneo para o estudo. As crianças precisam de estimulação externa, precisam sentir-se desafiadas a fim de mobilizarem suas energias físicas e intelectuais.

Portanto, se os objetivos e conteúdos são adequados às exigências da matéria e às condições externas e internas de aprendizagem dos alunos e se o professor demonstra um verdadeiro propósito educativo, as provas dissertativas ou objetivas, o controle de tarefas e exercícios de consolidação e outros tipos de verificação são vistos pelos alunos como efetiva ajuda ao seu desenvolvimento mental, na medida em que mostram evidências concretas da realização dos objetivos propostos.

Características da avaliação escolar

Podemos, agora, sintetizar as caraterísticas mais importantes da avaliação escolar.

Reflete a unidade objetivos-conteúdos-métodos

A avaliação escolar é parte integrante do processo de ensino e aprendizagem, e não uma etapa isolada. Há uma exigência de que, esteja concatenada com os objetivos-conteúdos-métodos expressos no plano de ensino e desenvolvidos no decorrer das aulas. Os objetivos explicitam conhecimentos, habilidades e atitudes, cuja compreensão, assimilação e aplicação, por meio de métodos adequados, devem manifestar-se em resultados obtidos nos exercícios, provas, conversação didática, trabalho independente etc.

Um aspecto particularmente relevante é a clareza dos objetivos, pois os alunos precisam saber para que estão trabalhando e no que estão sendo avaliados.

Possibilita a revisão do plano de ensino

O levantamento das condições prévias dos alunos para iniciar nova matéria, os indícios de progresso ou deficiências detectados na assimilação de conhecimentos, as verificações parciais e finais são elementos que possibilitam a revisão do plano de ensino e o encaminhamento do trabalho docente para a direção correta. Não apenas nas aulas, mas nos contatos informais na classe e no recreio, o professor vai conhecendo dados sobre o desempenho e aproveitamento escolar e crescimento dos alunos.

A avaliação ajuda a tornar mais claros os objetivos que se quer atingir. No início de uma unidade didática, o professor ainda não está muito seguro de como atingir os objetivos no decorrer do processo de transmissão e assimilação. À medida que vai conduzindo o trabalho e observando a reação dos alunos, os objetivos se vão clarificando, o que possibilita tomar novas decisões para as atividades subsequentes.

Ajuda a desenvolver capacidades e habilidades

Todas as atividades avaliativas concorrem para o desenvolvimento intelectual, social e moral dos alunos, e visam diagnosticar como a escola e o professor estão contribuindo para isso. O objetivo do processo de ensino e de educação é que todas as crianças desenvolvam suas capacidades físicas e intelectuais, seu pensamento independente e criativo, tendo em vista tarefas teóricas e práticas, de modo que se preparem positivamente para a vida social. A avaliação deve ajudar todas as crianças a crescerem: os ativos e os apáticos, os espertos e os lentos, os interessados e os desinteressados. Os alunos não são iguais, nem no nível socioeconômico nem nas suas características individuais. A avaliação possibilita o conhecimento de cada um, da sua posição em relação à classe, estabelecendo uma base para as atividades de ensino e aprendizagem.

Voltar-se para a atividade dos alunos

A avaliação do rendimento escolar deve centrar-se no entendimento de que as capacidades se expressam no processo da atividade do aluno em situações didáticas. Por essa razão, é insuficiente restringir as verificações a provas no final de bimestres.

Ser objetiva

A avaliação deve ter caráter objetivo, capaz de comprovar os conhecimentos realmente assimilados pelos alunos, de acordo com os objetivos e os conteúdos trabalhados. Isso não significa excluir a subjetividade do professor e dos alunos, que está sempre presente na relação pedagógica; mas a subjetividade não pode comprometer as exigências objetivas — sociais e didáticas — inerentes ao processo de ensino. Para garantir a exigência de objetividade, aplicam-se instrumentos e técnicas diversificadas de avaliação.

Ajuda na autopercepção do professor

A avaliação é, também, um termômetro dos esforços do professor. Ao analisar os resultados do rendimento escolar dos alunos, obtém informações sobre o desenvolvimento do seu próprio trabalho. O professor pode perguntar-se: "Meus objetivos estão suficientemente claros? Os conteúdos estão acessíveis, significativos e bem dosados? Os métodos e os recursos auxiliares de ensino estão adequados? Estou conseguindo comunicar-me adequadamente com todos os alunos? Estou dando a necessária atenção aos alunos com mais dificuldades? Ou estou dando preferência só aos bem-sucedidos, aos mais dóceis e obedientes? Estou ajudando os alunos a ampliarem suas aspirações, a terem perspectivas de futuro, a valorizarem o estudo?".

Reflete valores e expectativas do professor em relação aos alunos

Os conhecimentos, as habilidades, as atitudes e os hábitos, bem como a maneira de ser do professor, indicam as crenças e propósitos em relação ao seu papel social e profissional diante dos alunos. Se o professor dá mostras de desatenção à criança pobre ou mal-sucedida, isso pode estar indicando uma discriminação social com essa criança. Se não se empenha na organização dos alunos, nos hábitos de higiene, no relacionamento entre as crianças, indica que não valoriza esses aspectos. Atitudes de favoritismo por certos alunos, de preconceito social, de ironia em relação ao modo de os alunos se expressarem etc. são antidemocráticas, portanto deseducativas.

A avaliação é um ato pedagógico. Nela o professor mostra as suas qualidades de educador na medida em que trabalha sempre com propósitos definidos em relação ao desenvolvimento das capacidades físicas e intelectuais dos alunos face às exigências da vida social. Entretanto, o fato de o processo de avaliação ter como referência os objetivos do ensino não significa que estes possam ser determinados apenas com base na matéria do programa oficial ou do livro didático. Os objetivos devem expressar também as reais possibilidades dos alunos de modo que estejam em condições de cumprir as exigências colocadas pela escola.

A avaliação escolar, portanto, envolve a objetividade e a subjetividade, tanto em relação ao professor como aos alunos. Se somente levar em conta aspectos objetivos, acaba tornando-se mecânica e imparcial; atendo-se somente às necessidades e condições internas dos alunos, pode comprometer o cumprimento das exigências sociais requeridas da escola.

Para superar criativamente essa aparente ambiguidade entre o objetivo e o subjetivo, o professor precisa ter convicções éticas, pedagógicas e sociais. Ao fazer a apreciação qualitativa dos resultados escolares, levará em conta os seus propósitos educativos. O fato de o aluno ser pobre não justifica tolerância com um desempenho escolar fraco, pois o professor deve exigir de todos uma sólida assimilação de conhecimentos. Por outro lado, não é democrático estabelecer objetivos cujo alcance esteja acima das reais possibilidades dos alunos. Nem por isso, postos determinados objetivos, devem-se rebaixar as exigências em termos de rendimento escolar.

Instrumentos de verificação do rendimento escolar

Vimos que a avaliação escolar é um processo contínuo que deve ocorrer nos mais diferentes momentos do trabalho. A verificação e a qualificação dos resultados da aprendizagem no início, durante e no final das unidades didáticas, visam sempre diagnosticar e superar dificuldades, corrigir falhas e estimular os alunos a que continuem dedicando-se aos estudos. Sendo uma das funções da avaliação determinar o quanto e em que nível de qualidade estão sendo atingidos os objetivos, são necessários instrumentos e procedimentos de verificação adequados. Por exemplo, no início de uma unidade didática deve-se fazer uma sondagem das condições prévias dos alunos, por meio de revisão da matéria anterior, correção de tarefas de casa, testes rápidos, breves dissertações, discussão dirigida, conversação didática etc. Durante o desenvolvimento da unidade acompanha-se o rendimento dos alunos por meio de exercícios, estudo dirigido, trabalho em grupo, observação de comportamento, conversas informais, recordação da matéria, e fazem-se verificações formais por meio de provas dissertativas, provas de questões objetivas, arguição oral. No final da unidade didática ou do bimestre são aplicadas provas de aproveitamento.

Podemos constatar, portanto, que o processo de avaliação inclui instrumentos e procedimentos diversificados. Antes de descrevermos os principais instrumentos e procedimentos de verificação do rendimento escolar, observemos algumas situações escolares:

- O professor percorre a classe enquanto os alunos resolvem exercícios de Matemática. Observa uma aluna que parece confusa, pergunta-lhe qual é a dificuldade, revê com ela o procedimento de solução do exercício, procura ajudá-la.

- O professor corrigiu exercícios de ortografia e notou que alguns alunos cometeram muitos erros. Faz uma revisão da matéria e, em seguida, dá um ditado.

- Um grupo de mães veio reclamar ao professor sobre dificuldades das crianças nas tarefas de casa. O professor explica os seus objetivos, conta como está desenvolvendo o programa e informa que vai trabalhar as dificuldades em classe.

- O assunto do dia em Ciências é a chuva. Ao iniciar a aula, para familiarizar os alunos com o tema, o professor pede a um aluno cuja família tenha sido vítima de uma enchente para contar o que aconteceu.

- O professor deu uma olhada nos cadernos e reparou que muitos estavam desorganizados e sujos. Na aula seguinte, dedicou um tempo para explicar aos alunos, novamente, como queria a apresentação dos cadernos.

- Nas aulas de História e Geografia as crianças recortam revistas para fazer uma colagem. Terminada a tarefa, o professor reserva um tempo para que sejam recolhidos os pedaços de papel do chão para jogá-los no lixo. Nas vezes seguintes, as crianças espontaneamente deixaram a sala limpa e o professor as elogiou.

- O professor estava ensinando substantivos. Explicou no quadro, deu exemplos e exercícios, fez perguntas. Em seguida, preparou uma prova e, dadas as notas, verificou que o rendimento foi ótimo.

Os exemplos mostram que o processo de avaliação assume várias formas, umas mais sistemáticas, outras menos, umas formais, outras mais informais. As diversas situações descritas são momentos de avaliação nos quais não há necessidade de se aplicar prova e dar nota. O professor que compreendeu o conceito e as funções da avaliação concluirá que, se o processo de ensino for bem conduzido, as provas parciais ou finais serão apenas o reflexo do seu trabalho. Ou seja, os alunos quase sempre terão bons resultados e isto os estimulará ainda mais para o estudo.

A partir dessas considerações, descreveremos os instrumentos mais comuns de verificação do rendimento escolar. As verificações por meio de provas escritas dissertativas, de questões objetivas ou práticas são de caráter mais formal. Os procedimentos que visam o acompanhamento dos alunos nas várias situações diárias, como a observação e a entrevista, são de caráter menos formal, embora de grande valor na compreensão e apreensão da real aprendizagem do aluno.

Prova escrita dissertativa

Compõe-se de um conjunto de questões ou temas que devem ser respondidos pelos alunos com suas próprias palavras. Cada questão deve ser formulada com clareza, mencionando uma habilidade mental que se deseja que o aluno demonstre. Por exemplo: compare, relacione, sintetize, descreva, resolva, apresente argumentos contra ou a favor etc.

A prova escrita dissertativa não pode restringir-se a pedir aos alunos que repitam apenas o que foi ensinado ou o que está no livro didático. É claro que as questões devem estar relacionadas com o conteúdo trabalhado, mas o objetivo da prova é verificar o desenvolvimento das habilidades intelectuais dos alunos na assimilação dos conteúdos. Por exemplo: raciocínio lógico, organização das ideias, clareza de expressão, originalidade, capacidade de fazer relações entre fatos, ideias e coisas, capacidade de aplicação de conhecimentos etc.

Não é demais alertar que todas as questões pedidas na prova devem referir-se a objetivos e atividades que foram anteriormente trabalhados durante as aulas. Se durante as aulas não foi empregada uma metodologia adequada para os alunos se expressarem corretamente, fazerem relações entre fatos, coisas e ideias, exercícios práticos etc., uma avaliação deste tipo será inútil.

Exemplos de questões para provas escritas dissertativas:

- Descrever as semelhanças e as diferenças nas atividades diárias das crianças que moram na cidade e das crianças que moram no campo.
- Por que as caixas d'água de uma cidade precisam ser fluorizadas? Explicar com suas próprias palavras.
- Explicar o que acontece com um peixe quando ele é retirado da água e por que isso acontece.
- O que aconteceria se, durante uma semana, faltasse água em todas as casas de uma cidade?
- Comparar características da vegetação e do clima na região Nordeste e na região Sul, e descrever as suas consequências para a atividade dos trabalhadores rurais.

As dissertações servem não apenas para verificar conhecimentos e habilidades, mas também para avaliar atitudes das crianças. As respostas dadas a questões de Língua Portuguesa, Ciências, História, Geografia etc. possibilitam ao professor detectar o que as crianças valorizam no seu cotidiano, seus interesses imediatos e futuros, sua percepção de pessoas e coisas que as rodeiam, seu modo de enfrentar situações novas etc. Por exemplo, podem ser propostos temas de redação como:

- Minha família.
- Lugares onde gosto de ir ou estar.
- O que eu penso na hora de vir para a escola.
- O que penso quando cai uma chuva pesada.

- Por que fiquei doente.
- O que sei a respeito dos insetos.

Além disso, as provas permitem avaliar hábitos, não só de organização do pensamento, mas também aqueles necessários para o trabalho escolar: caligrafia, ordem, limpeza etc.

Algumas recomendações importantes para formular e corrigir as provas escritas dissertativas:

- Fazer uma lista de conhecimentos e habilidades, de acordo com os objetivos, e selecionar o que será pedido na prova. Levar em conta o tempo disponível, considerando o nível de preparação da maioria dos alunos.
- Preparar um guia para correção, indicando as respostas que podem ser consideradas corretas para cada questão.
- Atribuir a cada questão um peso (de 1 a 10), quando desejar valorizar mais uma questão do que outra.
- Preferentemente, corrigir pergunta por pergunta e não prova por prova, a fim de que as respostas possam ser comparadas entre si, tendo em vista o padrão de desempenho esperado.
- Quando a prova pedir dissertação sobre um só tema, em que não há "resposta certa" e o aluno se expressa espontaneamente, o modo correto de correção é ler todas as provas, classificando-as em três montes: boas, suficientes e insuficientes. Em seguida, após uma leitura mais corrida, confere-se a primeira observação e dá-se a avaliação.
- Deve-se tomar o cuidado de ter o máximo de objetividade na correção.

Prova escrita de questões objetivas

Os objetivos deste tipo de prova não são muito diferentes dos anteriores. Na forma de elaboração, em vez de respostas abertas, pede-se que o aluno escolha uma resposta entre alternativas possíveis de resposta.

As provas de questões objetivas avaliam a extensão de conhecimentos e habilidades. Possibilitam a elaboração de maior número de questões, abrangendo um campo maior da matéria dada. Por requererem respostas mais precisas, é possível controlar mais a interferência de fatores subjetivos, tanto do aluno quanto do professor. Possibilitam uma correção mais rápida, pois cada item, geralmente, apresenta apenas uma resposta correta.

Este tipo de prova tem algumas desvantagens, que devem ser superadas pelo professor. Exige uma técnica apropriada de elaboração, recursos materiais da escola (estêncil, datilografia, papel, mimeógrafo); por ser aparentemente fácil de elaborar, favorece a improvisação; oferece ocasião de o aluno escolher a resposta por palpite ("chute").

Questões certo-errado (C ou E)

O aluno escolhe a resposta entre duas ou mais alternativas. Cada item é uma afirmação que pode estar certa ou errada.

Exemplos:

1) Assinale C ou E no parêntese:
   a) O Brasil é o maior produtor de café do mundo. ( )
   b) Os seres vivos são aqueles que têm vida. São classificados como seres animados e inanimados. ( )
   c) O Nordeste brasileiro é uma das regiões que possuem os mais baixos índices de mortalidade infantil no Brasil. ( )

2) Assinale C ou E na afirmações abaixo sobre o ar:
   a) Não podemos provar a existência do ar. ( )
   b) Os vegetais respiram o gás carbônico. ( )
   c) O ar não tem forma nem peso. ( )
   d) O gás que consumimos na respiração é o nitrogênio. ( )
   e) Por meio do ar podemos medir a velocidade dos ventos. ( )

Recomendações para a elaboração de questões certo-errado:
• As alternativas devem conter apenas uma afirmação.

- A afirmação deve conter uma ideia clara (ainda que errada) e não um palavreado deliberadamente confuso.
- Mesmo a afirmação errada deve ser formulada de forma afirmativa.

Não se deve retirar do livro didático uma frase isolada, pois pode acontecer que essa frase não contenha a ideia fundamental, mas parte dela.

Nesse caso, o aluno pode assimilar erradamente um conhecimento. Devem-se evitar questões com termos como *todos, nunca, sempre*, porque o aluno descobrirá que a maioria delas são errôneas. Também devem ser evitadas expressões como *geralmente, algumas vezes*, porque frequentemente essas afirmações são corretas.

Questões de lacunas (para completar)

São compostas por frases incompletas, deixando um espaço em branco (lacuna) para ser preenchido com uma só resposta certa. As questões podem apresentar mais de um espaço em branco, no meio ou no final da afirmação.

A lacuna não deve aparecer no início da frase. Os espaços a serem preenchidos não devem ser adjetivos, preposições, conjunções (exceto em provas de gramática). Exemplos:

- A Independência do Brasil foi proclamada por _____, no ano de _____.
- As aves são animais vertebrados que põem _____, têm o corpo coberto de _____, possuem um _____, duas _____ e _____ patas.

Questões de correspondência

São elaboradas fazendo-se duas listas de termos ou frases. Na coluna da esquerda (**A**) são colocados conceitos, nomes próprios ou frases, cada um com uma numeração. Na coluna da direita (**B**) colocam-se respostas fora de ordem, para que o aluno numere a resposta que corresponde à numeração da coluna **A**. A questão normalmente é redigida assim: "Numere a coluna **B** de acordo com o que pede a coluna **A**". Exemplos:

1) Coloque dentro dos parênteses da coluna B o número correspondente à capital do Estado que está na coluna A:

coluna A	*coluna B*
(1) Rio de Janeiro	( ) Goiás
(2) Goiânia	( ) Alagoas
(3) Vitória	( ) Maranhão
(4) São Luís	( ) Minas Gerais
(5) Porto Alegre	( ) Rio Grande do Sul
	( ) Espírito Santo
	( ) Rio de Janeiro
	( ) Pará
	( ) Pernambuco

2) Coloque na coluna **B** a letra correspondente à função desempenhada pelas partes da planta listadas na coluna **A**:

coluna A	*coluna B*
(A) permite a fixação da planta no solo	( ) semente
(B) fornece o suporte para quase todas as partes da planta	( ) flor
	( ) raiz
(C) é responsável pela germinação	( ) tronco

Recomendações para elaboração das questões de correspondência:

- O número de itens a numerar deve ser superior aos itens numerados. Por exemplo, se a coluna **A** tiver 5 itens, a **B** deve ter 8.
- Os itens da coluna **B** devem ser respostas possíveis para qualquer questão da coluna **A**.
- A lista da coluna **B** não deve conter numa resposta palavras no singular e noutra no plural; ou numa um substantivo e noutra um adjetivo.

É evidente que o tamanho das listas de itens depende do grau de escolaridade dos alunos. Nas séries iniciais do 1° grau devem ser listas pequenas.

Questões de múltipla escolha

São compostas de uma pergunta, seguida de várias alternativas de respostas. Há três tipos: apenas uma alternativa é correta; a resposta correta é a mais completa (nesse caso, algumas alternativas são parcialmente corretas); há mais de uma alternativa correta. Exemplos:

Assinale a alternativa correta:

1) Dentre os Estados mais populosos do Brasil estão:

    a) Rio de Janeiro e São Paulo.

    b) Rio de Janeiro e Minas Gerais.

    c) Minas Gerais e São Paulo.

    d) São Paulo e Bahia.

2) Assinale as alternativas que caracterizam a população urbana:

    I.   População cuja maioria trabalha em atividades secundárias e terciárias.

    II. População cujo estilo de vida se caracteriza por intensas relações sociais e acentuada receptividade a inovações.

    III. População cujo estilo de vida é preponderantemente conservador, muitas vezes resistente a inovações.

    IV. População cuja maioria trabalha em atividades econômicas primárias.

    São verdadeiros os itens:

    a) I, III e IV

    b) II, III e IV

    c) I e II

    d) III e IV

    e) II e IV

Recomendações para elaboração de questões de múltipla escolha:

• A questão deve ter de três a cinco alternativas. Em cada questão deve-se mudar a posição da resposta correta.

• Evitar que uma das alternativas seja *todas as afirmações ou nenhuma das afirmações* é correta.

• As alternativas devem ser redigidas em extensão igual e com o mesmo cuidado, para que a resposta do aluno não seja induzida, assinalando como correta aquela redigida mais cuidadosamente.

• Na resposta correta evitar a repetição de palavras-chaves contidas na questão.

Questões do tipo "teste de respostas curtas" ou de evocação simples

Alguns autores classificam como provas objetivas também testes que são respondidos na forma de dissertação, resolução de problemas ou simplesmente de recordação de respostas automatizadas. São os testes escolares comuns. Exemplos:

• Fabiana tem R$ 58,00 e Renata tem R$ 32,00. Quantos reais Renata tem a menos que Fabiana?

• O que uma planta necessita para viver?

• Cite 5 alimentos ricos em proteínas.

• Passe para o plural:

a) A orelha do gato é curta.

b) A cabeça do menino ficou cheia de ideias.

c) A criança chutou a bola.

• Cite, pelo menos, 3 contribuições da população rural para a população das cidades.

• Quem foi Duque de Caxias?

• Faça uma análise sintática da seguinte frase:

O ricaço comprou um jornal do menino.

Questões de interpretação de texto

São perguntas feitas com base num trecho escrito ou numa frase. Exemplo:

Leia com atenção o texto (Segue o texto.). Agora *responda com atenção as questões abaixo:*

a) Quem escreveu a história?

b) Quais são os personagens da história?

c) Por que Paulo gostava de ir a festas?

d) O que achou da conversa que os dois travaram?

Questões de ordenação

A questão apresenta uma série de dados fora de ordem e o aluno deve ordená-los na sequência correta. Exemplo:

Numere em ordem decrescente, na lista abaixo, as capitais mais populosas de Estados brasileiros:

( ) Fortaleza

( ) Curitiba

( ) Porto Alegre

( ) São Paulo

( ) Rio de Janeiro

( ) Salvador

( ) Belo Horizonte

( ) Recife

( ) Belém

Questões de identificação

Questões para identificar partes, por exemplo, da flor, do corpo humano (num gráfico), localização de capitais ou acidentes geográficos.

Observações sobre as provas escritas

As provas são instrumentos de verificação dos resultados do processo de ensino e aprendizagem, com o objetivo de avaliá-lo. Portanto, a avaliação não se reduz às provas do final de bimestre e do ano letivo, e nem à simples atribuição de notas. Por isso mesmo, a finalidade não é aprovar ou reprovar, dar nota alta ou nota baixa. Trata-se de um processo de acompanhamento sistemático do desempenho escolar dos alunos em relação aos objetivos, para sentir o seu progresso, detectar as dificuldades, retomar a matéria quando os resultados não são satisfatórios.

O plano de ensino dividido em unidades didáticas, cada uma delas com os objetivos de ensino, é indispensável para o processo de avaliação. Os objetivos estabelecem o critério de desempenho esperado do aluno.

Durante o desenvolvimento da unidade didática, é necessário que sejam empregados todos os recursos possíveis para que os alunos dominem solidamente a matéria. Não é correto aplicar provas se não há garantias de êxito da maioria da classe. Para isso, é imprescindível recordar a matéria, dar muitos exercícios, aplicar provas parciais, observar o rendimento dos alunos e fazer entrevistas para identificar causas de rendimento baixo.

É sempre oportuno relembrar os objetivos da unidade em todo o processo, bem como deixar muito claros os critérios de avaliação.

A extensão da prova varia de acordo com a finalidade: verificação de condições prévias, provas parciais, provas de consolidação, provas finais. As provas de consolidação e provas finais devem conter não apenas questões de memorização e conceitos, datas, fatos e fórmulas, mas também questões de compreensão, de comparação, de aplicação a situações diferentes das que foram dadas em classe.

O professor deve dar instruções claras e seguras de como as questões podem ser respondidas. Quando as crianças não estiverem habituadas a responder provas objetivas, é conveniente que a primeira questão apareça respondida na forma desejada, como um modelo. O professor deve também planejar o tempo de duração da prova. Recomenda-se que, na fase de planejamento e durante o desenvolvimento das aulas, o professor vá formulando uma série de perguntas de modo que possa formar um arquivo de questões.

Convém não datilografar a prova sem antes fazer uma revisão geral do seu conteúdo, da forma de redação e da disposição das questões. Se a prova for datilografada ou copiada por outra pessoa além do professor, é necessário fazer a revisão do estêncil ou do original (no caso de ser fotocopiada) antes de tirar as cópias definitivas.

Procedimentos auxiliares de avaliação

A observação

Os professores estão sempre interagindo com as crianças nas mais variadas situações escolares: na sala de aula, no recreio, nas visitas e passeios fora da escola. A observação dos alunos nessas situações é um importante procedimento de avaliação. Alguns comportamentos chamam mais atenção, como: crianças nervosas, agressivas, as que apresentam problemas de disciplina, as mais falantes; há outros que aparecem menos, no caso das crianças mais retraídas ou das que não expressam externamente as suas dificuldades. Com a experiência, o professor vai aprendendo a desenvolver sua capacidade de percepção dos comportamentos manifestos ou não manifestos dos alunos.

A observação visa investigar, informalmente, as características individuais e grupais dos alunos, tendo em vista identificar fatores que influenciam a aprendizagem e o estudo das matérias e, na medida do possível, modificá-los. Entre esses fatores podemos citar: as condições prévias dos alunos para enfrentar a matéria, o tipo de relacionamento entre professor e alunos, e entre os alunos, as características socioculturais dos alunos, a linguagem do professor e dos alunos, as experiências vividas no meio familiar e social, a percepção positiva ou negativa em relação à escola e ao estudo etc.

A observação está sujeita à subjetividade do professor e, portanto, a erros de percepção e à tendenciosidade. Por essa razão não se deve tirar conclusões na base de ocorrências esporádicas e de julgamentos apressados. Da mesma forma, devem-se evitar interpretações preconceituosas de cunho psicológico como: criança mimada, criança bloqueada, criança agressiva, criança imatura etc. Há crianças que se comportam assim, mas a tendência do professor é ver esses comportamentos como estáticos e estereotipados, como marcas definitivas do indivíduo, sem considerar os condicionantes econômicos e socioculturais que estão por trás deles e sem levar em conta as possibilidades de que sejam modificados pela ação pedagógico-didática e pela própria reação das crianças.

Para extrair da observação dados que permitam um melhor conhecimento dos alunos individualmente e da classe como grupo, para aperfeiçoar o processo de ensino e aprendizagem, o professor deve ter uma atitude criteriosa, ou seja, apenas tirar conclusões após observar os alunos em várias situações, de forma que o resultado da observação não seja mera *opinião*, mas uma *avaliação fundamentada*.

Apresentamos, a seguir, uma lista de comportamentos que podem auxiliar o professor na tarefa de observação. Frequentemente tais comportamentos correspondem a objetivos específicos das matérias referentes a habilidades, hábitos e atitudes e manifestam-se nas atividades de assimilação ativa.

Caso o professor deseje fazer uma avaliação mais *sistemática* de alguns alunos, pode registrar a observação numa ficha. Assim, cada vez que observa um aluno, assinala ao lado de cada item uma apreciação que pode ser: *sempre, quase sempre, raramente; ou muito bom, bom, satisfatório, insatisfatório*.

Dependendo dos objetivos da observação, seus resultados não devem ser convertidos em notas nem repassados diretamente aos alunos. São de uso exclusivo do professor, para dar mais atenção a determinadas crianças, para serem usados numa entrevista, para checá-los com outros professores, conversar com os pais ou para pedir ajuda ao supervisor ou orientador de ensino.

Itens que podem ser objeto de observação:
- *Desenvolvimento intelectual:*
  Presta atenção nas aulas e no trabalho independente.
  É persistente na realização das tarefas.
  Tem facilidade de assimilação da matéria.
  Demonstra atitude positiva em relação ao estudo.
  Tem facilidade de expressão verbal.
  Lê e escreve corretamente.
  Tem pensamento criativo e independente.

- *Relacionamento com os colegas e com o professor:*
  Tem facilidade em fazer amizades.
  É leal e sincero com os outros.
  Respeita os colegas e o professor.
  Tem espírito de solidariedade e cooperação.
  Observa as normas coletivas de disciplina.
  Coopera com o professor e os colegas nas tarefas.
- *Desenvolvimento afetivo:*
  Tem interesse e disposição para o estudo.
  Resolve suas próprias dificuldades.
  É responsável em relação às tarefas de estudo.
  Controla suas emoções e seu nervosismo.
  Tem iniciativa.
  Faz uma imagem positiva de suas próprias possibilidades.
  É bem-humorado e alegre.
  É expansivo e espontâneo.
- *Organização e hábitos pessoais:*
  Mantém em ordem seus cadernos e materiais.
  Cuida da higiene pessoal (roupas, cabelos, unhas etc.).
  Tem presteza para iniciar as tarefas.
  Apresenta as tarefas no prazo solicitado.
  Tem boa postura do corpo.
  Tem boa disposição física e aparenta boa saúde.
  Tem hábitos de urbanidade e cortesia.

A entrevista

É uma técnica simples e direta de conhecer e ajudar a criança no desempenho escolar. Deve ter sempre um objetivo: ampliar os dados que o professor já tem, tratar de um problema específico detectado nas observações, esclarecer dúvidas quanto a determinadas atitudes e hábitos da criança.

A entrevista requer um relacionamento amigável do professor com a criança: colocá-la à vontade, fazer perguntas claras e compreensíveis, deixá-la falar a maior parte do tempo.

Ficha sintética de dados dos alunos

É uma ficha individual, de registro simples. Pode-se utilizar um caderno comum e indicar, em cada folha, os itens necessários, da seguinte forma:

ESCOLA: .... ANO LETIVO: ....
SÉRIE:.................................... TURNO:..

Aluno: .... Apelido: ....
Data do Nascimento:... Idade: ....
Endereço:.. Tel.: ....
Pai:... Idade: .... Profissão: ....
Mãe: .... Idade: .... Profissão: ....
Como contatar os pais em caso de necessidade (local de trabalho, vizinho, telefone de recado, parente):...
....
Idades dos irmãos: 1) .... 2) .... 3) .... 4) .... 5) ....
Quais estudam nesta escola: ....
Outras observações (como vem e volta da escola, com quem mora, doenças que já teve ou tem etc.):
....
....

DATA	ENTREVISTAS OU OCORRÊNCIAS	MEDIDA TOMADA

Atribuição de notas ou conceitos

A avaliação escolar tem também a função de controle, expressando os resultados em notas ou conceitos que comprovam a quantidade e a qualidade dos conhecimentos adquiridos em relação aos objetivos. A análise dos resultados de cada aluno e do conjunto de alunos permite determinar a eficácia do processo de ensino como um todo e as reorientações necessárias.

As notas ou conceitos traduzem, de forma abreviada, os resultados do processo de ensino e aprendizagem. A nota ou conceito não é o objetivo do ensino, apenas expressa níveis de aproveitamento escolar em relação aos objetivos propostos.

O sistema de notas situa o aproveitamento do aluno numa escala numérica de 1 a 10. O sistema de conceitos usa menções (*excelente, bom, satisfatório, insatisfatório*) ou letras (A, B, C, D). No sistema de conceitos, as faixas em que são situados os alunos são mais amplas do que na escala numérica, igualando os de rendimento escolar aproximado.

A escolha do sistema do registro depende da orientação da escola. É possível conjugar os dois sistemas, primeiro atribuindo notas e depois localizando-as na escala de conceitos.

Para tornar a avaliação mais consistente e mais justa, o professor deve assegurar a realização de várias verificações parciais antes de uma prova final de bimestre. A atribuição de nota somente após dois meses de aulas é uma prática inadequada, pois não reflete o progresso do aluno nas múltiplas formas de manifestação do seu rendimento escolar que se verificam do decorrer das aulas.

No registro dos valores obtidos, o professor pode agrupar as verificações parciais (provas, exercícios, pesquisas, relatórios etc.) estabelecendo para elas um peso (por exemplo, 40%), que será juntado à prova final. Por exemplo:

Verificações parciais:

média aritmética = 8,0 ; peso = 40%; nota ponderada = 8,0 x 40% + 100 = 3,2

Verificação final:

nota = 6,0 ; peso = 60% ; nota ponderada = 6,0 x 60% ÷ 100 = 3,6

Nota final: 3,2 + 3,6 = 6,8

Recomenda-se que a nota final seja aproximada, de acordo com o seguinte critério:

6,1 a 6,29 = 6,0

6,3 a 6,7 = 6,5

6,8 a 6,9 = 7,0

Não é aconselhável, nas verificações parciais, usar o sistema de conceitos, pois não faz sentido somar e tirar média de conceitos. Na prática, obtidas as notas das verificações parciais e verificação final, situa-se o aluno na escala de conceitos. Por exemplo: 9 e 10 = excelente ou muito bom; 7 a 8,5 = bom; 5 a 6,5 = satisfatório; até 4,5 = insatisfatório.

Tanto as notas como os conceitos têm caráter relativo, podendo não corresponder ao nível real de aproveitamento escolar. Se o trabalho docente é conduzido criteriosamente, com a articulação de objetivos-conteúdos-métodos às condições de aprendizagem dos alunos, tanto faz o uso de notas ou conceitos.

A nota e o conceito têm legitimidade quando a maioria ou todos os alunos experimentam a satisfação do êxito e a alegria do bom aproveitamento, condição para que fortaleçam o gosto pelo estudo.

As notas devem ser comunicadas aos alunos de forma que as recebam como diagnóstico do seu progresso escolar. Devem servir também como diagnóstico do trabalho do professor, a fim de avaliar os aspectos pedagógico-didáticos.

Sugestões para tarefas de estudo

Perguntas para o trabalho independente dos alunos

- Por que a avaliação escolar é um processo contínuo?
- Quais são as relações entre verificação e avaliação do rendimento escolar?
- Fazer um gráfico mostrando a interligação entre três funções da avaliação.
- Como deve ser efetivada, na prática, a avaliação diagnóstica?

- Tomar um livro didático de qualquer matéria do ensino de 1º grau e elaborar perguntas para uma prova escrita dissertativa e para quatro diferentes tipos de prova de questões objetivas. Uma vez feito o exercício, trocá-lo com os colegas para correção.
- Qual a relação entre os instrumentos de verificação do rendimento escolar e os objetivos de ensino?
- Quais são as principais funções da observação e da entrevista?
- Após o estudo do texto sobre avaliação escolar, como deve ser encarada a recuperação dos alunos?

Temas para aprofundamento de estudo

- Coletar, em escolas da cidade, provas de diversas matérias elaboradas pelos professores, e fazer uma análise e apreciação crítica dessas provas.
- Entrevistar professores dessas escolas, procurando saber:
  - Como avaliam as crianças? Que instrumentos utilizam?
  - Quais os problemas e dificuldades que os alunos apresentam?
  - Para que serve a avaliação?
- Reunir crianças de uma escola, em grupos pequenos, e travar uma conversação dirigida para saber:
  - Como o professor faz para avaliá-las?
  - O que sentem quando é dia de prova?
  - O que acham do ensino do professor?
  - O que fazem quando não entendem a matéria ou a tarefa de casa?
- Comparar os dados coletados com as características da avaliação escolar, conforme o texto.

Temas para redação

- A avaliação escolar e as condições sociais de origem das crianças.
- Avaliação e democratização do ensino.

- Diferenças entre a avaliação na prática escolar atual e a orientação proposta no texto.
- Relação entre as funções de diagnóstico e de controle, e a função pedagógico-didática da avaliação.
- A avaliação e o desenvolvimento das capacidades cognoscitivas dos alunos.

Bibliografia complementar

CASTRO, Amélia D. de et al. *Didática para escola de 1° e 2° graus*. São Paulo: Pioneira/MEC, 1976.

ENRICONE, Délcia et al. *Ensino — Revisão crítica*. Porto Alegre: Sagra, 1988.

ESTEVES, O. P. *Testes, medidas e avaliação*. Rio de Janeiro: Arte & Indústria, 1972.

LUCKESI, Cipriano C. Avaliação educacional escolar: para além do autoritarismo. *Revista da Ande*, São Paulo, n. 10, 1986, p. 47-51; n. 11, 1986, p. 47-49.

MARTINS, J. do Prado. *Didática geral*. São Paulo: Atlas, 1985.

MEDEIROS, Ethel B. *As provas objetivas*: técnicas de construção. Rio de Janeiro: Fundação Getúlio Vargas, 1971.

NERICI, Imídeo G. *Didática*: uma introdução. São Paulo: Atlas, 1986.

PILETTI, Claudino. *Didática geral*. São Paulo: Ática, 1987.

TURRA, Clódia M. et al. *Planejamento de ensino e avaliação*. Porto Alegre: Sagra, 1986.

VEIGA, Ema P. A. (org.). *Repensando a didática*. São Paulo: Papirus, 1988.

Capítulo 10

O planejamento escolar

Estudamos, até aqui, os objetivos, tarefas e componentes do processo didático, bem como o processo de ensino e seus elementos constitutivos — objetivos, conteúdos, métodos e formas organizativas (destacando a aula como forma básica de organização do ensino), e a avaliação. Na sequência dos capítulos, preocupamo-nos em assentar as linhas básicas de direção e realização do ensino, no entendimento de que essa tarefa se constitui no ponto de referência das outras duas tarefas docentes: planejar e avaliar. Com efeito, o planejamento do ensino e a avaliação são atividades que supõem o conhecimento da dinâmica interna do processo de ensino e aprendizagem e das condições externas que codeterminam a sua efetivação.

O planejamento escolar é uma tarefa docente que inclui tanto a previsão das atividades didáticas em termos da sua organização e coordenação em face dos objetivos propostos, quanto a sua revisão e adequação no decorrer do processo de ensino. O planejamento é um meio para se programar as ações docentes, mas é também um momento de pesquisa e reflexão intimamente ligado à avaliação.

Há três modalidades de planejamento, articuladas entre si: o plano da escola, o plano de ensino e o plano de aulas.

Neste capítulo serão tratados os seguintes temas:

- a importância do planejamento escolar;
- requisitos gerais para o planejamento;

- o plano da escola;
- o plano de ensino;
- o plano de aulas.

Importância do planejamento escolar

O trabalho docente, como vimos, é uma atividade consciente e sistemática, em cujo centro está a aprendizagem ou o estudo dos alunos sob a direção do professor. A complexidade deste trabalho foi evidenciada ao longo deste livro: ele não se restringe à sala de aula; pelo contrário, está diretamente ligado a exigências sociais e à experiência de vida dos alunos. A assimilação de conhecimentos e habilidades e o desenvolvimento das capacidades mentais decorrentes do processo de ensino não têm valor em si mesmos, mas visam instrumentalizar os alunos como agentes ativos e participantes na vida social.

O planejamento é um processo de racionalização, organização e coordenação da ação docente, articulando a atividade escolar e a problemática do contexto social. A escola, os professores e os alunos são integrantes da dinâmica das relações sociais; tudo o que acontece no meio escolar está atravessado por influências econômicas, políticas e culturais que caracterizam a sociedade de classes. Isso significa que os elementos do planejamento escolar — objetivos, conteúdos, métodos — estão recheados de implicações sociais, têm um significado genuinamente político. Por essa razão, o planejamento é uma atividade de reflexão acerca das nossas opções e ações; se não pensarmos detidamente sobre o rumo que devemos dar ao nosso trabalho, ficaremos entregues aos rumos estabelecidos pelos interesses dominantes na sociedade. A ação de planejar, portanto, não se reduz ao simples preenchimento de formulários para controle administrativo; é, antes, a atividade consciente de previsão das ações docentes, fundamentadas em opções político-pedagógicas, e tendo como referência permanente as situações didáticas concretas (isto é, a problemática social, econômica, política e cultural que envolve a escola, os professores, os alunos, os pais, a comunidade, que interagem no processo de ensino).

O planejamento escolar tem, assim, as seguintes funções:

a) Explicitar princípios, diretrizes e procedimentos do trabalho docente que assegurem a articulação entre as tarefas da escola e as exigências do contexto social e do processo de participação democrática.

b) Expressar os vínculos entre o posicionamento filosófico, político-pedagógico e profissional e as ações efetivas que o professor irá realizar na sala de aula, por meio de objetivos, conteúdos, métodos e formas organizativas do ensino.

c) Assegurar a racionalização, organização e coordenação do trabalho docente, de modo que a previsão das ações docentes possibilite ao professor a realização de um ensino de qualidade e evite a improvisação e a rotina.

d) Prever objetivos, conteúdos e métodos a partir da consideração das exigências postas pela realidade social, do nível de preparo e das condições socioculturais e individuais dos alunos.

e) Assegurar a unidade e a coerência do trabalho docente, uma vez que torna possível inter-relacionar, num plano, os elementos que compõem o processo de ensino: os objetivos (para que ensinar), os conteúdos (o que ensinar), os alunos e suas possibilidades (a quem ensinar), os métodos e técnicas (como ensinar) e a avaliação, que está intimamente relacionada aos demais.

f) Atualizar o conteúdo do plano sempre que é revisto, aperfeiçoando-o em relação aos progressos feitos no campo de conhecimentos, adequando-o às condições de aprendizagem dos alunos, aos métodos, técnicas e recursos de ensino que vão sendo incorporados na experiência cotidiana.

g) Facilitar a preparação das aulas: selecionar o material didático em tempo hábil, saber que tarefas professor e alunos devem executar, replanejar o trabalho frente a novas situações que aparecem no decorrer das aulas.

Para que os planos sejam efetivamente instrumentos para a ação, devem ser como um guia de orientação e devem apresentar ordem sequencial, objetividade, coerência, flexibilidade.

Em primeiro lugar, o plano é um *guia de orientação*, pois nele são estabelecidas as diretrizes e os meios de realização do trabalho docente. Como a sua função é orientar a prática, partindo das exigências da própria prática, ele não pode ser um documento rígido e absoluto, pois uma das características do processo de ensino é que está sempre em movimento, está sempre sofrendo modificações face às condições reais. Especialmente em relação aos planos de ensino e de aulas, nem sempre as coisas ocorrem exatamente como foram planejadas: por exemplo, certos conteúdos exigirão mais tempo do que o previsto; o plano não previu um período de levantamento de pré-requisitos para iniciar a matéria nova; no desenvolvimento do programa houve necessidade de maior tempo para consolidação etc. São necessárias, portanto, constantes revisões.

Em segundo lugar, o plano deve ter uma *ordem sequencial*, progressiva. Para alcançar os objetivos, são necessários vários passos, de modo que a ação docente obedeça a uma sequência lógica. Não se quer dizer que, na prática, os passos não possam ser invertidos. A ocorrência dessa possibilidade é uma coisa positiva, embora indique que a nossa previsão falhou; somente sabemos que falhou porque fizemos uma previsão dos passos.

Em terceiro lugar, devemos considerar a *objetividade*. Por objetividade entendemos a correspondência do plano com a realidade à que se vai aplicar. Não adianta fazer previsões fora das possibilidades humanas e materiais da escola, fora das possibilidades dos alunos. Por outro lado, é somente tendo conhecimento das limitações da realidade que podemos tomar decisões para superação das condições existentes. Quando falamos em realidade, devemos entender que a nossa ação, e a nossa vontade, são também componentes dela. Muitos professores ficam lastimando dificuldades e acabam por se esquecer de que as limitações e os condicionantes do trabalho docente podem ser superados pela ação humana. Por exemplo, no início do ano o professor logo percebe que os alunos vieram da série anterior sem certos pré-requisitos para começar matéria nova. Pode até acontecer que o professor da série anterior tenha desenvolvido a matéria necessária, mas os alunos esqueceram os conhecimentos ou não os consolidaram. Essa circunstância é um dado de realidade. Não resolverá nada criticar o professor da série anterior ou tachar os alunos de burros. Ao contrário, trata-se de tomar esta realidade como ponto de partida e trabalhar os pré-requisitos, sem os quais é impossível começar matéria nova.

Em quarto lugar, deve haver *coerência* entre os objetivos gerais, os objetivos específicos, conteúdos, métodos e avaliação. Coerência é a relação que deve existir entre as ideias e a prática. É também a ligação lógica entre os componentes do plano. Se dizemos nos nossos objetivos gerais que a finalidade do trabalho docente é ensinar os alunos a pensar, a desenvolver suas capacidades intelectuais, a organização dos conteúdos e métodos deve refletir esse propósito. Quando estabelecemos objetivos específicos da matéria, a cada objetivo devem corresponder conteúdos e métodos compatíveis. Se queremos conseguir dos alunos autonomia de pensamento, capacidade de raciocínio, devemos programar tarefas onde os alunos possam desenvolver efetivamente, ativamente, esses propósitos. Se temos em mente que não há ensino sem a consolidação de conhecimentos, a nossa avaliação da aprendizagem não pode reduzir-se apenas a uma prova bimestral, mas devemos aplicar muitas formas de avaliação ao longo do processo de ensino.

Em quinto lugar, o plano deve ter *flexibilidade.* No decorrer do ano letivo, o professor está sempre organizando e reorganizando o seu trabalho. Como dissemos, o plano é um guia e não uma decisão inflexível. A relação pedagógica está sempre sujeita a condições concretas, a realidade está sempre em movimento, de forma que o plano está sempre sujeito a alterações. Por exemplo, às vezes o mesmo plano é elaborado para duas classes diferentes, pois não é possível fazer previsões definitivas antes de colocar o plano em execução; no decorrer das aulas, entretanto, o plano vai obrigatoriamente passando por adaptações em função das situações docentes específicas de cada classe.

Falamos das finalidades e das características do planejamento. Resta dizer que há planos em pelo menos três níveis: o plano da escola, o plano de ensino e o plano de aula. O *plano da escola* é um documento mais global; expressa orientações gerais que sintetizam, de um lado, as ligações da escola com o sistema escolar mais amplo e, de outro, as ligações do projeto pedagógico da escola com os planos de ensino propriamente ditos. *O plano de ensino* (ou plano de unidades) é a previsão dos objetivos e tarefas do trabalho docente para um ano ou semestre; é um documento mais elaborado, dividido por unidades sequenciais, no qual aparecem objetivos específicos, conteúdos e desenvolvimento metodológico. O *plano de aula* é a previsão do desenvolvimento do conteúdo para uma aula ou conjunto de aulas e tem um caráter bastante específico.

O planejamento não assegura, por si só, o andamento do processo de ensino. Mesmo porque a sua elaboração está em função da direção, organização e coordenação do ensino. É preciso, pois, que os planos estejam continuamente ligados à prática, de modo que sejam sempre revistos e refeitos. A ação docente vai ganhando eficácia na medida em que o professor vai acumulando e enriquecendo experiências ao lidar com as situações concretas de ensino. Isso significa que, para planejar, o professor se serve, de um lado, dos conhecimentos do processo didático e das metodologias específicas das matérias e, de outro, da sua própria experiência prática. A cada etapa do processo de ensino convém que o professor vá registrando no plano de ensino e no plano de aulas novos conhecimentos, novas experiências. Com isso, vai criando e recriando sua própria didática, vai enriquecendo sua prática profissional e ganhando mais segurança. Agindo assim, o professor usa o planejamento como oportunidade de reflexão e avaliação da sua prática, além de tornar menos pesado o seu trabalho, uma vez que não precisa, a cada ano ou semestre, começar tudo do marco zero.

Requisitos para o planejamento

Conforme vimos, o planejamento escolar é uma atividade que orienta a tomada de decisões da escola e dos professores em relação às situações docentes de ensino e aprendizagem, tendo em vista alcançar os melhores resultados possíveis. O que deve orientar a tomada de decisões? Quais são os requisitos a serem levados em conta para que os planos da escola, de ensino e de aula sejam, de fato, instrumentos de trabalho para a intervenção e transformação da realidade?

Os principais requisitos para o planejamento são: os objetivos e tarefas da escola democrática; as exigências dos planos e programas oficiais; as condições prévias dos alunos para a aprendizagem; os princípios e as condições do processo de transmissão e assimilação ativa dos conteúdos.

Objetivos e tarefas da escola democrática

A primeira condição para o planejamento são convicções seguras sobre a direção que queremos dar ao processo educativo na nossa sociedade, ou seja, que papel destacamos para a escola na formação dos nossos alunos. Desde o início deste livro mostramos que os objetivos e tarefas da escola democrática estão ligados às necessidades de desenvolvimento cultural do povo, de modo a preparar as crianças e jovens para a vida e para o trabalho.

Sabemos que a escola pública de hoje é diferente da escola do passado. A escola pública do passado era organizada para atender os filhos das famílias das camadas alta e média da sociedade, que, geralmente, já dispunham de uma preparação familiar anterior para terem êxito nos estudos. Era uma escola que proporcionava uma formação geral e intelectual para os filhos dos ricos, enquanto os pobres que conseguiam ter acesso à escolarização tinham outra escola: a de preparação para o trabalho físico (para profissões manuais), com conhecimentos reduzidos e quase nenhuma preocupação com o desenvolvimento intelectual.

A situação pouco mudou no que se refere aos conteúdos do ensino, mas houve uma modificação fundamental: a escola pública de hoje — e aqui falamos das escolas dos centros e periferias urbanas das grandes cidades, das escolas das cidades de médio e pequeno porte e das escolas rurais — recebe um grande contingente de crianças e jovens pertencentes à população pobre. Esta realidade impõe às escolas e aos professores a exigência de recolocar a questão dos objetivos e dos conteúdos de ensino, no sentido de proporcionar a essa população uma educação geral, intelectual e profissional.

A escola democrática, portanto, é aquela que possibilita a todas as crianças a assimilação de conhecimentos científicos e o desenvolvimento de suas capacidades intelectuais, de modo a estarem preparadas para participar ativamente da vida social (na profissão, na política, na cultura). Assim, as tarefas da escola, centradas na transmissão e assimilação ativa dos conhecimentos, devem contribuir para objetivos de formação profissional, para a compreensão das realidades do mundo do trabalho; de formação política para que permita o exercício ativo da cidadania (participação nas organizações populares, atitude consciente e crítica no processo eleitoral etc.); de formação cultural para adquirir uma visão de mundo compatível com os interesses emancipatórios da classe trabalhadora.

Ao planejarem o processo de ensino, a escola e os professores devem, pois, ter clareza de como o trabalho docente pode prestar um efetivo serviço à população e saber que conteúdos respondem às exigências profissionais, políticas e culturais postas por uma sociedade que ainda não alcançou a democracia plena.

Se acreditamos que a educação escolar tem um papel na democratização nas esferas econômica, social, política e cultural, ela será mais democrática quanto mais for universalizada a todos, assegurando tanto o acesso e a permanência nas séries iniciais, quanto o domínio de conhecimentos básicos e socialmente relevantes e o desenvolvimento das capacidades intelectuais por parte dos alunos.

Exigências dos planos e programas oficiais

A educação escolar é direito de todos os brasileiros como condição de acesso ao trabalho, à cidadania e à cultura. Enquanto tal é dever dos governos garantir o ensino básico a todos, traçar uma política educacional, prover recursos financeiros e materiais para o funcionamento do sistema escolar, administrar e controlar as atividades escolares de modo a assegurar o direito de todas as crianças e jovens receberem um ensino de qualidade e socialmente relevante. Sabemos que em nosso país as coisas não se passam assim, e em todos os lugares a educação escolar do povo tem sido relegada ao segundo plano. Entretanto, os diversos setores organizados da sociedade — organizações e movimentos populares, pais, professores, alunos — têm exigido dos governos o cumprimento das suas obrigações públicas em relação ao atendimento do direito à educação.

Uma das responsabilidades do poder público é a elaboração de planos e programas oficiais de instrução, de âmbito nacional, reelaborados e organizados nos estados e municípios em face de diversidades regionais e locais. Os programas oficiais, à medida que refletem um núcleo comum de conhecimentos escolares, têm um caráter democrático, pois, a par de serem garantia da unidade cultural e política da nação, levam a assegurar a todos os brasileiros, sem discriminação de classes sociais e de regiões, o direito de acesso a conhecimentos básicos comuns.

Os planos e programas oficiais de instrução constituem, portanto, um outro requisito prévio para o planejamento. A escola e os professores, porém, devem ter em conta que os planos e programas oficiais são diretrizes gerais, são documentos de referência, a partir dos quais são elaborados os planos didáticos específicos. Cabe à escola e aos professores elaborar os seus próprios planos, selecionar os conteúdos, métodos e meios de organização do ensino, em face das peculiaridades de cada região, de cada escola e das particularidades e condições de aproveitamento escolar dos alunos.

A conversão dos planos e programas oficiais em planos de ensino para situações docentes específicas não é uma tarefa fácil, mas é o que assegura a liberdade e autonomia do professor e a adequação do ensino às realidades locais. Além disso, nenhum plano geral, nenhum guia metodológico, nenhum programa oficial tem respostas pedagógicas e didáticas para garantir a organização do trabalho docente em situações escolares concretas.

Na verdade, cabe ao professor, mais que o cumprimento das exigências dos planos e programas oficiais, a tarefa de reavaliá-los tendo em conta objetivos de ensino para a realidade escolar onde trabalha. Conta-se, aqui, com a criatividade, o preparo profissional, os conhecimentos de Didática, de Psicologia, de Sociologia e, especialmente, da disciplina que esse professor leciona e seu significado social nas circunstâncias concretas do ensino.

Condições prévias para a aprendizagem

O planejamento escolar — seja da escola, seja do professor — está condicionado pelo nível de preparo em que os alunos se encontram em relação às tarefas da aprendizagem. Conforme temos reiterado, os conteúdos de ensino são transmitidos para que os alunos os assimilem ativamente e os transformem em instrumentos teóricos e práticos para a vida prática. Saber em que pé estão os alunos (suas experiências, conhecimentos anteriores, habilidades e hábitos de estudo, nível de desenvolvimento) é medida indispensável para a introdução de conhecimentos novos e, portanto, para o êxito de ação que se planeja.

Em relação aos alunos da escola pública, a verificação das condições potenciais de rendimento escolar depende de um razoável conhecimento dos condicionantes socioculturais e materiais: ambiente social em que vivem, a linguagem usada nesse meio, as condições de vida e de trabalho. Esse conhecimento vai muito além da simples constatação da realidade; deve servir de ponto de apoio pedagógico para o trabalho docente. É preciso que o professor esteja disponível para aprender com a realidade, extrair dos alunos informações sobre a sua vida cotidiana, levá-los a confrontar os seus próprios conhecimentos com a informação embutida nos conteúdos escolares. O fato é que os determinantes sociais e culturais da sua existência concreta influem diretamente na apreensão dos objetos de conhecimento trazidos pelo professor e, portanto, constituem ponto de partida para a assimilação dos conhecimentos sistematizados.

O planejamento da escola e do ensino dependem das condições escolares prévias dos alunos. De nada adianta introduzir matéria nova, se os alunos carecem de pré-requisitos. A introdução de matéria nova ou a consolidação da matéria anterior requerem necessariamente verificar o ponto de preparo em que os alunos se encontram, a fim de garantir a base de conhecimentos — habilidades necessária para a continuidade da matéria.

Um professor não pode justificar o fracasso dos alunos pela falta de base anterior; o suprimento das condições prévias de aprendizagem deve ser previsto no plano de ensino. Não pode alegar que os alunos são dispersivos; é ele quem deve criar as condições, os incentivos e os conteúdos para que os alunos se concentrem e se dediquem ao trabalho. Não pode alegar imaturidade; todas os alunos dispõem de um nível de desenvolvimento potencial ao qual o ensino deve chegar. Não pode atribuir aos pais o desinteresse e a falta de dedicação dos alunos, muito menos acusar a pobreza como causa do mau desempenho escolar; as desvantagens intelectuais e a própria condição de vida material dos alunos, que dificultam o enfrentamento das tarefas pedidas pela escola, devem ser tomadas como ponto de partida para o trabalho docente.

Princípios e condições de transmissão/assimilação ativa

Este requisito diz respeito ao domínio dos meios e condições de orientação do processo de assimilação ativa nas aulas. O planejamento das unidades didáticas e das aulas deve estar em correspondência com as formas de desenvolvimento do trabalho em sala de aula. Uma parte importante do plano de ensino é a descrição das situações docentes específicas, com a indicação do que os alunos farão para se envolverem na atividade docente e do que o professor fará para dirigir a atividade cognoscitiva dos alunos em classe. Este assunto já foi desenvolvido em capítulos anteriores.

O plano da escola

O plano da escola é o plano pedagógico e administrativo da unidade escolar, onde se explicita a concepção pedagógica do corpo docente, as bases teórico-metodológicas da organização didática, a contextualização social, econômica, política e cultural da escola, a caracterização da clientela escolar, os objetivos educacionais gerais, a estrutura curricular, diretrizes metodológicas gerais, o sistema de avaliação do plano, a estrutura organizacional e administrativa.

O plano da escola é um guia de orientação para o planejamento do processo de ensino. Os professores precisam ter em mãos esse plano abrangente, não só para uma orientação do seu trabalho, mas para garantir a unidade teórico-metodológica das atividades escolares.

O plano da escola, enquanto orientação geral do trabalho docente, deve ser consensual entre o corpo docente. Pode ser elaborado por um ou mais membros do corpo docente e, em seguida, discutido. O documento final deve ser um produto do trabalho coletivo, expressando os posicionamentos e a prática dos professores. Com efeito, o plano da escola deve expressar os propósitos dos educadores empenhados numa tarefa comum. A não confluência em torno de princípios básicos de ação pode ser nefasta para a ação coletiva na escola, com repercussões negativas na sala de aula.

A seguir, sugerimos um roteiro para a elaboração do plano da escola.

1. Posicionamento sobre as finalidades da educação escolar na sociedade e na nossa escola.

2. Bases teórico-metodológicas da organização didática e administrativa são o nosso entendimento sobre:

   – o tipo de homem que queremos formar;

   – as tarefas da educação geral;

   – o significado pedagógico-didático do trabalho docente: as teorias do ensino e da aprendizagem;

   – as relações entre o ensino e o desenvolvimento das capacidades intelectuais dos alunos;

   – o sistema de organização e administração da escola.

3. Caracterização econômica, social, política e cultural do contexto em que está inserida a nossa escola:

   – panorama geral do contexto;

   – aspectos principais desse contexto que incidem no processo ensino-aprendizagem.

4. Características socioculturais dos alunos:

   – origem social e condições materiais de vida;

   – aspectos culturais: concepção de mundo, práticas de criação e educação das crianças, motivações e expectativas profissionais, linguagem, recreação, meios de comunicação etc.;

   – características psicológicas de cada faixa etária em termos de aprendizagem e desenvolvimento.

5. Objetivos educacionais gerais da escola quanto à(s):

   – aquisição de conhecimentos e habilidades;

   – capacidades a serem desenvolvidas;

   – atitudes e convicções.

6. Diretrizes gerais para a elaboração do plano de ensino:
   - sistema de matérias — estrutura curricular;
   - critérios de seleção de objetivos e conteúdos;
   - diretrizes metodológicas gerais e formas de organização do ensino;
   - sistemática de avaliação.
7. Diretrizes quanto à organização e à administração:
   - estrutura organizacional da escola;
   - atividades coletivas do corpo docente: reuniões pedagógicas, conselho de classe, atividades comuns;
   - calendário e horário escolar;
   - sistema de organização de classes;
   - sistema de acompanhamento e aconselhamento dos alunos;
   - sistema de trabalho com os pais;
   - atividades extraclasse: biblioteca, grêmio estudantil, esportes, festas, recreação, clubes de estudo, visitas a instituições e locais da cidade;
   - sistema de aperfeiçoamento profissional do pessoal docente e administrativo;
   - normas gerais de funcionamento da vida coletiva: relações internas na escola e na sala de aula.

O plano de ensino

O plano de ensino é um roteiro organizado das unidades didáticas para um ano ou semestre. É denominado também plano de curso ou plano de unidades didáticas e contém os seguintes componentes: justificativa da disciplina em relação aos objetivos da escola; objetivos gerais; objetivos específicos, conteúdo (com a divisão temática de cada unidade); tempo provável e desenvolvimento metodológico (atividades do professor e dos alunos). Sua elaboração pode ser apresentada de acordo com o quadro da página seguinte.

PLANO DE ENSINO (ANUAL/SEMESTRAL)			
Disciplina: .... Série: .... Ano: .... Nº de aulas no ano: .... no semestre: .... Professor:			
Justificativa da disciplina (uma ou mais páginas) Objetivos gerais:			
Objetivos específicos	Conteúdos	Nº de aulas	Desenvolvimento metodológico
	Unidade I 1) .... 2) .... 3) .... 4) .... Unidade II 1) .... 2) .... 3)		
Bibliografia (do professor): Livro adotado para estudo dos alunos:			

Justificativa da disciplina

Este tópico do plano de ensino deve responder à seguinte pergunta: qual a importância e o papel da matéria de ensino no desenvolvimento das capacidades cognoscitivas dos alunos? Em outras palavras, para que serve ensinar tal matéria? O estudante do curso de Habilitação ao Magistério precisa saber responder a esta questão.

A justificativa pode ser iniciada com considerações sobre as funções sociais e pedagógicas da educação escolar na nossa sociedade, tendo em vista explicitar os objetivos que desejamos alcançar no trabalho docente com os alunos. Em seguida, descrevem-se brevemente os conteúdos básicos da disciplina para indicar para que serve o que se vai ensinar. Com isso se vão definindo os objetivos prioritários, tendo em vista a sua relevância social, política, profissional e cultural. Finalmente, trata-se de explicitar as formas metodológicas para atingir os objetivos, com base nos princípios didáticos gerais e no método próprio de cada disciplina, tendo em vista a assimilação ativa dos conhecimentos e o desenvolvimento das capacidades cognoscitivas dos alunos.

Em resumo, a justificativa da disciplina responderá a três questões básicas do processo didático: o porquê, o para quê e o como. Este primeiro passo facilitará enormemente nos passos seguintes da elaboração do plano.

Delimitação dos conteúdos

No passo anterior foram explicitados os objetivos do ensino da matéria, ainda que de forma mais geral. Para que possamos definir objetivos específicos, que, na verdade, são já os resultados esperados da aquisição de conhecimentos e habilidades (ainda que fixados de antemão), devemos delimitar os conteúdos por unidades didáticas, com a divisão temática de cada uma.

Unidades didáticas são o conjunto de temas inter-relacionados que compõem o plano de ensino para uma série. Cada unidade didática contém um tema central do programa, detalhado em tópicos.

Uma unidade didática tem como características: formar um todo homogêneo de conteúdos em torno de uma ideia central; ter uma relação significativa entre os tópicos a fim de facilitar o estudo dos alunos; ter um caráter de relevância social, no sentido de que os conteúdos se tornem "vivos" na experiência social concreta dos alunos.

A seleção e organização dos conteúdos passam por determinados requisitos e critérios, bem como pela especificidade da matéria. Devemos lembrar-nos de que os conteúdos não consistem apenas de conhecimentos, mas também de habilidades, capacidades, atitudes e convicções.

O procedimento mais simples de organização do conjunto das unidades didáticas do plano é o seguinte:

a) Tendo em mente sua concepção de educação e escola, seu posicionamento sobre os objetivos sociais e pedagógicos do processo de ensino e, ainda, seu posicionamento e conhecimento em relação à disciplina que leciona, o professor começa a elaborar o programa. Para isso deve consultar o programa oficial da matéria (recomendado pelo estado ou município), o livro didático escolhido e outros livros de consulta.

b) O programa ou conteúdos para a série é inicialmente dividido em unidades didáticas (como se fossem capítulos de um livro), cada uma com seus respectivos tópicos. A primeira versão é o levantamento geral de temas que podem ser trabalhados. Uma segunda versão será necessária para adequar o programa ao nível de preparo dos alunos, às condições concretas de desenvolvimento das aulas, aos objetivos gerais do ensino da matéria, à continuidade do programa desenvolvido na série anterior e, finalmente, ao tempo disponível.

c) Concluída a segunda versão, o professor terá um conjunto de unidades didáticas para um ano ou semestre e o número de aulas para cada uma. Fará então uma última checagem para verificar:

• se as unidades formam um todo homogêneo e lógico;

• se as unidades realmente contêm o conteúdo básico essencial em relação às condições de aprendizagem dos alunos e à exigência de consolidação da matéria assimilada;

• se o tempo provável de desenvolvimento de cada unidade é realista em relação ao que dissemos no item anterior;

• se os tópicos de cada unidade realmente possibilitam o entendimento da ideia central contida nessa unidade;

• se os tópicos de cada unidade podem ser transformados em tarefas de estudo para os alunos e em objetivos de conhecimentos e habilidades.

Resumindo: o conteúdo (ou programa) da disciplina é selecionado e organizado em unidades didáticas, estas subdivididas em tópicos. A principal virtude de uma unidade didática é que os seus tópicos não são simplesmente itens de subdivisão do assunto, mas conteúdos problematizados em função dos objetivos e do desenvolvimento metodológico.

Quanto mais cuidadosamente for formulado o conjunto de unidades, mais facilmente o professor poderá extrair delas os objetivos específicos, os métodos e procedimentos de ensino.

A respeito da seleção e dos critérios de seleção de conteúdos, consultar o Capítulo 5.

Os objetivos específicos

Ao escrever a justificativa da disciplina, o professor traçou a orientação geral do seu plano explicitando a importância e o seu papel no conjunto do plano da escola, o que espera que os alunos assimilem após o estudo da disciplina e as formas para atingir esse propósito. Agora, partindo dos conteúdos, fixará os objetivos específicos, ou seja, os resultados a obter do processo do transmissão-assimilação ativa de conhecimentos, conceitos, habilidades.

Uma vez redigidos, os objetivos específicos vão direcionar o trabalho docente tendo em vista promover a aprendizagem dos alunos. Passam, inclusive, a ter força para a alteração dos conteúdos e métodos. Na redação, o professor transformará tópicos das unidades numa proposição (afirmação) que expresse o resultado esperado e que deve ser atingido por todos os alunos ao término daquela unidade didática.

Os resultados são *conhecimentos* (conceitos, fatos, princípios, teorias, interpretações, ideias organizadas etc.) e *habilidades* (o que deve aprender para desenvolver suas capacidades intelectuais: organizar seu estudo ativo e independente; aplicar fórmulas em exercícios; observar, coletar e organizar informações sobre determinado assunto; raciocinar com dados da realidade; formular hipóteses; usar materiais e instrumentos dirigidos pela aprendizagem da matéria, como dicionários, mapas, réguas etc.).

Na redação dos objetivos específicos, o professor pode indicar também as *atitudes e convicções* em relação à matéria, ao estudo, ao relacionamento humano, à realidade social (atitude científica, consciência crítica, responsabilidade, solidariedade etc.). Embora dificilmente possam ser transformados em proposições expressando resultados, esses itens fazem parte dos objetivos e tarefas docentes.

Formular objetivos é uma tarefa que consiste, basicamente, em descrever os conhecimentos a serem assimilados, as habilidades, hábitos e atitudes a serem desenvolvidos, ao término do estudo de certos conteúdos de ensino. Objetivos refletem, pois, a estrutura do conteúdo da matéria. Devem ser redigidos com clareza, expressando o que o aluno deve aprender. Devem ser realistas, isto é, expressar resultados de aprendizagem realmente possíveis de serem alcançados no tempo que se dispõe e nas condições em que se realiza o ensino. Evidentemente, sua formulação e seu conteúdo devem corresponder à capacidade de assimilação dos alunos, conforme a sua idade e nível de desenvolvimento mental. Estas orientações são importantes de serem levadas em conta, pois o que importa é menos a redação formal e muito mais a sua utilidade para motivar e encaminhar a atividade dos alunos.

Vejamos alguns exemplos de redação de objetivos:

- No conteúdo sobre relação entre os seres vivos e o ambiente:
  - Observar e identificar, numa certa área da escola ou próxima dela, tipos de seres vivos conforme diferentes habitas em que são encontrados: no solo, no ar, em troncos podres, debaixo de pedras e outros.
  - Após diferenciar os elementos que compõem o ambiente de uma determinada região, explicar os seus diversos efeitos sobre os seres vivos.
  - Dar exemplos da influência do ambiente sobre os seres vivos e da interferência do homem sobre o ambiente.
- No conteúdo sobre unidades de medida:
  - Relacionar unidades de medida (comprimento, massa, volume, tempo, valor) aos tipos de objetos medidos.
  - Saber aplicar adequadamente essas medidas em várias situações sociais reais (uso do metro, do quilo, da dúzia etc.)
- No conteúdo sobre concordância verbal:
  - Relacionar corretamente sujeito, verbo e complementos, sabendo fazer uso da norma prática de concordância verbal, em que o verbo deve concordar com o sujeito em número e pessoa.

- No conteúdo sobre multiplicação:
  - Resolver problemas de multiplicação de um número com três algarismos por outro com dois algarismos.
- Em conteúdos de Estudos Sociais:
  - Explicar por que os serviços de atendimento às necessidades da população (saúde, educação, transportes etc.) são direitos do cidadão e obrigação dos órgãos públicos.
  - Após o estudo sobre atividades econômicas básicas, os alunos deverão explicar a interdependência entre agricultura, indústria e comércio, dando vários exemplos.
  - Ajudar o aluno na compreensão das mudanças que o tempo provoca nas pessoas, comparando a sequência de fatos da sua própria experiência de vida (linha do tempo) com a de amigos de idades diferentes, com a da vida da professora, dos pais etc.

Nestes exemplos, pode-se verificar que os objetivos se referem a operações mentais simples (definir, listar, identificar, reconhecer, usar, aplicar, reproduzir) e operações mais complexas (comparar, relacionar, analisar, justificar, diferenciar etc.). Embora a preocupação do professor deva ser a de formular um objetivo com suficiente clareza para ser compreensível a ele próprio e pelos alunos, sem necessidade de prender-se à sua "forma" de redação, há alguns verbos que o ajudam a explicitar com mais precisão o que ele espera da atividade de estudo dos alunos. Por exemplo: apontar (num gráfico, num mapa), localizar, desenhar, nomear, destacar, distinguir, demonstrar, classificar, utilizar, organizar, listar, mencionar, formular etc.

Cabe uma observação sobre os chamados *objetivos formativos*, que são os referentes a atitudes, convicções, valores. Há expectativas do professor de que os alunos vão formando traços de personalidade e de caráter, que tenham uma postura diante da vida, que formem atitudes positivas em relação ao estudo etc. Tais expectativas podem ser transformadas em objetivos, mas o professor deve ter em mente que eles não se alcançam de imediato e sua comprovação não pode ser constatada objetivamente. São projeções futuras de objetivos cuja consecução se vai dando ao longo do processo, inclusive com a cooperação de todos os demais professores.

Desenvolvimento metodológico

O desenvolvimento metodológico é o componente do plano de ensino que dará vida aos objetivos e conteúdos. Indica o que o professor e os alunos farão no desenrolar de uma aula ou conjunto de aulas.

Devemos lembrar que no processo de ensino há duas facetas indissociáveis: a assimilação de novos conhecimentos e o desenvolvimento das capacidades cognoscitivas dos alunos, a segunda realizando-se no transcurso da primeira, sob a direção do professor.

A força motriz do processo de ensino é a contradição entre as exigências de assimilação do saber sistematizado e as condições internas de atividade mental e prática dos alunos (manifestadas nos seus conhecimentos já disponíveis, nas suas experiências de vida e no seu desenvolvimento intelectual). Os objetivos e conteúdos organizados pelo professor devem contribuir para o desenvolvimento intelectual dos alunos por meio de tarefas que suscitem sua atividade mental e prática. Não é suficiente, pois, "passar" a matéria; é preciso que a matéria se converta em problemas e indagações para os alunos. A função deste componente do plano de ensino, o desenvolvimento metodológico, é articular objetivos e conteúdos com métodos e procedimentos de ensino que provoquem a atividade mental e prática dos alunos (resolução de situações-problemas, trabalhos de elaboração mental, discussões, resolução de exercícios, aplicação de conhecimentos e habilidades em situações distintas das trabalhadas em classe etc.).

O desenvolvimento metodológico de objetivos e conteúdos estabelece a linha que deve ser seguida no ensino (atividade do professor) e na assimilação (atividade do aluno) da matéria de ensino. Ao preencher este item do plano de ensino, o professor estará respondendo às seguintes questões: que atividades os alunos deverão desenvolver para assimilar este assunto da matéria, tendo em vista os objetivos? Que atividades o professor deve desenvolver de forma a dirigir sistematicamente as atividades dos alunos adequadas à matéria e aos objetivos?

A primeira tarefa é verificar os objetivos e a matéria a ser ensinada, pois eles determinarão os métodos e procedimentos, bem como os recursos de ensino a lançar mão. Em seguida devem ser especificadas as ações docentes e discentes (do professor e do aluno) correspondentes a cada passo da sequência de desenvolvimento de uma aula ou conjunto de aulas.

Conforme estudamos no Capítulo 9, a aula pode ter a seguinte sequência: introdução, desenvolvimento e aplicação.

Introdução e preparação do conteúdo

São atividades que visam a reação favorável dos alunos ao conteúdo. Pode-se fazer uma apresentação global do tema, a fim de aproximá-lo do interesse dos alunos. Os alunos devem estar informados dos objetivos, formas de trabalho, duração, material de estudo que será utilizado, quando serão dados exercícios de avaliação etc. As atividades desta fase podem ser: conversação dirigida sobre; perguntas sobre; observação de; demonstração do tema através de ilustrações (jornais, objetos, cartazes, revistas, gráficos), leitura individual de um texto. A escolha de métodos e procedimentos depende do conhecimento da matéria, da criatividade do professor e de cada situação concreta.

Desenvolvimento ou estudo do conteúdo

É a fase da assimilação e sistematização do objeto de estudo, visando o máximo de compreensão e elaboração interna por parte do aluno. As atividades podem ser: exposição oral pelo professor, conversação, trabalho independente dos alunos, estudo dirigido, exercícios de compreensão de texto, trabalho em grupos, exercícios de solução de problemas. Convém que em qualquer atividade escolhida esteja presente a ideia dominante (a pergunta central) da unidade. Ao elaborar este item do plano não basta o professor citar as atividades, mas mencionar o conteúdo das atividades. Exemplo: *Resolver os seguintes exercícios, Estudo dirigido sobre, No estudo do meio observar os seguintes aspectos.*

Aplicação

É a fase de consolidação, que revisa cada tópico da unidade remetendo à pergunta central. As atividades aqui têm o sentido de reforço:

exercícios de fixação, organização de resumos, depoimentos orais, elaboração de quadro síntese da matéria, tarefas de aplicação dos conhecimentos a situações novas, debates. O significado mais importante desta fase é a consolidação de conhecimentos e habilidades para início de uma nova unidade didática.

O conteúdo de uma unidade didática e seu desenvolvimento metodológico estão exemplificados no quadro a seguir.

CONTEÚDO	DESENVOLVIMENTO METODOLÓGICO
Unidade III — O que são os seres vivos.	Pedir aos alunos que citem nomes de plantas, animais, objetivos. A professora irá anotando os nomes no quadro-negro.
1. Os seres vivos nascem, crescem, se reproduzem e morrem.	Os alunos deverão separar, dentre os elementos citados, os que nascem, crescem, se reproduzem e morrem. A professora explicará o que são os seres vivos. Os alunos devem repetir a definição, dar novos exemplos. A professora dirigirá perguntas a diversos alunos, individualmente. Construir, com os alunos, uma tabela de seres vivos e seres não vivos assim:

SERES VIVOS		SERES NÃO VIVOS
Animais	Plantas	
Cachorro	Bananeira	Pedra
Peixe	Árvore	Caderno
Gato	Legumes	Carteira
Galinha	Laranjeira	Sapato
etc.	Hortaliças	etc.
	etc.	

CONTEÚDO	DESENVOLVIMENTO METODOLÓGICO
2. Há uma dependência entre os seres vivos e a alimentação. 3. Precisamos conservar a flora e a fauna.	*Reforço*: recordar a definição, fazer uma síntese do tópico, dizer nomes de seres e pedir aos alunos para identificarem como vivos e não vivos. As crianças devem reproduzir a tabela no caderno.

(Adaptado do *Programa de 1° Grau — 2ª Série*. Secretaria Municipal de Educação de São Paulo/ Departamento de Planejamento e Orientação, São Paulo, 1985.)

O plano de aula

No Capítulo 9 tratamos detalhadamente dos passos ou fases de desenvolvimento de uma aula ou conjunto de aulas. Vimos que a aula é a forma predominante de organização do processo de ensino. E na aula que organizamos ou criamos as situações docentes, isto é, as condições e meios necessários para que os alunos assimilem ativamente conhecimentos, habilidades e desenvolvam suas capacidades cognoscitivas. Vimos, também, que uma das principais qualidades profissionais do professor é estabelecer uma ponte de ligação entre as tarefas cognitivas (objetivos e conteúdos) e as capacidades dos alunos para enfrentá-las, de modo que os objetivos da matéria sejam transformados em objetivos dos alunos.

O plano de aula é um detalhamento do plano do ensino. As unidades e subunidades (tópicos) que foram previstas em linhas gerais são agora especificadas e sistematizadas para uma situação didática real. A preparação de aulas é uma tarefa indispensável e, assim como o plano de ensino, deve resultar num documento escrito que servirá não só para orientar as ações do professor como também para possibilitar constantes revisões e aprimoramentos de ano para ano. Em todas as profissões o aprimoramento profissional depende da acumulação de experiências conjugando a prática e a reflexão criteriosa sobre ela, tendo em vista uma prática constantemente transformada para melhor.

Na elaboração de plano de aula, deve-se levar em consideração, em primeiro lugar, que a aula é um período de tempo variável. Dificilmente completamos numa só aula o desenvolvimento de uma unidade ou tópico de unidade, pois o processo de ensino e aprendizagem se compõe de uma sequência articulada de fases: preparação e apresentação de objetivos, conteúdos e tarefas; desenvolvimento da matéria nova; consolidação (fixação, exercícios, recapitulação, sistematização); aplicação; avaliação. Isso significa que devemos planejar não uma aula, mas um conjunto de aulas.

Na preparação de aulas, o professor deve reler os objetivos gerais da matéria e a sequência de conteúdos do plano de ensino. Não pode esquecer que cada tópico novo é uma continuidade do anterior; é necessário, assim, considerar o nível de preparação inicial dos alunos para a matéria nova.

Deve, também, tomar o tópico da unidade a ser desenvolvido e desdobrá-lo numa sequência lógica, na forma de conceitos, problemas, ideias. Trata-se de organizar um conjunto de noções básicas em torno de uma ideia central, formando um todo significativo que possibilite ao aluno uma percepção clara e coordenada do assunto em questão. Ao mesmo tempo em que são listadas as noções, conceitos, ideias e problemas, é feita a previsão do tempo necessário. A previsão do tempo, nesta fase, ainda não é definitiva, pois poderá ser alterada no momento de detalhar o desenvolvimento metodológico da aula.

Em relação a cada tópico, o professor redigirá um ou mais objetivos específicos, tendo em conta os *resultados esperados* da assimilação de conhecimentos e habilidades (fatos, conceitos, ideias, relações, métodos e técnicas de estudo, princípios, atitudes etc.). Estabelecer os objetivos é uma tarefa tão importante que deles vão depender os métodos e procedimentos de transmissão e assimilação dos conteúdos e as várias formas de avaliação (parciais e finais).

O desenvolvimento metodológico será desdobrado dos seguintes itens, para cada assunto novo: preparação e introdução do assunto; desenvolvimento e estudo ativo do assunto; sistematização e aplicação; tarefas de casa. Em cada um desses itens são indicados os métodos, procedimentos e materiais didáticos, isto é, o que professor e alunos farão para alcançar os objetivos. Para isso, deve-se consultar o Capítulo 9.

Em cada um dos itens mencionados, o professor deve prever formas de verificação do rendimento dos alunos. Precisa lembrar que a avaliação é feita *no início* (o que o aluno sabe antes do desenvolvimento de matéria nova), *durante* e *no final* de uma unidade didática. A avaliação deve conjugar variadas formas de verificação, podendo ser *informal*, para fins de diagnóstico e acompanhamento do progresso dos alunos, e *formal*, para fins de atribuição de notas ou conceitos. Para isso, consultar o Capítulo 8.

Os momentos didáticos do desenvolvimento metodológico não são rígidos. Cada momento terá duração de tempo de acordo com o conteúdo, com o nível de assimilação dos alunos. Às vezes ocupar-se-á mais tempo com a exposição oral da matéria, em outras, com o estudo da matéria. Outras vezes, ainda, tempo maior pode ser dedicado a exercícios de fixação e consolidação. Por exemplo, pode acontecer que os alunos dominem perfeitamente os conhecimentos e habilidades necessários para enfrentar a matéria nova; nesse caso, a preparação e introdução do tema pode ser mais breve. Entretanto, se os alunos não dispõem de pré-requisitos bem consolidados, a decisão do professor deve ser outra, gastando-se mais tempo para garantir uma base inicial de preparo através de recapitulação, pré-teste de sondagem, exercícios.

No desenvolvimento metodológico pode-se destacar aulas com finalidades específicas: aula de exposição oral da matéria (com os devidos cuidados que já assinalamos no Capítulo 7), aula de discussão ou de trabalho em grupo, aula de estudo dirigido individual, aula de demonstração prática ou estudo do meio, aula de exercícios, aula de recapitulação, aula de verificação para avaliação.

O professor consciencioso deverá fazer uma avaliação da própria aula. Sabemos que o êxito dos alunos não depende unicamente do professor e de seu método de trabalho, pois a situação docente envolve muitos fatores de natureza social, psicológica, o clima geral da dinâmica da escola etc. Entretanto, o trabalho docente tem um peso significativo ao proporcionar condições efetivas para o êxito escolar dos alunos. Ao fazer a avaliação das aulas, convém ainda levantar questões como estas: Os objetivos e conteúdos foram adequados à turma? O tempo de duração da aula foi adequado? Os métodos e técnicas de ensino foram variados e oportunos para suscitar a atividade mental e prática dos alunos? Foram feitas verificações de aprendizagem no decorrer das aulas (informais e formais)? O relacionamento professor-aluno foi satisfatório? Houve uma organização segura das atividades, de modo a ter garantido um clima de trabalho favorável? Os alunos realmente consolidaram a aprendizagem da matéria, num grau suficiente para introduzir matéria nova? Foram propiciadas tarefas de estudo ativo e independente dos alunos?

Exemplo de um plano de aula:

| Escola: _____ Disciplina: ___Português___ Data: _____ |
| Série: _____2ª_____ PROFESSOR(A): _____ |

UNIDADE DIDÁTICA: Expressão oral, leitura e escrita (Texto: "O Domador de Monstros" — Ana Maria Machado)

OBJETIVOS ESPECÍFICOS	CONTEÚDOS	Nº DE AULAS	DESENVOLVIMENTO METODOLÓGICO
1. Expressão de opiniões e sentimentos por meio da fala, gestos, mímica.	1. Expressão verbal e não verbal.	120 min	• Conversar com as crianças sobre estórias e figuras de monstros que conhecem (TV, revistas, figurinhas etc.). Pedir que expressem com gestos como imaginam monstros. • Pedir que contem alguma estória de monstros. • Indagar o que acham dos monstros (assustam? dão medo? dão vontade de rir? será que existem mesmo? etc.). • Conversar sobre o título do texto, "O Domador de Monstros". Como será a estória? Quem será o domador? Como será esse monstro? O domador conseguirá domar o monstro? Etc.
2. Compreensão do texto escrito.	2. Leitura silenciosa e comentários.		• Pedir leitura silenciosa do texto. (A professora esclarecerá dúvidas sobre o vocabulário se solicitada pelos alunos.)
3. Expressão verbal de experiências.	3. Expressão verbal.		• Após a leitura silenciosa, indagar às crianças: quem é o domador de monstros? O que o domador sentiu? O que acham do modo como Sérgio enfrentou o monstro? Por que o monstro da parede se assustou e foi embora? Como imaginam o monstro (representar com gestos e sons)? Já aconteceu isso com alguém?

OBJETIVOS ESPECÍFICOS	CONTEÚDOS	Nº DE AULAS	DESENVOLVIMENTO METODOLÓGICO
			• Ampliar a conversação: quando se formam sombras? Por que aparecem? Já utilizaram o corpo ou objetos para projetar sombras? Que figuras foram formadas? Já tiveram medo como Sérgio? Como foi?
4. Leitura em voz alta com expressividade.	4. Leitura oral.		• Pedir leitura oral: – do trecho que acharam mais interessante; – do diálogo de Sérgio com monstro; – do final da estória. (Se necessário, a professora pode ler uma vez, antes de os alunos lerem.)
5. Compreensão do texto escrito e dar asas à imaginação.	5. Expressão escrita.		• Pedir aos alunos que escrevam outro final para a história, outra forma de enfrentar o monstro. Poderão introduzir outro personagem, se quiserem. • Pedir que façam desenhos de monstros. • Reproduzir o texto em quadrinhos (a história do texto ou a história com outro final). (*Obs.*: As três últimas tarefas podem ser feitas em casa ou em outra aula.)

O DOMADOR DE MONSTROS

Ana Maria Machado

Era uma vez um menino chamado Sérgio. Uma noite, antes de dormir, ele ficou olhando as manchas que as sombras das árvores lá de fora iam formando na parede do quarto.

Sérgio ficou com medo. Para espantar o medo, o jeito era conversar com o monstro:

— Se ficar me olhando assim, eu chamo um monstro mais feio ainda para te assustar.

Mas o monstro da parede nem ligou. Então Sérgio avisou:

— Aí vem um monstro de um olho só, duas bocas, três chifres, quatro trombas, cinco umbigos, seis línguas, sete rabos, oito corcovas, nove pernas, dez cores, onze caretas, doze sorrisos, treze risadinhas, quatorze gargalhadas, quinze cambalhotas...

E Sérgio ria tanto que nem conseguiu falar direito. Aí o monstro da parede se assustou com todas as palhaçadas e foi embora.

Sugestões para tarefas de estudo

Perguntas para o trabalho independente dos alunos

- Qual a importância política e pedagógica do planejamento de ensino?
- Explicar cada uma das características do planejamento.
- Quais as funções do planejamento escolar?
- Como os objetivos e tarefas da escola democrática devem refletir-se no planejamento?
- Como devemos articular os planos e programas oficiais no plano de ensino?
- De que forma o plano de ensino e o plano de aula se conjugam com as condições socioculturais e individuais dos alunos?
- Por que é importante o plano da escola?
- Descrever os elementos que compõem o plano de ensino e o plano de aula.

Temas para aprofundamento de estudos

- Dividir os alunos em pequenos grupos, conforme as disciplinas do ensino de 1° grau (Português, Matemática, História etc.) para a elaboração da justificativa da disciplina.
- Verificar em escolas da cidade como é feito o planejamento de ensino, se há plano da escola, planos de ensino, se os professores recorrem ao plano de ensino ou não.
- Coletar exemplares de planos de ensino para estudo e análise.

Temas para redação

- A prática do planejamento escolar e a realidade social.
- Planejamento escolar e a ação pedagógica crítica e transformadora.

- Planejamento de ensino entre a escola e o contexto social.
- Planejamento e ação integrada do corpo docente.

Exercícios de aplicação

- Elaboração de planos de ensino e planos de aulas.
- Construção de programas por séries.
- Tomar capítulos (unidades) de livros didáticos e preparar o seu desenvolvimento metodológico para um conjunto de aulas.

Bibliografia complementar

BALZAN, Newton C. Supervisão e didática. In: ALVES, Nilda et al. (orgs.). *Educação e supervisão*: o trabalho coletivo na escola. São Paulo: Cortez/Autores Associados, 1984.

ENRICONE, Délcia et al. *Ensino — Revisão crítica*. Porto Alegre: Sagra, 1988.

FUSARI, José C. O planejamento educacional e a prática dos educadores. *Revista da Ande*, São Paulo, n. 8, 1984, p. 33-35.

LIBÂNEO, José C. *A democratização da escola pública.* São Paulo: Loyola, 1987.

LUCKESI, Cipriano C. Elementos para uma didática no contexto de uma pedagogia para a transformação. *Anais da III CBE.* São Paulo: Loyola, 1984.

PIMENTA, Selma G. A organização do trabalho na escola. *Revista da Ande*, São Paulo, n. 11, 1986, p. 29-36.

RAYS, Osvaldo A. *Planejamento de ensino*: um ato político-pedagógico. IV Encontro Nacional de Didática e Prática de Ensino. Recife, 1986. (Mimeo.)

SÃO PAULO. Secretaria de Educação Municipal — Departamento de Planejamento e Orientação. *Programa do 1º Grau.* São Paulo, 1985.

VEIGA, Ilma P. A. (org.). *Repensando a didática.* São Paulo: Papirus, 1988.

VIANNA, Ilca O. de A. *Planejamento participativo na escola*: um desafio ao educador. São Paulo: EPU, 1986.

Capítulo 11

Relações professor-aluno na sala de aula

As relações entre professores e alunos, as formas de comunicação, os aspectos afetivos e emocionais, a dinâmica das manifestações na sala de aula fazem parte das condições organizativas do trabalho docente, ao lado de outras que estudamos.

A interação professor-alunos é um aspecto fundamental da organização da "situação didática", tendo em vista alcançar os objetivos do processo de ensino: a transmissão e assimilação dos conhecimentos, hábitos e habilidades. Entretanto, esse não é o único fator determinante da organização do ensino, razão pela qual ele precisa ser estudado em conjunto com outros fatores, principalmente a forma de aula (atividade individual, atividade coletiva, atividade em pequenos grupos, atividade fora da classe etc.).

Podemos ressaltar dois aspectos da interação professor-alunos no trabalho docente: o aspecto cognoscitivo (que diz respeito a formas de comunicação dos conteúdos escolares e às tarefas escolares indicadas aos alunos) e o aspecto socioemocional (que diz respeito às relações pessoais entre professor e aluno e às normas disciplinares indispensáveis ao trabalho docente).

Trataremos, neste capítulo, dos seguintes temas:

- aspectos cognoscitivos da interação professor-aluno;
- aspectos socioemocionais;
- a disciplina.

Aspectos cognoscitivos da interação

Entendemos por cognoscitivo o processo ou o movimento que trans-corre no ato de ensinar e no ato de aprender, tendo em vista a transmissão e assimilação de conhecimentos. Nesse sentido, ao ministrar aulas, o professor sempre tem em vista tarefas cognoscitivas colocadas aos alunos: objetivos da aula, conteúdos, problemas, exercícios. Os alunos, por sua vez, dispõem de um grau determinado de potencialidades cognoscitivas conforme o nível de desenvolvimento mental, idade, experiências de vida, conhecimentos já assimilados etc.

O trabalho docente se caracteriza por um constante vaivém entre as tarefas cognoscitivas colocadas pelo professor e o nível de preparo dos alunos para resolverem as tarefas. Para isso o professor deve cuidar de apresentar os objetivos, os temas de estudo e as tarefas numa forma de co-municação compreensível e clara. Deve esforçar-se em formular pergun-tas e instruções verbais que os alunos possam entender. Não se espera que haja pleno entendimento entre professor e alunos, mesmo porque a situação pedagógica é condicionada por outros fatores. Mas as formas adequadas de comunicação concorrem positivamente para a interação professor-aluno.

O professor não apenas transmite uma informação ou faz perguntas, mas também ouve os alunos. Deve dar-lhes atenção e cuidar para que aprendam a expressar-se, a expor opiniões e dar respostas. O trabalho docente nunca é unidirecional. As respostas e as opiniões dos alunos mostram como eles estão reagindo à atuação do professor, às dificuldades que encontram na assimilação dos conhecimentos. Servem, também, para diagnosticar as causas que dão origem a essas dificuldades. Esta é uma das funções da avaliação diagnóstica.

Para atingir satisfatoriamente uma boa interação no aspecto cognos-citivo, é preciso levar em conta: o manejo dos recursos da linguagem (variar o tom de voz, falar com simplicidade sobre temas complexos); conhecer bem o nível de conhecimentos dos alunos; ter um bom plano de aula e objetivos claros; explicar aos alunos o que se espera deles em relação à assimilação da matéria.

Além dessas exigências, é indispensável que o professor use correta-mente a Língua Portuguesa, procurando não falar errado, pois isto se refle-te na incorreção da linguagem dos alunos, prejudicando a aprendizagem.

Aspectos socioemocionais

Os aspectos socioemocionais se referem aos vínculos afetivos entre professor e alunos, como também às normas e exigências objetivas que regem a conduta dos alunos na aula (disciplina). Não estamos falando da afetividade do professor para com determinados alunos, nem de amor pelas crianças. A relação maternal ou paternal deve ser evitada, porque a escola não é um lar. Os alunos não são nossos sobrinhos e muito menos filhos. Na sala de aula o professor se relaciona com o grupo de alunos. Ainda que o professor necessite atender um aluno em especial ou que os alunos trabalhem individualmente, a interação deve estar voltada para a atividade de todos os alunos em torno dos objetivos e do conteúdo da aula.

Nesse sentido, o professor precisa aprender a combinar severidade e respeito. Conforme estudamos anteriormente, o processo de ensino consiste ao mesmo tempo da direção da aprendizagem e de orientação da atividade autônoma e independente dos alunos. Cabe ao professor controlar esse processo, estabelecer normas, deixando bem claro o que espera dos alunos.

Na sala de aula o professor exerce uma autoridade, fruto de qualidades intelectuais, morais e técnicas. Ela é um atributo da condição profissional do professor e é exercida como um estímulo e ajuda para o desenvolvimento independente dos alunos. O professor estabelece objetivos sociais e pedagógicos, seleciona e organiza os conteúdos, escolhe métodos, organiza a classe. Entretanto, essas ações docentes devem orientar os alunos para que respondam a elas como sujeitos ativos e independentes. A autoridade deve fecundar a relação educativa e não cerceá-la.

Autoridade e autonomia são dois polos do processo pedagógico. A autoridade do professor e a autonomia dos alunos são realidades aparentemente contraditórias mas, de fato, complementares. O professor representa a sociedade, exercendo um papel de mediação entre o indivíduo e a sociedade. O aluno traz consigo a sua individualidade e liberdade. Entretanto, a liberdade individual está condicionada pelas exigências grupais e pelas exigências da situação pedagógica, implicando a responsabilidade. Nesse sentido, a liberdade é o fundamento da autoridade e a responsabilidade é a síntese da autoridade e da liberdade.

Do ponto de vista das relações entre autoridade e autonomia, a interação professor-aluno não está livre de conflitos ou deformações. Em nome da autoridade, o professor se apresenta com superioridade, faz imposições descabidas, humilha os alunos. Tais formas de autoritarismo — a exacerbação da autoridade — não são educativas, pois não contribuem para o crescimento dos alunos. O professor autoritário não exerce a autoridade a serviço do desenvolvimento da autonomia e independência dos alunos. Transforma uma qualidade inerente à condição do profissional professor numa atitude personalista.

A disciplina na classe

Uma das dificuldades mais comuns enfrentadas pelo professor é o que se costuma chamar de "controle da disciplina". Dizendo assim, dá a impressão de que existe uma chave milagrosa que o professor manipula para manter a disciplina. Não é assim. A disciplina da classe está diretamente ligada ao estilo da prática docente, ou seja, à autoridade profissional, moral e técnica do professor. Quanto maior a autoridade do professor (no sentido que mencionamos), mais os alunos darão valor às suas exigências.

A autoridade profissional se manifesta no domínio da matéria que ensina e dos métodos e procedimentos de ensino, no tato em lidar com a classe e com as diferenças individuais, na capacidade de controlar e avaliar o trabalho dos alunos e o trabalho docente.

A autoridade moral é o conjunto das qualidades de personalidade do professor: sua dedicação profissional, sensibilidade, senso de justiça, traços de caráter.

A autoridade técnica constitui o conjunto de capacidades, habilidades e hábitos pedagógico-didáticos necessários para dirigir com eficácia a transmissão e assimilação de conhecimentos aos alunos. A autoridade técnica se manifesta na capacidade de empregar com segurança os princípios didáticos e o método didático da matéria, de modo que os alunos compreendam e assimilem os conteúdos das matérias e sua relação com a atividade humana e social, apliquem os conhecimentos na prática e desenvolvam capacidades e habilidades de pensarem por si próprios. Um professor competente se preocupa em dirigir e orientar a atividade mental dos alunos, de modo que cada um deles seja um sujeito consciente, ativo e autônomo.

A disciplina da classe depende do conjunto dessas características do professor, que lhe permitem organizar o processo de ensino. Entre os requisitos para uma boa organização do ensino destacam-se:

- um bom plano de aula, onde estão determinados os objetivos, os conteúdos, os métodos e procedimentos de condução da aula;
- a estimulação para a aprendizagem que suscite a motivação dos alunos;
- o controle da aprendizagem, incluindo a avaliação do rendimento escolar;
- o conjunto de normas e exigências que vão assegurar o ambiente de trabalho escolar favorável ao ensino e controlar as ações e o comportamento dos alunos.

Além de determinar o que farão o professor e os alunos no período escolar, o plano de aula regula a distribuição do tempo, a passagem planejada de uma atividade para outra. Dessa forma, o professor e os alunos como que antecipam o andamento sistemático da aula, reduzindo as interferências, as conversas inadequadas e as desobediências.

A motivação dos alunos para a aprendizagem, através de conteúdos significativos e compreensíveis para eles, assim como de métodos adequados, é fator preponderante na atitude de concentração e atenção dos alunos. Se estes estiverem envolvidos nas tarefas, diminuirão as oportunidades de distração e de indisciplina.

O controle da aprendizagem exige todos esses requisitos e implica também o permanente acompanhamento das ações dos alunos. O trabalho docente deve ter em vista a ajuda aos alunos nas suas tarefas. O controle sem ajuda pode provocar insegurança nos alunos, que às vezes se sentem cobrados a um desempenho para o qual não foram suficientemente preparados. Por outro lado, a ajuda sem controle não estimula os alunos a progredir e vencer as dificuldades. A aprendizagem não é uma atividade que nasce espontaneamente dos alunos; o estudo muitas vezes não é uma tarefa que eles cumprem com prazer. Por mais que o professor consiga a motivação e o empenho dos alunos e os estimule com elogios e incentivos, frequentemente deverá obrigá-los a fazer o que eles não querem. Nesse caso, os alunos devem estar cientes de que o não cumprimento das exigências terá consequências desagradáveis.

Além desses requisitos, que, bem encaminhados, contribuem para a manutenção do necessário clima de trabalho, há necessidade de normas explícitas de funcionamento da classe. Tais normas não devem ser tomadas como o único meio de controle da classe, como fazem muitos professores inseguros, mas como síntese de requisitos anteriores.

Sugestões para tarefas de estudo

Perguntas para o trabalho independente dos alunos

- Em que condições os aspectos cognoscitivos do ensino influem na interação professor-aluno?
- Como a organização da aula em etapas ou passos didáticos afeta o manejo da classe?
- O planejamento e a preparação da aula podem influir no controle da disciplina?
- Analisar e fundamentar a resposta à seguinte questão: O *professor deu uma tarefa para os alunos e saiu da classe; pode-se afirmar que continuou havendo aula?*
- Em que sentido se pode afirmar que as formas de comunicação docente e a linguagem são importantes aspectos cognoscitivos a considerar na dinâmica das relações professor-aluno?
- Explicar o sentido da expressão "interação socioemocional" do professor e dos alunos na sala de aula.
- Explicar como se deve combinar severidade e respeito, autoridade do professor e autonomia do aluno.
- Há distinções entre autoridade e autoritarismo? Fundamente a resposta.
- Em que condições se pode afirmar que a disciplina tem uma função educativa?

Temas para aprofundamento do estudo

- Observar uma sala de aula e procurar identificar causas dos problemas de disciplina devidas ao estilo de trabalho do professor naquela aula.

- Distinguir, na mesma situação, aspectos de natureza cognoscitiva e de natureza socioemocional.

- Pesquisar em 2 ou 3 textos indicados na bibliografia complementar ou pelo professor o tema: "Que condições são necessárias ao professor para assegurar o bom manejo de classe?"

- Entrevistar professores tidos como "bem-sucedidos" sobre como lidam com a classe, em termos de manejo e controle da disciplina. Procurar saber desses professores os principais problemas de disciplina que costumam ocorrer nas salas de aula.

Temas para redação

- Autonomia do aluno e autoridade do professor.
- O dilema severidade X respeito aos alunos.
- Disciplina na classe e democratização do ensino.
- Relações professor-aluno e as características do processo de ensino.
- Ensino: questão de amor às crianças ou competência profissional?
- Fatores externos e internos no comportamento do aluno na sala de aula.

Bibliografia complementar

BARRETO, Elba S. de Sá. Professora e Aluno na Escola Básica: Encontros e Desencontros. *Revista da Ande*, São Paulo, n. 2, 1981, p. 42-45.

FRANCO, Luís A. C. A disciplina na escola. *Revista da Ande*, São Paulo, n. 11, 1986, p. 62-67.

MELLO, Guiomar N. de. Ensino de 1° grau: direção ou espontaneísmo? *Cadernos de Pesquisa*, São Paulo, Fundação Carlos Chagas, n. 36, fev. 1981, p. 87-110.

NOVAES, Maria E. Professor não é parente postiço. *Revista da Ande*, São Paulo, n. 4, 1982, p. 61-62.

VEIGA, Ilma P. A. (org.). *Repensando a didática*. São Paulo: Papirus, 1988.

ZIBAS, Dagmar M. L. Relação Professor-Aluno no Ensino de 1° Grau. *Revista da Ande*, São Paulo, n. 4, 1982, p. 57-59.

Bibliografia geral

ABREU, M. Célia de; MASETTO, Marcos T. *O professor universitário em aula* (Prática e princípios teóricos). São Paulo: Cortez/Autores Associados, 1985.

AEBLI, Hans. *Didática psicológica*. São Paulo: Nacional/Edusp, 1971.

ANDRÉ, Marli E. D. Em busca de uma didática fundamental. In: *Atas do III Seminário A Didática em Questão*. USP, São Paulo, v. 1, fev. 1985, p. 33-45.

ARANHA, Maria L. de A. *Filosofia da educação*. São Paulo: Moderna, 1989.

AUSUBEL, David P. et al. *Psicologia educacional*. Rio de Janeiro: Interamericana, 1980.

BALZAN, Newton C. Estudo do Meio. In: CASTRO, Amélia D. de (org.). *Didática para escola de 1° e 2° graus*. São Paulo: Pioneira/INL, 1976.

_____. Sete asserções inaceitáveis sobre a inovação educacional. *Educação & Sociedade*, São Paulo, n. 6, jun. 1980, p. 119-139.

_____. Supervisão e didática. In: ALVES, Nilda (org.). *Educação e supervisão* (O trabalho coletivo na escola). São Paulo: Cortez/Autores Associados, 1984.

BARRETO, Elba S. de S. Professora e Aluno na Escola Básica: Encontros e Desencontros. *Revista da Ande*, São Paulo, n. 2, 1981, p. 42-45.

BEISIEGEL, Celso de R. Relações entre qualidade e quantidade no ensino comum. *Revista da Ande*, São Paulo, n. 1, 1981, p. 49-56.

BERGAMIN, Maria E.; MANSUTTI, Maria A. Revisão dos programas de uma rede de ensino: um processo, uma experiência. *Revista da Ande*, São Paulo, n. 12, 1987, p. 39-45.

BRANDÃO, Zaia et al. *Evasão e repetência no Brasil*: a escola em questão. Rio de Janeiro: Achiamé, 1983.

BRASIL. Universidade Federal do Rio Grande do Norte. *Projeto Ensino de Ciências a Partir de Problemas da Comunidade* — Departamento de Educação. Natal, 1985. (Mimeo.)

CAMARGO, Dair A. F. A didática nos cursos de formação de professores — Um enfoque piagetiano. *Revista da Ande*, São Paulo, n. 9, 1985, p. 43-46.

CANDAU, Vera M. F. (org.). *A didática em questão*. Petrópolis: Vozes, 1984.

_____. *Rumo a uma nova didática*. Petrópolis: Vozes, 1988.

CARVALHO, Célia P. de. *Ensino noturno — Realidade e ilusão*. São Paulo: Cortez/ Autores Associados, 1987.

CARVALHO, Irene M. *O processo didático*. Rio de Janeiro: Fundação Getúlio Vargas, 1972.

CASTRO, Amélia A. F. Domingues de et al. *Didática para a escola de 1° e 2° graus*. São Paulo: Pioneira/MEC, 1972.

CASTRO, Amélia A. D. Domingues de. A didática. *Revista Brasileira de Estudos Pedagógicos*, Brasília, v. 65, n. 150, maio/ago. 1984, p. 291-300.

_____. O professor e a didática. *Revista Educação*, Brasília, v. 3, n. 12, abr./jun. 1974, p. 18-27.

CECCON, Claudius et al. *A vida na escola e a escola na vida*. Petrópolis: Vozes/ Idac, 1982.

CHARLOT, Bernard. *A mistificação pedagógica*. Rio de Janeiro: Zahar, 1979.

CUNHA, Luís Antônio. A educação na nova Constituição. *Revista da Ande*, São Paulo, n. 12, 1987, p. 5-9.

CURY, Carlos R. J. *Educação e Contradição* (Elementos Metodológicos para uma Teoria-Crítica do Fenômeno Educativo). São Paulo: Cortez/Autores Associados, 1985.

CYRINO, Hélio et al. *Ideologia Hoje*. Campinas: Papirus, 1986.

DANILOV, M. A.; SKATKIN, M. N. *Didáctica de la escuela media*. Havana: Editorial Pueblo y Educación, 1984.

DANILOV, M. A. *El proceso de enseñanza en la escuela*. Havana: Editorial de Libros Para la Educación, 1978.

DAVIS, Claudia; OLIVEIRA, Zilma de. *Psicologia na educação*. São Paulo: Cortez, 1990.

ENRICONE, Délcia et al. *Ensino — Revisão crítica*. Porto Alegre: Sagra, 1988.

ESTEVES, O. P. *Testes, medidas e avaliação*. Rio de Janeiro: Artes & Indústria, 1972.

FARIA, Ana Lucia G. de. *Ideologia no livro didático*. São Paulo: Cortez/Autores Associados, 1987.

FARR, Régis. O *fracasso no ensino*. Rio de Janeiro: Codecri, 1982.

FAZENDA, Ivani C. Encontros e desencontros da didática e prática de ensino. *Cadernos Cedes*, São Paulo, n. 21, 1988.

_____; PETEROSSI, Helena. *Anotações sobre metodologia e prática de ensino na escola de 1º grau*. São Paulo: Loyola, 1989.

FERNANDES, Maria Nilza. *Técnicas de estudo* (Como estudar sozinho). São Paulo: EPU, 1979.

FRANCO, Luís Antônio C. A disciplina na escola. *Revista da Ande*, São Paulo, n. 11, 1986, p. 62-67.

FREIRE, Paulo. *A importância do ato de ler*. São Paulo: Cortez/Autores Associados, 1982.

FUSARI, José Cerchi. O Planejamento Educacional e a Prática dos Educadores. *Revista da Ande*, São Paulo, n. 8, 1984, p. 33-35.

GARCIA, Regina Leite. A Qualidade Comprometida e o Compromisso da Qualidade. *Revista da Ande*, São Paulo, n. 3, 1982, p. 51-55.

GATTI, Bernadete A. et al. A reprovação na 1ª série do 1º grau. *Cadernos de Pesquisa*, São Paulo, Fundação Carlos Chagas, n. 38, ago. 1981, p. 3-13.

GHIRALDELLI JR., Paulo. *O que é pedagogia*. São Paulo: Brasiliense, 1987.

_____. *História da Educação*. São Paulo: Cortez, 1990.

IANNI, Octavio. *Dialética e capitalismo*. Petrópolis: Vozes, 1988.

KLINGBERG, Lothar. *Introducción a la didáctica general*. Havana: Editoral Pueblo y Educación, 1978.

LEONTIEV, A. N. O homem e a cultura. In: VV.AA. *O papel da cultura nas ciências sociais*. Porto Alegre: Villa Martha, 1980.

LIBÂNEO, J. C. Pedagogia crítico-social: currículo e didática. *Anais do XVI Seminário Brasileiro de Tecnologia Educacional*, Rio de Janeiro, 1985, v. 1, p. 45-65.

_____. *A prática pedagógica de professores da escola pública*. Dissertação (Mestrado). São Paulo, PUC-SP, 1984.

_____. Os conteúdos escolares e sua dimensão crítico-social. *Revista da Ande*, São Paulo, n. 11, 1986, p. 5-13.

_____. Escola unitária e política educacional. *Anais da IV CBE*. São Paulo: Cortez, 1988, p. 99-116.

_____. *Democratização da escola pública* (A pedagogia crítico-social dos conteúdos). São Paulo: Loyola, 1989.

LIBÂNEO, José C.; LUCKESI, Cipriano C. Evasão e Repetência: Implicações Políticas e Pedagógico-Didáticas. *Anais do XVI Seminário Brasileiro de Tecnologia Educacional*, Rio de Janeiro, 1985, v. II, p. 81-113.

LUCKESI, Cipriano C. et al. *Fazer universidade*: uma proposta metodológica. São Paulo: Cortez, 1986.

LUCKESI, Cipriano C. Elementos para uma Didática no Contexto de uma Pedagogia para a Transformação. *Anais da III CBE*. São Paulo: Loyola, 1984.

_____. Avaliação educacional escolar: para além do autoritarismo. *Revista da Ande*, São Paulo, n. 10, p. 47-51, 1986; n. 11, 1986, p. 47-49.

_____. *Filosofia da educação*. São Paulo: Cortez, 1990.

MANACORDA, Mario A. *Marx y la pedagogia moderna*. Barcelona: Oikos-Tau, 1969. (Tradução em português: Cortez Editora, 1991.)

MARTINS, José do Prado. *Didática geral*. São Paulo: Ática, 1986.

MATTOS, Luiz Alves de. *Sumário de didática geral*. Rio de Janeiro: Aurora, 1967.

MEDEIROS, Ethel B. *As provas objetivas — Técnicas de construção*. Rio de Janeiro: Fundação Getúlio Vargas, 1971.

MEKSENAS, Paulo. *Sociologia da educação*. São Paulo: Loyola, 1988.

MELLO, Guiomar N. de. (org.). *Educação e transição democrática*. São Paulo: Cortez/Autores Associados, 1987.

_____. Educação escolar e classes populares. *Revista da Ande*, n. 6, p. 5-9, São Paulo, 1983.

MELLO, Guiomar N. de. Ensino de 1° grau: direção ou espontaneísmo? *Cadernos de Pesquisa*, São Paulo, n. 36, fev. 1981, p. 87-110.

MIALARET, Gaston. *As ciências da educação*. Lisboa: Moraes, 1976.

_____. *Introdução à pedagogia*. São Paulo: Atlas, 1977.

MOREIRA, M. A.; MASINI, E. F. *Aprendizagem significativa*: a teoria de David Ausubel. São Paulo: Moraes, 1982.

MORGAN, Clifford; DEESE, James. *Como estudar*. Rio de Janeiro: Freitas Bastos, 1972.

NASSIF, Ricardo. *Teoria de la educación* (Problemática pedagógica contemporánea). Madri: Cincel, 1980.

NERICI, Imídeo. *Didática* (Uma introdução). São Paulo: Atlas, 1986.

NIDELCOFF, Maria T. *As ciências sociais na escola*. São Paulo: Brasiliense, 1987.

NOVAES, Maria E. Professor não é parente postiço. *Revista da Ande*, São Paulo, n. 4, 1982, p. 61-62.

OLIVEIRA, Maria R. N. Sales. *O conteúdo da didática* (Um discurso da neutralidade científica). Belo Horizonte: Editora UFMG/Proed, 1988.

_____. A didática e seu objeto de estudo. *Educação em Revista*, Belo Horizonte, n. 8, dez. 1988, p. 36-41.

PICANÇO, Iracy. O professor frente à realidade da escola pública. *Revista da Ande*, São Paulo, n. 5, 1982, p. 31-35.

PILETTI, Claudino. *Didática geral*. São Paulo: Ática, 1986.

PIMENTA, Selma Garrido. Orientador educacional ou pedagogo? *Revista da Ande*, São Paulo, n. 9, 1985, p. 29-37.

_____. A organização do trabalho na escola. *Revista da Ande*, São Paulo, n. 11, 1986, p. 29-36.

_____. *O pedagogo na escola pública*. São Paulo: Loyola, 1988.

POPOVIC, Ana Maria. Enfrentando o fracasso escolar. *Revista da Ande*, São Paulo, n. 2, 1981, p. 17-21.

RATHS, Louis E. et al. *Ensinar a pensar*. São Paulo: Herder/Edusp, 1972.

RAYS, Osvaldo Alonso. *Planejamento de ensino*: um ato político-pedagógico. IV Encontro Nacional de Didática e Prática de Ensino. Recife, 1986. (Mimeo.)

RODRIGUES, Neidson. Função da escola de 1° grau numa sociedade democrática. *Revista da Ande*, São Paulo, n. 8, 1984, p. 17-22.

RONCA, Antônio C. Caruso; ESCOBAR, Virgínia F. *Técnicas pedagógicas* (Domesticação ou desafio à participação?). Petrópolis: Vozes, 1987.

ROSENBERG, Lia. *Educação e desigualdade social*. São Paulo: Loyola, 1984.

SALGADO, Maria U. C. O papel da didática na formação do professor. *Revista da Ande*, São Paulo, n. 4, 1982, p. 9-18.

SÃO PAULO. Secretaria de Educação Municipal. *Programa de 1° Grau*. Departamento de Planejamento e Orientação. São Paulo, 1982. (Mimeo.)

SAVIANI, Dermeval. Sentido da pedagogia e o papel do pedagogo. *Revista da Ande*, São Paulo, n. 9, 1985, p. 27-28.

_____. Sobre a natureza e especificidade da educação. Revista *Em Aberto*, Brasília, n. 22, jul./ago. 1984, p. 1-6.

_____. O ensino básico e o processo de democratização da sociedade brasileira. *Revista da Ande*, São Paulo, n. 7, 1984, p. 9-13.

_____. *Escola e democracia*. São Paulo: Cortez/Autores Associados, 1983.

SCHEIBE, Leda. O ensino de 1° grau: garantia do direito à educação e o desafio da qualidade. *Revista dá Ande*, São Paulo, n. 12, 1987, p. 11-14.

SCHMIED-KOWARZIK, Wolfdietrich. *Pedagogia dialética*. São Paulo: Brasiliense, 1983.

SEVERINO, Antonio Joaquim. *Educação, ideologia e contra-ideologia*. São Paulo: EPU, 1986.

_____. *Métodos de estudo para o 2° grau*. São Paulo: Cortez/Autores Associados, 1985.

SNYDERS, Georges. *Pedagogia progressista*. Coimbra: Almedina, 1974.

_____. *Para onde vão as pedagogias não-diretivas?* Lisboa: Moraes, 1974.

SOARES, Magda B. *Linguagem e escola* (Uma perspectiva social). São Paulo: Ática, 1986.

STOCKER, Karl. *Princípios de didáctica moderna*. Buenos Aires: Kapelusz, 1964.

SUCHODOLSKI, Bogdan. *La educación humana del hombre*. Barcelona: Laria, 1977.

TITONE, Renzo. *Metodología didáctica*. Madrid: Rialp, 1974.

TURRA, Clódia M. et al. *Planejamento de ensino e avaliação.* Porto Alegre: Sagra, 1986.

VAZQUEZ, Adolfo S. *Filosofia da práxis.* Rio de Janeiro: Paz e Terra, 1977.

VEIGA, Ema P. Alencastro (org.). *Repensando a didática.* Campinas: Papirus, 1988.

VIANNA, Ilca O. de A. *Planejamento participativo na escola* (Um desafio ao educador). São Paulo: EPU, 1986.

VIGOTSKY, L. Semenovich. *A formação social da mente.* São Paulo: Martins Fontes, 1984.

WACHOWICZ, Lilian A. *O método dialético na didática.* Campinas: Papirus, 1989.

ZIBAS, Dagmar M. L. Relação professor-aluno no ensino de 1° grau. *Revista da Ande*, São Paulo, n. 4, 1982, p. 57-59.

Sobre o autor

JOSÉ CARLOS LIBÂNEO — Nascido em Angatuba, no interior do Estado de São Paulo, em 1945. Fez seus estudos iniciais no Seminário Diocesano de Sorocaba (SP). Graduou-se em Filosofia na PUC de São Paulo (1966) onde também obteve o título de mestre em Educação Escolar Brasileira (1984) e doutor em Educação (1990). Iniciou suas atividades profissionais como diretor de uma das unidades de ensino do Ginásio Estadual Pluricurricular Experimental (1967-1972). Foi professor de disciplinas da área educacional em instituições de ensino superior de São Paulo. Foi membro da diretoria da Associação Nacional de Educação (ANDE), no período de 1983-1986. Em Goiânia, desde 1973, foi diretor do Centro de Treinamento e Formação de Pessoal da Secretaria da Educação do Estado de Goiás, professor da Universidade Católica de Goiás e diretor de escola particular. Desde 1975 é professor na Faculdade de Educação da Universidade Federal de Goiás onde coordena, atualmente, o Curso de Mestrado em Educação Brasileira. Leciona, pesquisa e escreve sobre assuntos de Teoria da Educação, Didática, Política Educacional, Escola Pública. É autor de *Democratização da escola pública*; a pedagogia crítico-social dos conteúdos (Loyola), coautor em dois livros, publica artigos em revistas especializadas e ministra cursos e conferências sobre os temas que estuda.